21世纪远程教育精品教材·法学系列

继承法（第二版）

孙若军　编著

中国人民大学出版社

总　序

我们正处在教育史、尤其是高等教育史上的一个重大的转型期。在全球范围内，包括在我们中华大地，以校园课堂面授为特征的工业化社会的近代学校教育体制，正在向基于校园课堂面授的学校教育与基于信息通信技术的远程教育相互补充、相互整合的现代终身教育体制发展。一次性学校教育的理念已经被持续性终身学习的理念所替代。在高等教育领域，从1088年欧洲创立博洛尼亚(Bologna)大学以来，21世纪以前的各国高等教育基本是沿着精英教育的路线发展的，这也包括自19世纪末创办京师大学堂以来我国高等教育短短百多年的发展史。然而，自20世纪下半叶起，尤其在迈进21世纪时，以多媒体计算机和互联网为主要标志的电子信息通信技术正在引发教育界的一场深刻的革命。高等教育正在从精英教育走向大众化、普及化教育，学校教育体系正在向终身教育体系和学习型社会转变。在我国，党的十六大明确了全面建设小康社会的目标之一就是构建学习型社会，即要构建由国民教育体系和终身教育体系共同组成的有中国特色的现代教育体系。

教育史上的这次革命性转型决不仅仅是科学技术进步推动的。诚然，以电子信息通信技术为主要代表的现代科学技术的进步，为实现从校园课堂面授向开放远程学习、从近代学校教育体制向现代终身教育体制和学习型社会的转型提供了物质技术基础。但是，教育形态演变的深层次原因在于人类社会经济发展和社会生活变革的需求。恰在这次世纪之交，人类社会开始进入基于知识经济的信息社会。知识创新与传播及应用、人力资源开发与人才培养已经成为各国提高经济实力、综合国力和国际竞争力的关键和基础。而这些是仅仅依靠传统学校校园课堂面授教育体制所无法满足的。此外，国际社会面临的能源、环境与生态危机，气候异常，数字鸿沟与文明冲突，对物种多样性与文化多样性的威胁等多重全球挑战，也只有依靠世界各国进一步深化教育改革与创新、人与自然的和谐发展才能得到解决。正因为如此，我国党和政府提出了“科教兴国”、“可持续发展”、“西部大开发”、“缩小数字鸿沟”以及“人与自然和谐发展”的“科学发展观”等基本国策。其中，对教育作为经济建设的重要战略地位和基础性、全局性、前瞻性产业的确认，对高等教育对于知识创新与传播及应用、人力资源开发与人才培养的重大意义的关注，以及对发展现代教育技术、现代远程教育和教育信息化并进而推动国民教育体系现代化、构建终身教育体系和学习型社会的决策更得到了教育界和全社会的共识。

在上述教育转型与变革时期，中国人民大学一直走在我国大学的前列。中国人民大学是一所以人文、社会科学和经济管理为主，兼有信息科学、环境科学等的综合性、研究型大学。长期以来，中国人民大学充分利用自身的教育资源优势，在办好全日制高等教育的同时，一直积极开展远程教育和继续教育。中国人民大学在我国首创函授高等教育。1952年，校长吴玉章和成仿吾创办函授教育的报告得到了刘少奇的批复，并于1953年率先招生授课，为新建的共和国培养了一大批急需的专门人才。在20世纪90年代末，中国人民大学成立了网络教育学院，成为我国首批现代远程教育试点高校之一。经过短短几年的探索和发展，中国人民大学网络教育学院创建的“网上人大”品牌，被远程教育界、媒体和社会誉为网络远程教育的“人大模式”：即“面向在职成人，利用网络学习资源和虚拟学习社区，支持分布式学习和协作学习的现代远程教育模式”。成立于1955年的中国人民大学出版社是新中国建立后最早成立的大学出版社之一，是教育部指定的全国高等学校文科教材出版中心。在过去的几年中，中国人民大学出版社与中国人民大学网络教育学院合作创作、设计、出版了国内第一套极富特色的“现代远程教育系列教材”。这些凝聚了中国人民大学、北京大学、北京师范大学等北京知名高校学者教授、教育技术专家、软件工程师、教学设计师和编辑们广博才智的精品课程系列教材，以印刷版、光盘版和网络版立体化教材的范式探索构建全新的远程学习优质教育资源，实现先进的教育教学理念与现代信息通信技术的有效结合。这些教材已经被国内其他高校和众多网络教育学院所选用。中国人民大学出版社基于“出教材学术精品，育人文社科英才”理念的努力探索及其初步成果已经得到了我国远程教育界的广泛认同，是值得肯定的。

今年4月，我被邀请出席《中国远程教育》杂志与中国人民大学出版社联合主办的“远程教育教材的共建共享与一体化设计开发”研讨会并做主旨发言，会后受中国人民大学出版社的委托为“21世纪远程教育精品教材”撰写“总序”，这是我的荣幸。近几年来，我一直关注包括中国人民大学网络教育学院在内的我国高校现代远程教育试点工程。这次，更有机会全面了解和近距离接触中国人民大学出版社推出的“21世纪远程教育精品教材”及其编创人员。我想将我在上述研讨会上发言的主旨做进一步的发挥，并概括为若干原则作为我对包括中国人民大学出版社、中国人民大学网络教育学院在内的我国网络远程教育优质教育资源建设的期待和展望：

- 21世纪远程教育精品教材的教学内容要更加适应大众化高等教育面对在职成人、定位在应用型人才培养上的需要。
- 21世纪远程教育精品教材的教学设计要更加适应地域分散、特征多样的远程学生自主学习的需要，培养适应学习型社会的终身学习者。
- 在我国网络教学环境渐趋完善之前，印刷教材及其配套教学光盘依然是远程教材的主体，是多种媒体教材的基础和纽带，其教学设计应该给予充分的重视。要在印刷教材的显要部位对课程教学目标和要求做明确、具体、可操作的陈述，要清晰地指导远程学生如何利用多种媒体教材进行自主学习和协作学习。
- 应组织相关人员对多种媒体的远程教材进行一体化设计和开发，要注重发挥多种媒体教材各自独特的教学功能，实现优势互补。要特别注重对学生学习活动、教学交互、学习评价及其反馈的设计和实现。
- 要将对多种媒体远程教材的创作纳入到对整个远程教育课程教学系统的一体化设计和开发中去，以便使优质的教材资源在优化的教学系统、平台和环境中，在有效的教学模式、学习策略和学习支助服务的支撑下获得最佳的学习成效。
- 要充分发挥现代远程教育工程试点高校各自的学科资源优势，积极探索网络远程教育优质教材资源共建共享的机制和途经。

中华人民共和国教育部远程教育专家顾问

丁兴富

2005年4月28日

第二版前言

继承法是财产法律制度中的一个组成部分。由于继承的问题与千家万户息息相关，涉及每一位公民的切身利益，因此，继承法不仅是重要的民事基本法，同时也是民事审判活动中适用最为普遍的法律之一。作为一门具有很强实践性的法学应用学科，继承法是高等法学专业必修的主干课程。

本教材理论和实践相结合，依据继承法的基本框架和理论体系，并吸收近年来国内最新的科研成果和审判实践经验，对我国继承制度进行了全面的阐述。本教材立足于引导学生系统、深入地了解我国现行继承法律、法规、司法解释的规定，充分认识继承制度中的各种法律问题，建立较为合理、科学的知识结构，帮助学生掌握继承纠纷中的规律和特点，培养、提高学生运用法律知识处理财产继承纠纷的能力。

本教材主要适用于高等院校法学专业的本科生，同时对从事司法和法律服务的工作者也具有一定的参考价值。

本教材面世以来，承蒙读者青睐，得以再版。在此表示诚挚的谢意。因时间仓促，不足之处请读者批评指正。

编著者

2007 年 12 月

目录

CONTENTS

第一章 继承制度和继承法

学习目标

- 主要了解继承制度的起源和历史发展、继承制度的本质。
- 重点掌握继承的概念、基本特征，以及继承法的概念、法律特征。
- 加深理解和领会继承法的基本原则。

第一节 继承制度

一、继承的概念

继承从词义上讲，一般是作承接、延续、继任解释，泛指在历史的发展进程中，后代对先辈创造的物质文明和精神文明的传递和弘扬。从法学的意义上讲，继承有广义和狭义之分，**广义上的继承**，是指生者对死者生前所享有的权利的继承，其内容不仅包括财产继承，也包括身份继承。所谓身份继承，包括子承父业、世袭爵位、家长身份和祭祀祖先的权利等，这是在古代继承法上被普遍确认的继承制度。**狭义上的继承**，是指生者对死者享有的财产和财产权利的继承，其中既包括对积极财产的继承，也包括对消极财产的继承。

在现代法上，继承作狭义的解释，专指财产继承。所谓**财产继承**，是指财产所有人死亡或被宣告死亡时，按照法律的规定或遗嘱的指定，将死者遗留下来的财产和财产权利转移给他的继承人所有的一项法律制度。

在继承中，因死亡而将其生前所享有的财产和财产权利转移给他人所有的死者，称为**被继承人**。被继承人死亡时遗留下来的个人财产，称为**遗产**。在法律规定的继承人的范围内，依法或依遗嘱承受被继承人遗产的人，称为**法定继承人或遗嘱继承人**。在法定继承人范围之外的，依照遗嘱的指定承受遗产的人，称为**受遗赠人**。

二、继承的基本特征

继承制度是随着家庭和私有制的出现而产生的一项古老的法律制度，与其他民事法律制度相比，继承制度有如下基本特征：

1. 继承必须以被继承人死亡或被宣告死亡为前提，这是继承首要的、最基本的特征。继承是因人的死亡或被宣告死亡而发生的，没有死亡，就没有继承的开始。在人类早期实行身份继承时，曾有把户主丧失户主权，如丧失行为能力、丧失国籍、离家等，作为继承开始的原因的。但在近现代，各国一般都废除了身份继承而实行财产继承，即只有在财产所有人死亡后，才能按照继承法律的规定转移财产的所有权，由此，被继承人死亡成为继承开始的唯一原因。《中华人民共和国继承法》（以下简称《继承法》）第 2 条规定：继承从被继承人死亡时开始。

2. 被继承人死亡或被宣告死亡时，必须留有遗产。继承是转移死者财产及财产权利的法律制度，在现代法上，继承的客体只能是财产和财产权利，被继承人死亡时留有遗产，是继承发生的必要条件。

3. 继承必须有合法的继承人。继承是继承人承受被继承人遗产的法律制度，所以必须有合法的继承人，包括法定继承人和遗嘱继承人。因遗赠、遗赠扶养协议而发生的财产所有权的转移，尽管也属于继承法律规范的内容，但并不属于真正意义上的继承。无主财产被收归国家或集体所有制组织所有的，也不属于继承的问题。

4. 继承遗产必须和清偿死者的债务相统一。继承人在继承遗产的同时，必须清偿被继承人生前所欠的债务。按照继承法的规定，清偿债务以遗产的实际价值为限，超出遗产实际价值的部分，继承人不负清偿责任，继承人自愿偿还的不在此限。

三、继承制度的起源和历史发展

继承制度在人类社会的发展过程中，不是自古就有，也不是永恒不变的，它是人类社会发展到一定阶段的产物，是随着财产私有的产生而产生，并随着社会的发展而发展变化的。

（一）原始社会

在原始社会的氏族制度中，继承作为一种财产转移的方式已经存在，当劳动产品除维持人们的生存外有了少量的剩余时，财产在财产占有人死亡后应如何转移的规则就产生了。但这与后来的与个人财产所有权相关的继承法律制度有着本质区别，继承是以财产的私有为前提的，因此，在原始社会公有制情况下，不可能存在法律意义上的继承。

氏族社会的继承制度经历了母系氏族的继承制度和父系氏族的继承制度两个发展阶段。母系氏族是指由一个女性祖先及其后裔组成的氏族，从史料的研究上可以看出，母系氏族的继承经历了由全体氏族成员共同继承，到排除其他氏族成员，遗产由与死者血缘相近的氏族成员继承的过程。恩格斯在谈到摩尔根对易洛魁人母系氏族社会继承制度的研究结果时指出：因为易洛魁人所能遗留的东西为数很少，所以他的遗产就由他最近的同氏族亲属分享。男子死时，由他的同胞兄弟、姐妹以及母亲的兄弟分享。根据同一理由，夫妇不能彼此继承，子女也不得继承父亲。在原始社会后期，由于生产力水平不断提高，生产了越来越多的剩余产品，伴随着对偶婚制度的确立，人类开始认识了父亲，农业与畜牧业、农业与手工业分工，使男子在社会生产和生活中的地位和作用日益突出，由此，人类社会开始从母系氏族过渡到了父系氏族。这时父亲和子女共同的劳动成果越来越多，子女优先继承父亲财产的要求越来越大，随着生产力的发展和社会财富的增多，私有制产生，法律意义上的继承也随之产生，并逐渐由父系氏族的继承过渡到了私有制的继承。

原始社会继承的特点是：(1) 继承是由氏族习惯调整的，没有法律规范，不具有强制性。(2) 继承死者财产的人是氏族成员，继承不以血缘、配偶的身份为依据。(3) 氏族成员可以继承死者遗留的财产，但并不拥有所有权，财产的所有权归全体氏族成员共有。

（二）奴隶社会

公元前21世纪，夏朝初期，中国从原始社会进入奴隶社会，私有制确立，继承制度成为保护奴隶主私有财产的工具。奴隶社会以家族为社会基本单位，家族以男性为中心，实行父权家长制，家长对家庭成员和家庭财产有管理和支配的权利。奴隶社会的继承制度是以统治阶级的“礼”加以规范的，没有成文法，继承的原则是“嫡长子继承制”。继承是指身份上的继承，继承的主体是奴隶主，奴隶不是权利主体，而是继承的客体。继承只发生在自由人之间。

奴隶社会继承的特点是：(1) 在宗法制度下，继承主要是在奴隶主内部进行。奴隶主是继承关系的主体，他们在继承中的地位与其在社会中所处的地位、等级相一致。(2) 继承制度是以嫡长子继承为原则的。嫡长子继承是宗法制度的核心，只有嫡长子才具有承受父亲的身份、地位和土地的权利。(3) 继承制度实行的是宗祧继承。所谓**宗祧继承**，是根据血缘和辈分关系而继承宗庙世系的制度，即把身份继承、祭祀继承和主要财产继承融为一体的继承制度。

（三）封建社会

春秋战国以后，中国进入封建社会，但继承制度与奴隶社会一脉相承。我国从西周到民国初年，一直实行的都是宗祧继承制度。按照古代礼制规定，祖父母在，子孙不得别籍异财，家族的财产均归祖父母所有，由父祖统管。因此在继承上，遗产只能是卑亲属对尊亲属的单向继承。

作为以男子为中心的宗祧继承制度的必然产物，立嗣制度与之相配套。所谓“**立嗣**”，是指无子者可立同宗近支的卑亲属为嗣子，其目的是为了传宗接代。嗣子在封建社会里具有很高的法律地位，不仅可以继承遗产，而且可以继承立嗣者的身份和在家族中的地位。立嗣与现代收养制度的不同点在于：(1) 男子无后可以立嗣，女子无后不可立嗣。(2) 所立嗣子仅限于男性，不能立女性为嗣子。

(3) 立嗣者可生前立嗣，也可死后由亲属为其立嗣。

古代社会是以家族为本位的，为防止家财分散，尽可能地否认女性继承权，女子除能得到少量嫁妆外，一般情况下是不能继承家业的，只有在“绝户”的情况下，才可继承遗产。鉴于纳妾、立嗣、收养制度的存在，使得女子继承的可能性很小。嫁入家族的女性对丈夫的财产没有继承权，所有的财产由儿子继承，其生活由儿子供养，妻带财产改嫁，是绝对不允许的。

封建社会继承的特点是：(1) 继承仍然是身份与财产相结合的继承。(2) 继承仍然是嫡长子继承、男女不平等，但诸子均分财产的继承制度逐步确立。(3) 农民可以作为权利主体参与继承。(4) 土地是继承的主要客体。在商品经济不发达的农业社会，土地是最主要的财产和生产资料，绝大部分为封建地主所有，并实行嫡长子世袭制。而农民只占有少量土地，主要靠租种地主的土地为生。作为赏赐和俸禄的对象，土地的占有量与人在社会中的地位成正比，遗产是以土地制度为基础的。

我国古代时期的遗嘱在财产继承中的作用，主要表现在：(1) 在法定继承人中分配遗产；(2) 改变法定继承顺序，并可视情况给予赘婿和协理家财有功的女婿以适当财产；(3) 剥夺不孝子孙的继承权；(4) 绝户者可以遗嘱在五服亲内指定继承人；(5) 指定遗嘱执行人。[①]

(四) 资本主义社会

资产阶级革命后，资本主义社会的继承关系和继承法发生了一系列的重大变化，逐步实现了由古代型的继承制度向近现代继承制度的转变，主要是废除了封建的人身依附关系和等级制度，私有财产神圣不可侵犯、法律面前人人平等成为继承的重要原则。

资本主义社会继承法的特点是：(1) 废除了身份继承，实行财产继承。“自由、平等、博爱、天赋人权”是资产阶级革命的精神，在继承制度上，直接体现的是取消了等级色彩浓厚的身份继承，除少数国家外，近代以来，各国都实行了财产继承制度。(2) 废除长子继承，财产由子女依法均分。由于家族世袭的一子继承制度与资本主义平等竞争的经济要求相抵触，1804 年《法国民法典》第 745 条规定：子女或子女的直系卑血亲，不分性别与长幼，即使属于不同的婚姻所生，均得继承其父与母、祖父与祖母或其他直系尊血亲的遗产。《法国民法典》是近代各国民事立法的典范，除少数国家外，大多数国家相继效仿，取消了

① 参见张玉敏：《继承制度研究》，78~80 页，成都，成都科技大学出版社，1994。

一子继承制。（3）继承人的继承权正逐渐趋于平等。资本主义国家强调法律面前人人平等，但在继承立法上，平等的确立却经历了一个十分漫长的过程，至今仍有许多国家的继承立法保留着封建社会的不平等残余。主要表现为非婚生子女与婚生子女的继承权、配偶间的继承权上仍存在着不平等的条款。取消不平等的歧视性条款，已成为世界各国继承立法的趋势。（4）遗嘱的普遍适用和法律对遗嘱自由的限制。遗嘱继承是财产所有者生前对自己死后财产所作的处分，遗嘱是财产所有者意志自由的体现，其与资产阶级的“自由”价值理念相符，因此，遗嘱自由成为继承制度的一项基本原则。但遗嘱自由的适用，有可能使被继承人的法定继承人因未得到遗产而使生活陷入困境，不仅会使财产的分配出现贫富悬殊，导致不公平，而且会给社会造成负担，因此，各国对遗嘱自由都给予了不同程度的限制，以确保法定继承人的利益。

（五）社会主义社会

社会主义社会私有财产继承权存在的社会条件是：

1. 社会主义公有制的建立并没有消灭私有制。我国社会主义社会的经济基础是生产资料的社会主义公有制，即全民所有制和劳动群众集体所有制，但公有制并不是唯一的所有制形式，我国现阶段多种经济成分共存，在法律范围内的个体经济、私营经济的合法权利和利益受法律保护。私有财产存在，对私有财产的继承权就必然存在。

2. 社会主义社会实行的是“各尽所能，按劳分配”的原则，国家要鼓励人民创造和积累财富，就必须在法律上保护公民个人财产的继承权。

3. 社会主义社会的家庭承担着生产和消费职能，为维护家庭关系的稳定，必须在法律上保障家庭成员之间相互享有继承权。

在我国，继承制度对于保护公民个人财产的所有权、实现家庭职能和巩固家庭关系起着极其重要的作用。

四、继承制度的本质

根据马克思主义辩证唯物主义和历史唯物主义的基本原理，继承制度的本质是：

1. 继承制度作为一项法律制度，决定于一定社会的经济基础。与此同时，继承制度对经济基础又起着一定的反作用，起着维护和巩固经济制度的作用。

2. 继承制度产生和存在的根源是财产的私有制。财产私有是继承的前提和原因，继承是财产私有的结果和手段。

3. 财产私有受宪法和法律保护。在社会主义社会，财产继承制度在维护按劳分配原则、保障家庭职能的实现、促进经济发展和社会财富的增加等方面都有积极的作用和影响。

4. 继承制度受政治、经济、文化、法律、道德、宗教、风俗习惯等上层建筑和意识形态的影响，受各种社会因素的制约，特别是受婚姻制度和宗法制度的影响。

五、继承的种类

继承从不同角度，有着不同的分类。

（一）财产继承、身份继承和祭祀继承

根据继承的标的不同，继承可分为财产继承、身份继承、祭祀继承。

1. **财产继承**，是指继承的标的仅为财产和财产权利的继承。在财产继承中，继承人只继承被继承人财产上的权利和义务，不继承被继承人其他的权利和义务。

2. **身份继承**，是指继承人对死者身份的继承。在身份继承中，继承人继承的是被继承人的身份权利，如官位、爵位、家长的地位等。由于古代社会的财产关系依附于身份关系，因此，财产继承也依附于身份继承，如日本的家督继承、韩国的户主继承等都属于身份继承。自近代以来，人与人之间的身份关系转化为契约关系，因此，继承法上的身份继承也随之被废除。

3. **祭祀继承**，是指承受祭祀宗庙资格的继承。在祭祀继承中，继承人继承的是祭祀祖先的权利和义务。祭祀继承人必须是一个家庭中的男性后裔，其不仅继承被继承人的财产，而且继承被继承人的身份。我国古代社会遵循的嫡长子继承原则，也是与祭祀继承相联系的，在中国通行了2 000多年的宗祧继承制度，就是将祭祀继承、身份继承、财产继承集为一体的继承制度，直到民国初年，祭祀继承才被法律明令禁止。

（二）法定继承和遗嘱继承

根据继承人继承财产的方式，继承可分为法定继承和遗嘱继承。

1. **法定继承**，也称无遗嘱继承，是指继承人依照法律的规定，继承被继承人遗产的一种继承方式。在法定继承中，继承人的范围、继承人继承的顺序、继承人应继承的份额，以及遗产的分配原则等，均由法律直接规定。

2. **遗嘱继承**，是指继承人依照被继承人的遗嘱继承被继承人遗产的一种继承方式。在遗嘱继承中，继承人的范围、继承人继承的顺序、继承人应继承的份额

等均由被继承人在遗嘱中指定。

（三）限定继承和概括继承

根据继承人继承被继承人遗产的范围，继承可分为限定继承和概括继承。

1. **限定继承**，又称有限继承，是指继承人仅在一定范围内继承被继承人的财产权利和义务的继承。在限定继承中，继承人继承被继承人的债务以遗产的实际价值为限，对被继承人生前所欠的债务超过遗产实际价值的部分，继承人可不负清偿责任。

2. **概括继承**，又称不限定继承，是指继承人必须承受被继承人全部财产权利和义务的继承。在概括继承中，如果被继承人的债务超过其遗留的财产和财产权利，继承人也要继承被继承人的遗产而不得拒绝，继承人须以自己的财产清偿被继承人生前所欠的债务。

（四）共同继承和单一继承

根据参与继承的人数，继承可分为共同继承和单一继承。

1. **共同继承**，是指继承人为数人的继承。共同继承被继承人遗产的数个继承人，为共同继承人。

2. **单一继承**，是指继承人仅为一人继承被继承人遗产的继承。在单一继承中，被继承人的遗产仅由一人全部继承。单一继承的继承人，是指法律规定的继承人仅为一人，并不是指实际上继受被继承人遗产的人仅为一人。单一继承在古代法上曾出现过，在近现代已被废除。

（五）本位继承、代位继承和转继承

根据继承人参与继承时的地位，继承可分为本位继承、代位继承和转继承。

1. **本位继承**，是指继承人基于自己的地位继承被继承人遗产的继承。即继承人依据法律规定的继承顺序参与的继承。

2. **代位继承**，是指在应继承被继承人遗产的继承人不能继承时，依照法律的规定代为取得被代位继承人继承地位的继承。如我国继承法规定，被继承人的子女先于被继承人死亡时，由被继承人的子女的晚辈直系血亲代位继承。在代位继承中，代位继承人只能继承被代位继承人应继承的份额。

3. **转继承**，是指继承开始后，继承人没有表示放弃继承，并于遗产分割前死亡的，其接受遗产的权利转移给他的合法继承人。在转继承中，转继承人只能继承被转继承人应继承的份额。

第二节　继承法

一、继承法的概念

继承法，是调整因人的死亡而发生的财产继承关系，确定遗产归属的法律规范的总和。

继承法分形式意义上的继承法和实质意义上的继承法。**形式意义上的继承法**，专指《中华人民共和国继承法》。**实质意义上的继承法**，是指有关继承关系的法律规范的总和，不仅包括形式意义上继承法，而且包括有关继承的规章、决定等规范性文件，以及最高人民法院有关继承的司法解释等。在继承法学中，继承法是以实质意义上的继承法为研究对象的。

继承法又有纯粹意义上的继承法和非纯粹意义上的继承法之分。纯粹意义上的继承法，是指规定与遗产继承有直接关系的法律规范。但是，从各国继承法的具体规定看，继承法的内容并不局限于此。例如，在遗嘱继承中，遗嘱的内容有时并不完全与遗产的转移有关，立遗嘱人在遗嘱中不仅处分其遗产，而且还在遗嘱中指定遗嘱执行人、为其未成年子女指定监护人、遗赠遗产等。从这个意义上讲，现代各国的继承法都不是纯粹意义上的继承法。继承法学研究的对象，是非纯粹意义上的继承法。

二、继承法的法律特征

1. 继承法是私法而不是公法。继承法是规定因公民的死亡而发生的财产继承关系，因而属于私法的范畴，不属于公法。

2. 继承法是与身份法密切相关的财产法而不是身份法。继承法的实质是财产的继承，其性质属于财产所有权转移的范畴，并不调整人的身份关系，因而属于财产法。但是，由于继承时财产的转移在多数情况下是与特定的亲属身份关系相联系的，因此，身份权往往被认定为继承权取得的前提和依据，亲属身份关系是继承制度的基础，所以，继承法包括有身份法属性，具有强烈的身份法的色彩，继承制度中的各项规范与婚姻法律规范是协调一致的。

3. 继承法是普通法而不是特别法。在现行的民事法律体系中，《中华人民共和国民法通则》（以下简称《民法通则》）为普通法、基本法，相对于《民法通则》，《继承法》为特别法。但继承法所调整的是一种普遍存在的社会关系，适用于所有公民，继承的主体涵盖一切自然人。凡我国公民，不论其性别、年龄、出身、职业、文化程度、社会地位等，都适用继承法，因此，继承法应是适用于一切公民的普通法和基本法，而不是只适用于特定主体的特别法。

4. 继承法是实体法而不是程序法。继承法调整的对象是财产继承法律关系，其核心内容是确认遗产的归属等实质性问题，因此，继承法是实体法，而不是程序法。

5. 继承法多为强制性的法律规范，而不是任意性规范。由于继承法具有身份法的属性，与婚姻家庭关系存在着密不可分的联系，为维护和实现婚姻家庭的伦理作用和社会职能，在继承法律规范中，多以强制性的规定进行规范。继承法的强制性，不仅涉及继承当事人的利益，也关系到家庭关系和社会利益，与社会的政治、经济、道德密切相关。

三、继承法的地位

继承法的地位，是指继承法在法律体系中的地位，以及在法律体系中与其他法律的关系。

（一）继承法与宪法

继承法与宪法的关系，是子法与母法的关系，宪法是国家的根本大法，是国家一切立法的基础和依据，宪法是母法，除宪法外的其他法律均为子法，都必须以宪法为依据，违反宪法的法律都是无效的。

（二）继承法与民法

继承法是民法的重要组成部分，继承法与民法的关系，是部分与整体的关系，主要表现在：（1）继承权产生的依据是继承人与被继承人间的亲属身份关系，因此，继承法上的身份认定，须依据婚姻法的规定。（2）遗产的继承，实际上是一种财产转移的方式，因此，物权法上的有关所有权主体、物权的取得、共有财产的分割等，都是继承法适用的法律依据。（3）民法总则中有关民事权利主体、民事行为能力、民事权利能力的规定，同样适用于继承法。但是，继承法又有其特殊性，并不完全适用民法总则的规定，凡继承法有特别规定的，应适用继承法而不能适用民法。

（三）继承法与民事诉讼法

继承法与民事诉讼法是实体法与程序法的关系。继承法规定的是继承当事人实体上的权利和义务，而民事诉讼法规定的是继承纠纷案件的处理程序和规则。民事诉讼法是从程序和制度上保障继承法实施的手段。当发生继承纠纷时，受侵害的当事人可向人民法院请求依法保护，人民法院可依民事诉讼法的规定予以审理。

(四) 继承法与国际私法

继承法与国际私法是国内法和涉外法的关系。国际私法是调整涉外民事关系的法律规范的总和，属于法律冲突法。继承法为国内法，因此，凡涉及涉外继承案件时，需要依据国际私法的规定确定准据法的适用。需要说明的是，在继承的法律问题上，不仅要依据国际私法确定的准据法来处理涉外继承问题中的法律冲突，而且，在同一国家内也涉及区际之间的法律冲突问题。

四、继承法的立法例

继承法的立法例，是指继承法的立法体例。各国对继承法的编制体例不同，主要分为两种立法例。

(一) 特别法体例

采取特别法体例的国家，将继承法作为民事法律特别法予以单独立法，这些国家主要是实行判例法的国家和没有统一民法典的国家，由于没有统一的成文法典或民法典，因此，就单独制定继承法。

(二) 民法典体例

采取民法典体例的国家，将继承法作为民法典的一个组成部分，列入民法典。在这种立法体例下，各国又因对继承认识的不同，致使继承法在民法典中的位置也不同，主要有以下几种做法：(1) 将继承法律规范置于民法典的财产取得编中，这种立法体例是将继承视为财产所有权转移的一种方式，即与买卖、赠与同等看待。如法国。(2) 将继承法律规范置于民法典的物权编中，这种立法体例是将继承权看做是财产所有权在所有人死后的自然延伸，因此，继承法属于物权法的一部分。如荷兰、奥地利等国。(3) 将继承法律规范在民法典中独立成编，这种立法体例是将继承权看做是与身份关系相联系的独立权利，并置于亲属编之后。如德国、日本等国。

在我国，依据传统的民法理论，民法调整的是平等主体之间的财产关系和人身关系，其中包括由公民死亡而引发的继承关系，从继承的实质上看，继承法所调整的是将死者的财产转移给生者的制度，因此，保护公民的财产继承权也就是保护公民的财产所有权，继承权是公民财产权利的一部分，因而继承法属于民法的范畴，是民法的重要组成部分。由于历史原因，我国目前尚无统一的民法典，1985 年 4 月，为了适应社会需要单独颁布了《继承法》，但是，这并不表示我国的继承立法采取的是特别法的立法体例。随着民法典编纂工作的开展，继承法将作为一个组成部分被纳入到民法典中。

五、继承法的调整对象

继承法调整的是以转移遗产、确定遗产权利归属为主要内容的特定的社会关系，即将被继承人的遗产转归他人承受的一种特殊的民事法律关系。继承法的调整对象为：

1. 继承关系通常与亲属身份关系相联系。这种身份关系主要体现在以下两点：第一，继承人与被继承人之间存在着特定的亲属身份关系，这是继承人取得继承权，并参与继承法律关系的前提；第二，继承人为多人时，继承人相互之间一般也存在着一定的亲属身份关系。以上这两种身份关系主要表现在婚姻、血缘或扶养关系上，可以说，继承权与身份权密切相连。

2. 继承关系以财产所有关系为基础，以确定新的财产所有关系的归属为目的。在法定继承中，继承法律关系是由财产所有关系衍生出的所有权主体的变更；在遗嘱继承中，被继承人用遗嘱的方式来转移遗产行使财产所有权。没有公民个人的财产所有权关系的存在，则没有继承法律关系的产生，因继承取得财产所有权，建立新的财产所有关系，从这个意义上讲，继承权是所有权的延伸和补充，是法律对公民财产所有权在生前和死后给予彻底保护的法律制度。

3. 继承法调整的对象，不仅有法定继承关系和遗嘱继承关系，而且还有遗赠、遗赠扶养协议、酌情分得遗产、遗产无人继承又无人受遗赠时的处理等各种遗产移转方式，以上各种法律关系均由继承法调整。

第三节 继承法的基本原则

继承法的基本原则，是指继承遗产所必须遵循的且具有普遍适用性的基本法律准则。继承法的基本原则集中体现了继承法的基本精神，对理解和掌握继承法，正确贯彻执行继承法具有十分重要的指导意义。

一、保护公民私有财产继承权原则

公民合法的私有财产不受侵犯。国家依法保护公民私有财产权和继承权，对此，《中华人民共和国宪法》（以下简称《宪法》)、《民法通则》都作了明确的规定。保护公民的继承权，不仅是继承法的基本原则，也是继承法的目的和任务。这一原则的确立，不仅有利于调动公民参加社会主义建设的积极性，为社会、家庭和个人积累财富，以满足人们日益增长的物质生活和文化生活的需要，同时，也是我国发挥家庭职能和养老育幼的必然要求。为保障这一原则的贯彻执行，继承法规定，当公民的继承权受到非法侵害时，其有权请求人民法院予以法律保护。

案例分析1—1

[案情]　孟某是我国著名的画家，死时留有作品40余幅。孟的妻子与子女对如何处理孟所遗留的作品发生争执。孟的妻子认为，孟的作品具有很高的艺术价值，应当捐献给国家，而且孟生前也曾多次表示过这一愿望。但孟的子女却认为，父亲生前虽对人表示过这一意愿，但并没有留下遗嘱，因此，他们有权继承父亲的遗产。孟的妻子对此非常生气，并不顾子女的反对开始与有关单位协议捐献的问题。

[分析]　孟的子女能否继承其父亲遗产？我们认为，孟某妻子的意愿是好的，但依照法律规定，孟的子女可以继承孟的遗产。因为《宪法》第13条规定：国家依照法律规定保护公民的私有财产的继承权。《继承法》第1条规定：根据《中华人民共和国宪法》规定，为保护公民的私有财产的继承权，制定本法。《继承法》第10条规定，被继承人的子女和配偶是第一顺序的法定继承人，依法享有继承权。

孟的子女如何保护自己的继承权不受侵害？按照继承法保护公民私有财产继承权的原则，公民的继承权受法律保护，任何人不得加以限制和干涉，在继承权受到不法侵害时，继承人有权请求司法保护。依此，孟的子女可以起诉到人民法院，请求人民法院依法保护其继承权不受侵害。

（一）保护公民私有财产继承权的客观依据

1. 保护公民私有财产的继承权，是社会主义国家保护公民个人财产所有权的必然产物。

2. 保护公民私有财产的继承权，是由按劳分配、多劳多得的分配制度决定的。

3. 保护公民私有财产的继承权，是实现家庭职能、巩固家庭关系的客观要求。

（二）保护公民私有财产继承权的法律依据

《宪法》第13条规定：国家依照法律规定保护公民的私有财产的继承权。

《宪法》作为国家的根本大法，它所确立的关于保护私有财产继承权的原则，是我国法律的立法依据。《民法通则》第76条规定：公民依法享有财产继承权。《继承法》第1条规定：根据《中华人民共和国宪法》规定，为保护公民的私有财产的继承权，制定本法。

（三）保护公民私有财产继承权原则的基本内容

1. 任何公民死亡时遗留下的财产和财产权利，除法律有特别规定外，都可以作为遗产由其继承人继承。

2. 任何公民都是继承的权利主体，依法享有继承权利能力。

3. 任何公民都有权依法行使继承权，自主地决定接受或放弃继承。

4. 任何公民的继承权不得被非法剥夺。

5. 任何公民都依法享有取得遗产和处分遗产的权利，任何人不得加以限制和干涉。

6. 任何公民的继承权都依法受到保护，在继承权受到不法侵害时，有权请求给予法律的保护和救济。

二、继承权男女平等原则

我国是一个具有几千年封建历史的国家，男尊女卑的思想根深蒂固，尤其是我国在继承遗产上一直实行的是宗祧继承制度，继承遗产首先考虑的是宗族和血统因素，将继承的范围限制在直系血亲中的男性卑亲属，因此，女子在正常情况下不得继承遗产。在民国初年的北洋政府时期，大理院还仍然坚持实行宗祧继承。北伐战争时期，国民党第二次全国代表大会通过了关于妇女运动的决议，确立了女性继承遗产的权利，但在当时继承遗产的女性仅限于未出嫁女子。直到1930年国民党政府时期颁布的民法继承编，才最终确认了男女具有平等的继承权。

新中国成立后，我国在法律上彻底废除了封建的继承制度，但在现实生活中，要真正实现继承权的男女平等，依然是一项十分艰巨的任务，女性不得继承遗产的观念在一些地区仍旧普遍存在。

案例分析1—2

[案情] 1970年，黄某夫妇结婚，生有一儿一女，儿子黄青，女儿黄兰。1993年，黄兰出嫁，父母送给她1万元为嫁妆。1998年，黄某夫妇相继去世，留下的遗产是2间房屋和2万元存款。黄青认为，黄兰已出嫁多年，平时很少回家，而且在结婚时，父母已给了她不少嫁妆，自己是父母的

独子，一直与父母共同生活，所以，父母遗留的房子、财产应由自己继承。黄兰认为，女儿与儿子应当享有平等的继承权，父母给的嫁妆不是遗产，不能算是继承，于是，在要求分割遗产被拒绝后，向人民法院起诉，要求按照法律规定继承父母遗产。

[分析]　黄青的理解是错误的。《继承法》第9条规定：继承权男女平等。被继承人的子女，在法律上享有平等的继承权，都是第一顺序的继承人。本案中的黄青和黄兰应当依法均等地分割遗产。

案例分析1—3

[案情]　1995年3月，作家许某与陈某（女）结婚，许是再婚，许与前妻的儿子叫许杰，已成年，结婚另过。2001年5月，许因病去世。陈与许杰共同办理了许的丧事，并对许的遗产进行了分割。陈在丈夫死后回到娘家，并于当年底与他人结婚。2002年1月，许生前所写的书籍出版，出版社按照出版合同支付稿酬1万元，由许的儿子领取。陈得知后，找许杰去要，许杰不给，认为陈已再婚，不是许家的人了，自己是许唯一的儿子，理应继承这笔遗产。

[分析]　稿酬是否是许某的遗产？我们认为，稿酬不是作家许某的遗产，而是许某夫妇的夫妻共同财产，《继承法》第26条规定：夫妻在婚姻关系存续期间所得的共同所有的财产，除有约定的以外，如果分割遗产，应当先将共同所有的财产的一半分出为配偶所有，其余的为被继承人的遗产。本案中，许某的书籍是其在与陈的婚姻关系存续期间完成的，按照婚姻法规定，因该书出版而取得的经济收益1万元，属于许某夫妇的夫妻共同财产，由于双方对夫妻共同财产没有特别约定，所以，这1万元中的一半5 000元应为陈某所有，剩下的一半5 000元为许某的遗产。

陈某已再婚，是否丧失对许某这笔遗产的继承权？我们认为，陈某不丧失对许的遗产的继承权，按照《继承法》第7条的规定，丧失继承权有四种法定情形：(1) 故意杀害被继承人的；(2) 为争夺遗产而杀害其他继承人的；(3) 遗弃或虐待被继承人情节严重的；(4) 伪造、篡改或者销毁遗嘱情节严重的。本案中的陈某不存在上述任何一种法定情形，因此，陈某应当依法享有继承权。另外《继承法》第2条规定：继承从被继承人死亡时开始。许某去世时，陈是许的合法配偶，按照继承法的规定，配偶是第一顺序的法定继承人，与许杰有平等的继承权。由于客观原因，稿酬是在被继承人死后半年多的时间才得到，按照民法的理论，当财产实际取得的时间与财产权利取得的时间不一致时，应以财产权利取得的时间为准，因此，尽管陈某已经再婚，但仍然对许的这笔遗产享有继承权。被继承人许某的5 000元遗产，应由陈某和许杰平均分割。

（一）男女平等原则的法律依据

男女平等原则，是继承法中一项重要的基本原则。我国《宪法》第48条规定：中华人民共和国妇女在政治的、经济的、文化的、社会的和家庭的生活等各方面享有同男子平等的权利。《继承法》第9条明确规定：继承权男女平等。《妇女权益保障法》第31条规定：妇女享有的与男子平等的财产继承权受法律保护，在同一顺序法定继承人中，不得歧视妇女。丧偶妇女有权处分继承的财产，任何人不得干涉。

（二）男女平等原则的基本内容

1. 夫妻相互间有平等的继承权。妻子在婚姻家庭中，不论财产状况如何、不论是否有独立的经济收入，都依法享有同丈夫平等的继承权。

2. 女性与男性有平等的继承权。女性不论是成年或是未成年，不论是已婚或是未婚，不论是初婚或是再婚，都依法享有与男性平等的继承权。

3. 女性在继承法中关于法定继承人的范围、顺序和应继份的规定上，关于代位继承、转继承的规定上，关于丧失继承权的规定上，以及关于对胎儿、对缺乏劳动能力又没有生活来源的继承人的利益特别保护的规定上，均不存在性别上的歧视和差异，法律给予男女两性完全平等的权利。

4. 女性在继承法律关系中，享有同男性平等的接受继承、放弃继承，以及继承权受到侵犯时，请求法律保护的权利。特别指出的是，遗孀对所继承的财产，依法享有独立的处置权，任何人不得进行干涉。

三、养老育幼原则

养老育幼，是社会道德规范的要求，尊敬老人、关爱未成年人，照顾扶助病残者，是我国人民的传统美德，也是国家、社会和家庭共同的责任。我国《宪法》规定，公民在年老、疾病或者丧失劳动能力的情况下，有从国家、社会和家庭获得物质帮助的权利。由于我国目前生产力发展水平还不高，国家还不能为需要帮助的老年人、未成年人或残疾者提供足够的物质保障和社会福利，因而，养老育幼、照顾残疾者是我国家庭的重要职能，同时也是家庭成员间应尽的法定义务。当被继承人死亡后，用其遗产扶助其继承人的生活和需要，从而减轻国家和社会的负担，是十分必要的。

（一）坚持养老育幼原则的必然性

1. 养老育幼原则是我国现阶段经济条件和实际生活水平的客观要求。

2. 养老育幼原则是实现家庭职能的需要。

3. 保护老人和儿童的利益是我国法律体系共同倡导和遵循的原则。

（二）养老育幼原则的基本内容

1. 法定继承人的范围，是婚姻法规定的具有相互抚养、赡养和扶助关系的人。

2. 法定继承人的顺序，是婚姻法规定的抚养、赡养和扶助权利义务人的先后顺序。

3. 被继承人的子女先于被继承人死亡的，由被继承人的子女的晚辈直系血亲代位继承。

4. 丧偶儿媳对公、婆，丧偶女婿对岳父、岳母，尽了主要赡养义务的，作为第一顺序继承人。

5. 同一顺序继承人分配遗产时，应当照顾缺乏劳动能力，又没有生活来源的继承人，对被继承人尽了主要扶养义务或者与被继承人共同生活的继承人，分配遗产时，可以多分。有扶养能力和有扶养条件的继承人，不尽扶养义务的，分配遗产时，应当不分或者少分。

6. 对继承人以外的、依靠被继承人扶养的、缺乏劳动能力，又无生活来源的人，或者继承人以外的，对被继承人扶养较多的人，可以分给他们适当的遗产。

7. 为保护被继承人死亡时尚未出生的胎儿的利益，继承法明确规定，遗产分割时，应当保留胎儿的应继份。

8. 继承人如果故意杀害被继承人、遗弃被继承人、虐待被继承人，情节严重的，丧失继承权。

9. 被继承人用遗嘱的方式处分财产时，应当为缺乏劳动能力，又没有生活来源的继承人保留必要的遗产份额。

10. 公民可以与扶养人或集体所有制组织订立遗赠扶养协议。

（三）养老育幼原则的适用

养老育幼作为继承法的一项基本原则，是继承法的基本精神，贯穿于继承法律条文的始终。

案例分析1—4

[案情] 张某是一名工程师，妻子早年去世，留有一儿一女，现均已成年。张在妻子去世后，又娶了邢某为妻，邢系再婚，与前夫生有一子周飞，周飞与母亲、张某共同生活多年，与张形成了抚养教育关系。张某再婚后，张与前妻所生的两个孩子因对父亲再婚不满，因而很少回家。张退休后，曾要求这两个孩子按月支付一定的赡养费，但遭到了他们的拒绝。张某夫妇一直与周飞共同生活。退休后张某搞了几项发明，并申请了专利，得到了专利转让费4万元。1998年，张患脑溢血瘫痪。从生病到去世的3年间，除了女儿偶尔来看望过几次外，其亲生儿子从未登过门，张某的生活一直由周飞照顾。2001年， 张某去世，周飞在整理张的遗物时，将张的4万元财产占有。张的两个亲生子女起诉到人民法院，要求继承父亲遗产。他们认为，父亲生前没有留下遗嘱，作为父亲的亲生子女，他们是合法的继承人，依法应当享有继承权，而周飞不是父亲亲生子女，所以周飞不能继承遗产。而被告周飞认为，母亲再婚后，其一直与继父共同生活，双方形成的抚养教育关系是法律认可的拟制血亲关系，所以其依法享有继承权，而且，继父生病后一直是由自己照顾的，作为亲生子女，二原告没有尽过赡养义务，因此，遗产不应分配给他们。

[分析] 依据继承法的规定，本案应作如下处理：第一，根据婚姻法规定，夫妻在婚姻关系存续期间所得财产，归夫妻共同所有，双方另有约定的除外。本案张某在婚姻关系存续期间所得专利转让费4万元，属于夫妻共同财产，一半归张的妻子所有，剩下的2万元为张的遗产。第二，《继承法》第13条第4款规定：有扶养能力和有扶养条件的继承人，不尽扶养义务的，分配遗产时，应当不分或者少分。本案中张与前妻所生的儿子有赡养能力，却不尽赡养义务，特别是在父亲生病期间，从未给予父亲物质上和精神上任何帮助，应依法判决不予分配遗产。第三，依据《继承法》第13条第4款的规定，张的女儿有赡养能力，却不尽赡养义务，但因其在父亲生病期间，曾探望过父亲，给予了被继承人一定的精神上的抚慰，依法可以适当分得一定的遗产。第四，《继承法》第13条第3款规定：对被继承人尽了主要扶养义务或者与被继承人共同生活的继承人，分配遗产时，可以多分。周非是被继承人的继子，但他们之间已形成了扶养关系，且又承担了赡养老人的全部责任，因此，在分配遗产时，可以多分。第五，张的妻子是法定继

承人，可以依照《继承法》第13条第2款的规定处理，即对生活特殊有困难的缺乏劳动能力的继承人，分配遗产时，应当予以照顾。本案的处理，体现了我国继承法养老育幼的原则和精神。

特别提示

有不少学者认为，上述案件的处理，依据的是权利义务一致的原则。所谓**权利义务一致**，是指在继承中，应以对被继承人所尽义务的多少作为继承人取得继承权的依据。在遗产分割时，谁尽的扶养义务多，谁就多分，谁尽的扶养义务少，谁就少分，谁不尽扶养义务就不分。权利义务一致是否是继承法的基本原则，在理论界有着不同的观点。

肯定者的观点是：权利义务一致原则，是我国继承法的一项基本原则，这不仅是我国法院审理遗产纠纷案件的经验总结，而且也是我国继承法的特色之一，现阶段如果单纯地以婚姻、血缘关系来确定法定继承人的范围和顺序是不符合中国国情的，只有把血缘关系、婚姻关系与权利义务关系结合起来，才能更好地解决我国目前的财产继承问题，特别是赡养的问题。

否定者的观点是：第一，继承权的产生，并不以继承人是否对被继承人尽过扶养义务为前提条件。在法定继承中，继承人的继承权是以继承人与被继承人之间既存的一定人身关系为基础，并由国家法律加以确认的。在遗嘱继承中，遗嘱继承人的继承权是依据被继承人生前所立的合法有效的遗嘱而产生的，尽扶养义务与取得继承权两者不在一个法律关系中，相互间没有必然联系。第二，赡养父母，是子女法定的义务，将尽扶养义务作为取得继承权的前提条件则会产生消极的、负面的作用。第三，继承份额的确定，不应以对被继承人所尽义务的多少为标准，以对被继承人尽义务的多少作为确定继承人取得继承权份额的标准，有悖于婚姻家庭关系的本质。

笔者认为，权利义务一致是法律的一项基本原则，这项原则的要求是，公民在享有宪法和法律所规定的权利的同时，也必须承担宪法和法律所规定的义务。法律上的权利和义务是不可分的，权利人在享有权利的同时，也承担着对他人的义务，换句话说，权利若离开了义务的履行则无法实现权利。但这里所说的权利义务一致，必须是权利与义务存在于一个法律关系中，而扶养和继承是完全不同的两个法律关系，其相互间不存在必然的联系。婚姻法规定，父母对子女有抚养教育的义务；子女对父母有赡养扶助的义务。继承法规定，被继承人的配偶、父母、子女、兄弟姐妹、祖父母、外祖父母有继承遗产的权利。可以看出，扶养人对被扶养人尽扶养义务与继承人对被继承人遗产享有继承权是存在于两个不同的法律关系中的，因此，扶养和继承之间不应存在权利和义务一致的问题。继承人对被继承人是否尽了扶养的义务，只应按照《继承法》第 13 条的规定作为在法定继承中分配遗产的一项具体规定，而不应成为继承法的一项基本原则。据此，在司法实践中，需要特别注意以下两个问题：

（1）在法定继承中，如果各法定继承人的情况基本相同，可以运用《继承法》第 13 条的规定具体确定遗产的分配份额。但是，如果法定继承人中有缺乏劳动能力又无生活来源的继承人，即使他们对被继承人没有尽过抚养、扶助和赡养的义务，分配遗产时也应当优先予以照顾。除此之外，法定继承人也不能以不继承为由而不履行法定的抚养、扶助和赡养义务。

（2）在遗嘱继承中，各遗嘱继承人取得的遗产份额，依据的是合法有效的遗嘱，而不是法定继承人所尽义务的多少。在正常情况下，如果被继承人所立遗嘱没有为尽义务多的继承人留有遗产，法律不应进行干涉，相反，如果被继承人所立遗嘱将遗产只遗留给尽义务多的继承人而没有为缺乏劳动能力，又无生活来源的继承人留有遗产，人民法院在遗产处理时，应当为该继承人留下必要的遗产，剩余部分，才可参照遗嘱确定的分配原则处理。

四、互谅互让、团结和睦原则

互谅互让、团结和睦是我国继承法在处理继承纠纷时必须遵循的一项基本原则。我国的家庭关系是建立在平等基础上的，家庭成员之间既不存在人身依附关系，也不应是赤裸裸的金钱关系，因而，协商处理继承遗产问题，是社会主义国家道德规范的要求，也是继承法的要求。互谅互让、团结和睦原则，是将社会主义道德上升为法律原则，这不仅是为了弘扬社会主义道德风尚、建设社会主义精神文明，同时也是正确处理继承问题、巩固社会主义新型家庭关系的要求。

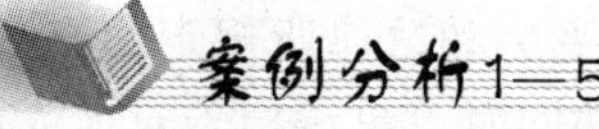

[案情] 一对夫妻离婚后，为照顾 2 岁的儿子，两人仍在一起共同生活。男方所在公司为职工办理人身意外事故保险，因男方到外地出差，经手人就根据男方的档案，在受益人一栏里，填写了其前妻的名字。不久，男

方因车祸死亡。男方的父母认为，儿子与儿媳已离婚，保险金应归自己所有。女方认为，其虽然离婚，但仍与前夫共同生活，男方的丧葬事又都是自己办理的，而且受益人又写的是自己，因此，保险金应归自己所有。

[分析] 本案中，由于男方的人身意外保险金的受益人是由单位指定的，不是当事人的真实意思表示，所以，单位的指定行为无效，保险赔偿金为遗产。按照继承法的规定，本案的法定继承人是男方的父母、儿子。另外，依据《继承法》第14条的规定，女方是对被继承人扶养较多的人，也有权分得适当的遗产。经人民法院的调解，最终男方的父母认为，女方一个人带孩子不容易，而女方也认为，老人身体不好，又失去了儿子，最后，双方协商的结果是将遗产全部留给了2岁的孩子。本案中人民法院调解所遵循的就是互谅互让、团结和睦的原则。

互谅互让、团结和睦原则的基本内容是：

（1）继承从被继承人死亡时开始，但遗产的分割时间可以由各继承人协商确定。

（2）法定继承人有平等的继承权，但法律并不要求继承人必须平均分配遗产。按照法律的规定，同一顺序继承人继承遗产的份额，一般应当均等。但继承人协商同意的，也可以不均等。

五、限定继承原则

我国继承法在处理遗产与遗产债务关系时，采用的是限定继承原则。所谓**限定继承**，是指继承人对于被继承人生前所欠的债务和税款，限定在继承人所继承的遗产范围内负责清偿，超过继承人所继承遗产实际价值的总额，继承人依法不负清偿责任。

案例分析1—6

[案情] 史某是某单位的工人，已下岗多年，其妻子久病卧床，儿子正在上初中，一家人生活十分困难。为改善家境，史某分别向3位同事借了1万多元购买了一辆旧卡车跑长途运输，为了尽快还清债款，史某疲劳驾驶，最终造成车祸死亡。其妻子得知这一噩耗后病情加重，不久也不治身亡。史某夫妇去世后，家里只剩下年仅13岁的儿子。史某的3位同事在史某夫妇死后，找到单位领导，要求单位帮助他们讨还债务。在单位领导的主

持下，史的债权人与史的儿子达成协议，协议规定，史某夫妇留下的1间房由史的儿子继承，史某家中的物品变卖后所得的5 000元用于还债，余款由史的儿子成年后偿还。

[分析] 史某夫妇遗留的房屋为何不用来偿还债务？最高人民法院《关于贯彻执行〈中华人民共和国继承法〉若干问题的意见》第61条规定：继承人中有缺乏劳动能力又没有生活来源的人，即使遗产不足清偿债务，也应为其保留适当的遗产，然后再按继承法第33条和民诉法第180条的规定清偿债务。本案中史某13岁的儿子显然缺乏劳动能力，而且父母双亡后没有了生活来源，因此，在清偿债务时，应为其保留必要的生活用品，不能将房屋变卖还债。

史的儿子与债权人签订的协议有效吗？我们认为，这份协议是无效的：第一，史的儿子未成年，属于限制民事行为能力人，不具备签订协议的能力；第二，该协议违反了限定继承的原则，法律规定继承人对于被继承人生前所欠的债务，限定在继承人所继承的遗产范围内负责清偿，超过继承人所继承遗产实际价值的总额，继承人依法不负清偿责任。而本案中的协议要求史的儿子在成年后偿还其父亲所欠剩余债务，是违反了继承法的规定的。因此，该协议从主体到内容都是违法的，不具有法律效力。

本案应为史的儿子保留房屋和一定的生活费用，剩余部分用来偿还债务。不足清偿的债务，根据限定继承原则，史的儿子不负清偿责任。

与限定继承相对应的概念是概括继承，所谓**概括继承**，是指继承人对于被继承人遗留的债务负全部清偿责任。我国自古就有“父债子还”、“夫债妻还”的习俗。当被继承人生前欠有债务时，被继承人的子女或妻子就“天经地义”地要为其偿还，加上高利贷的盘剥，继承人往往为还债而倾家荡产，甚至被迫卖儿卖女或签订卖身契去抵债。从民法的角度上讲，公民作为平等、独立的民事主体，其因参与民事活动而取得的权利或设立的义务，应由本人享有或承担，因而，现代世界各国的继承立法大多都采用限定继承原则。《继承法》第33条规定：继承遗产应当清偿被继承人依法应当缴纳的税款和债务，缴纳税款和清偿债务以他的遗产实际价值为限。超过遗产实际价值部分，继承人自愿偿还的不在此限。继承人放弃继承的，对被继承人依法应当缴纳的税款和债务可以不负偿还责任。

特别提示

限定继承，只适用于被继承人生前所欠的个人债务和个人应当缴纳的税款，如果是被继承人与其他家庭成员共同欠下的债务，则应由家庭成员共同偿还。如被继承人为了正常生活的需要欠下的生活费、医疗费，为子女办婚事欠下的债务等，都不属于被继承人个人债务，不适用限定继承原则。

我国限定继承在适用时要注意以下几个问题：第一，限定继承是清偿遗产债务时普遍适用的一项基本原则，继承人无须作任何的意思表示即可实行限定继承。第二，限定继承的适用非常简单，法律对继承人没有制作遗产清册（也称遗产清单）的要求，也没有将限定继承呈报法院的程序。第三，法律对继承人恶意隐匿、转移遗产侵害债权人利益的行为，也没有做概括继承处理的惩罚性规定。由此，我们应当看到，目前我国继承法对限定继承的规定存在着很大的漏洞和缺陷，其对被继承人的债权人的保护是不够的。

本章小结

在现代法学上，继承专指财产继承。与其他民事法律制度相比，继承制度具有四个独特的基本特征。与其他社会制度相比，社会主义社会私有财产继承权之所以存在有三个不可忽视的客观社会条件。根据马克思主义辩证唯物主义和历史唯物主义的基本原理，可以从与经济基础的关系、产生和存在的根源、社会作用、制约因素等四个方面分析继承制度的本质。

继承从不同的角度，有着不同的分类：根据继承的标的不同，继承可分为财产继承、身份继承、祭祀继承；根据继承人继承财产的方式，继承可分为法定继承和遗嘱继承；根据继承人继承被继承人遗产的范围，继承可分为限定继承和概括继承；根据参与继承的人数，继承可分为共同继承和单一继承；根据继承人参与继承时的地位，继承可分为本位继承、代位继承和转继承。

继承法，是调整因人的死亡而发生的财产继承关系、确定遗产归属的法律规范的总和。继承法分形式意义上的继承法和实质意义上的继承法。继承法有五个方面的法律特征。继承法的地位，是指继承法在法律体系中的地位，以及在法律体系中与其他法律（如宪法、民法、民事诉讼法、国际私法等）的关系。

保护公民私有财产继承权，继承权男女平等，养老育幼，互谅互让、团结和睦，限定继承是继承法的五大基本原则。

思考题

1. 简述继承的基本特征。
2. 简述资本主义社会继承的特点。
3. 简述社会主义社会私有财产继承的社会条件。
4. 简述继承制度的本质。
5. 试述继承的种类。
6. 试述继承法的法律特征。
7. 试述继承法的地位。
8. 试述继承法调整的对象。
9. 试述继承权男女平等原则的基本内容。
10. 试述养老育幼原则的基本内容。

第二章 继承法律关系

学习目标

- 从整体上把握继承法律关系的三要素，即继承法律关系的主体、继承法律关系的内容、继承法律关系的客体。
- 重点掌握继承人的概念、分类和法律地位，继承权的概念、特征，继承权的行使、放弃和丧失。
- 理解掌握遗产的范围和所涉及的具体问题。

第一节 继承法律关系概述

法律是用来调整一定社会关系的，所谓社会关系是指人与人之间的关系，既包括个人与个人之间的关系，也包括个人与群体、组织或机构等之间的关系，不仅包括人与人之间的直接关系，而且包括人与人之间的间接关系。换句话说，**社会关系**是社会成员之间的广泛联系，其自形成至消灭均由人们的行为或者事件所引起，具有普遍性。任何社会关系一经法律规范所调整，即可称其为法律关系。法律关系即是由法律规范所确认和调整的社会关系，它是法律在调整人们行为的过程中所形成的权利义务关系。继承法律关系，是指由继承法律规范所调整的与继承有关的社会关系。继承法律关系由于财产所有人死亡或者被宣告死亡这一法律事实的出现，在继承人、受遗赠人、继承参与人，以及其他公民或组织之间发生的权利义务关系。

一、继承法律关系的概念和法律特征

（一）继承法律关系的概念

继承法律关系，是指由继承法律规范所调整的，民事主体之间因公民死亡时，对其个人财产进行继承而发生的民事权利义务关系。

由于我国继承法采取的是直接继承的立法体例，因此，继承法律关系是因被继承人的死亡而发生的，在继承人与不特定的第三人之间、共同继承人相互之间、继承人与遗产债权人，以及其他利害关系人之间所产生的关于死者遗产转移和承受的权利义务关系。

（二）继承法律关系的法律特征

1. 继承法律关系是一种特殊的民事法律关系。与其他的民事法律关系相比，继承法律关系的特殊性主要表现在：第一，继承法律关系不适用民法中等价有偿的原则；第二，继承法律关系中的权利主体是特定的；第三，继承法律关系的客体仅限定于遗产。

2. 继承法律关系是因被继承人死亡而发生的民事法律关系。继承法所调整的是因被继承人的死亡而发生的财产转移问题，因此，继承法律关系必须以被继承人死亡为前提，没有被继承人死亡的法律事实存在，就没有继承法律关系的发

生。虽然遗嘱继承和遗赠都需要有遗嘱存在，但被继承人生前所立遗嘱也只有在被继承人死亡时才具有法律效力，继承法律关系才有可能实际发生。因被继承人死亡而发生，是继承法律关系与其他民事法律关系最显著的区别。

3. 继承法律关系是财产继承上的民事权利义务关系。继承法律制度的实质内容，是将死者的财产权利和义务进行概括转移，继承法律关系的客体只是被继承人遗留的财产和财产权利，继承法不以身份法上的权利义务的转移为内容。

二、继承法律关系的三要素

继承法律关系与其他的民事法律关系一样，包括主体、客体和内容三个要素。

（一）继承法律关系的主体

继承法律关系的主体，是指依照法律的规定或遗嘱的指定而对被继承人的遗产享有权利和承担义务的民事主体。其中享有权利的主体称为权利主体，履行义务的主体称为义务主体，继承的权利主体和义务主体有时集于一身，即主体在享有权利的同时也要承担一定的义务。继承法律关系的主体主要包括：

（1）继承人。**继承人**是严格意义上的继承法律关系主体，包括法定继承人和遗嘱继承人。由于继承的性质，决定了作为严格意义上的继承法律关系主体的继承人只能是自然人。国家、社会组织或法人不能成为继承人。

（2）受遗赠人。**受遗赠人**是指继承人之外的，按照遗嘱指定而取得遗产的人。

（3）酌情分得遗产的人。**酌情分得遗产的人**是指继承人之外的，依法在一定条件下可以分得被继承人遗产的人。按照继承法的规定，可酌情分得遗产的人主要有两种：一是被继承人生前扶养的缺乏劳动能力又没有生活来源的人；二是对被继承人生前尽了较多扶养义务的人。

此外，继承法律关系的主体，还应当包括利害关系人和继承参与人。所谓**利害关系人**，是指被继承人生前的债权、债务关系人和财产合伙人或共有人。所谓**继承参与人**，是指参与继承法律关系的诉讼活动或遗产转移，但并不承受实体权利义务的人，主要包括继承人之外的遗产管理人、遗嘱执行人、遗嘱见证人，以及继承人、受遗赠人、酌情分得遗产人的法定代理人。

特别提示

被继承人不是继承法律关系的主体，按照民法规定，公民的民事权利能力始于出生，终于死亡，而继承法律关系是以被继承人死亡为发生条件的，因此，被继承人不能成为继承法律关系的主体。但被继承人生前与继承人之间存在的婚姻、血缘和扶养关系，以及被继承人生前实施的立遗嘱等法律行为，均是继承人或受遗赠人取得继承权、受遗赠权的法律依据。

继承法律关系的权利主体是特定的，继承人和受遗赠人是继承法律关系中最基本的权利主体，都享有取得被继承人遗产的权利。但继承人与受遗赠人是有区别的，其不同点主要表现在：第一，继承人与被继承人之间存在着婚姻、血缘或扶养关系；而受遗赠人与被继承人之间不存在婚姻关系、扶养关系，也不存在紧密的血缘关系。第二，继承人只能是自然人，而受遗赠人可以是法定继承人之外的自然人，也可以是国家、集体组织或社会团体等。

继承法律关系的义务主体具有不确定性。其范围十分广泛，即任何自然人、集体组织都负有不干涉、妨害继承权利主体取得遗产的义务。在通常情况下，继承人和受遗赠人权利的实现，是不需要义务主体以积极的作为予以协助的，因此，法律的要求是，继承法律关系的义务主体必须履行不作为的义务。

（二）继承法律关系的内容

继承法律关系的内容，是指继承法律关系的权利主体所享有的权利以及义务主体所承担的义务。

继承法律关系主体所享有的权利有广义和狭义之分。**狭义上的继承权**，是指严格意义上的继承权，专指法定继承人和遗嘱继承人享有的权利。**广义上的继承权**，是指除法定继承人和遗嘱继承人之外，还包括受遗赠人的受遗赠权、酌情分得遗产人的酌情分得遗产权，以及国家、集体对无主财产的取得权。

特别提示

债权人、税务机关虽然也能从遗产中得到清偿的债务或税款，但他们是基于与被继承人生前存在的债权债务关系或者税务关系而取得的，因此，债权人、税务机关只是作为一般的权利人对遗产享有请求权。

继承人所享有的权利主要有：(1) 继承遗产的权利。继承遗产的权利是指将被继承人的遗产依法转归继承人所有。如果是单独继承，该继承人取得全部遗产。如果是共同继承，则按各继承人的应继份取得遗产。(2) 保管遗产的权利。遗产的保管是指在继承开始后至遗产分割前，存有遗产的人对遗产的妥善保护和管理。继承人有权禁止他人对遗产进行侵吞和争抢。(3) 参与遗产分割的权利。遗产分割是指在继承开始后，共同继承人对被继承人遗留的财产和财产权利进行分配，确定各继承人应继承的份额。有权参与遗产管理和遗产分割，是继承人与受遗赠人、酌情分得遗产人的重要区别。

继承人所承担的义务主要有：(1) 清偿遗产债务的义务。遗产债务包括被继承人生前应交纳的税款和所欠的债务。按照继承法的规定，继承人对遗产债务负有限清偿责任，清偿债务仅以其继承遗产的实际价值为限。(2) 向受遗赠人、酌情分得遗产人交付遗赠、酌给遗产的义务。继承人有义务按照被继承人遗嘱的指定，将遗赠财产移交给受遗赠人，或向酌情分得遗产人交付酌给遗产。除此之外，如果被继承人在遗嘱中附有义务的，继承人、受遗赠人应履行被继承人在遗嘱中附加的义务，包括具有财产性质的义务和不具有财产性质的义务。

继承法律关系中的权利和义务是相互依存、相互关联、互为条件的，一方的权利往往是另一方的义务，权利主体既享有权利，也可能要承担义务，义务主体既要承担义务，也可能享有权利，而具体的权利义务则取决于法律的规定，或合法有效遗嘱的指定。

(三) 继承法律关系的客体

继承法律关系的客体，是指继承法律关系主体的权利和义务共同指向的对象——遗产。具体哪些财产能够作为继承法律关系的客体，直接受法律规定的制约。

三、继承法律关系的产生、变更和消灭

继承法律关系的产生、变更和消灭，均由特定的法律事实引起，所谓法律事实是指能够引起法律关系发生、变更和消灭的客观现象。但是，并非所有的客观现象都具有法律意义，只有按照法律的规定能够引起法律关系的发生、变更和消灭的客观现象才是法律事实。

(一) 继承法律关系的产生

继承法律关系的产生，是指继承法所规定的一定法律事实的出现，而使民事主体取得权利和承担义务。《继承法》第 2 条规定：继承从被继承人死亡时开始。这是法律规定的唯一能够引起继承法律关系产生的法律事实。公民的死亡包括自

然死亡和宣告死亡，两者均为导致继承法律关系产生的法律事实。

继承法律关系产生后，具有以下法律效力：

1. 继承人和受遗赠人可以开始行使继承权、受遗赠权。即继承人、受遗赠人有依照法律的规定或者合法有效遗嘱的指定取得遗产的权利。适当分得遗产人有根据法律的规定，请求分得适当遗产的权利。

2. 义务人开始履行义务。继承人应按照法律的规定承担以下义务：(1) 继承开始后，知道被继承人死亡的继承人应当及时通知其他继承人或遗嘱执行人；(2) 存有遗产的人，应当妥善保管遗产；(3) 继承遗产应当清偿被继承人依法应当交纳的税款和拖欠的债务，交纳税款和清偿债务以被继承人遗产的实际价值为限。除此之外，继承人在受遗赠人表示接受遗赠时，应当交付遗赠物。遗嘱继承人、受遗赠人对于附有义务的遗嘱，有按照遗嘱的要求负履行义务的责任。

3. 继承人或受遗赠人如果发现继承权或受遗赠权受到非法侵害，有权向人民法院提起诉讼。

(二) 继承法律关系的变更

继承法律关系的变更，是指因某种法律事实的出现，使已经存在的继承法律关系的三个要素中的某一要素或全部要素发生了变化。继承法律关系不是固定不变的，当法律规定的某种法律事实发生时，构成继承法律关系的要素也会随之改变，而任何一个要素的变动，都可能引起继承法律关系的变更，包括主体的变更、内容的变更、客体的变更。

继承法律关系主体的变更，是指一定法律事实的出现，引起权利主体的改变。能够引起继承法律关系主体变更的主要情形有：(1) 继承人、受遗赠人明确表示放弃继承权或受遗赠权；(2) 继承人、受遗赠人因法定事由被依法剥夺继承权、受遗赠权；(3) 继承人、受遗赠人在遗产分割前死亡，其应继承或受遗赠的遗产转归其合法继承人；等等。

继承法律关系内容的变更，是指一定法律事实的发生，引起继承法律关系主体的权利和义务的改变。在继承法律关系的主体发生变化时，继承法律关系的内容一般也随之改变。

继承法律关系客体的变更，主要是指遗产的范围、数量或质量发生了变化。

(三) 继承法律关系的消灭

继承法律关系的消灭，是指因某种法律事实的发生而使现存的财产继承权利和义务不再存在。能够引起继承法律关系消灭的法律事实主要有：

1. 遗产分割完毕。

2. 遗产分割前因遇不可抗力而使遗产全部意外灭失。

3. 全体继承人死亡或放弃继承，受遗赠人表示不接受遗赠，遗产按无主财产收归国家或集体所有。

第二节 继承人

一、继承人的概念

继承人，是指依照继承法的规定或被继承人所立遗嘱的指定，在法定继承人的范围内享有继承权，并能够取得被继承人遗产的人。换句话说，继承人是依法享有继承权，能够承受被继承人遗产的人。

继承人是继承法律关系中最重要的权利主体，各种继承法律关系都是以继承人的权利义务为核心内容的。继承人有以下几个特点：

(1) 继承人是由继承法直接规定的。

(2) 继承人是在法定继承或遗嘱继承中对被继承人遗产享有继承权的人。

(3) 继承人仅限于自然人。法人、社会组织和国家不能成为继承人。

(4) 继承人取得继承权时必须有继承能力。

(5) 继承人行使继承权时不受有无行为能力的限制。

(6) 继承人的继承权可以放弃和丧失。

二、继承人的分类

(一) 法定继承人和遗嘱继承人

1. 法定继承人。**法定继承人**是指依照继承法规定的范围和顺序承受被继承人遗产的继承人。法定继承是相对于遗嘱继承而言的一种继承方式，在法定继承中，能够作为法定继承人的，以及法定继承人的继承顺序和继承份额等，都是由法律直接加以规定的。尽管各国继承法规定的法定继承人的范围和顺序有所不同，但一般都是以继承人与被继承人之间存在着婚姻、血缘关系为条件，并且根据继承人与被继承人关系的亲疏远近规定不同的继承顺序。我国继承法规定的法定继承人同样也限于被继承人的近亲属，但是在一定条件下，形成了一定扶养关系的人，也可成为继承人，如丧偶儿媳、女婿在对死亡配偶的父母尽了主要赡养义务时，也可成为第一顺序的法定继承人。

2. 遗嘱继承人。**遗嘱继承人**是指按照被继承人所立的合法有效的遗嘱而直接承受被继承人遗产的继承人。在大多数国家的继承法律规定中，遗嘱继承人的范围是没有任何限制的，立遗嘱人既可指定法定继承人中的一人或数人作遗嘱继承人，也可指定法定继承人之外的其他人作遗嘱继承人，甚至允许国家、社会组织以遗嘱继承人的身份领取遗嘱人的遗产。我国继承法对此的规定有所不同，遗嘱继承人被限定在法定继承人范围之内，凡法定继承人之外的依遗嘱取得遗产的人，被称为受遗赠人。遗嘱继承人的继承权来自被继承人的遗嘱，因此，遗嘱继承人继承遗产的顺序和份额不受法定继承顺序和份额的限制。

特别提示

遗嘱继承人取得遗产的法律地位是不能替代的，遗嘱继承人如果先于被继承人死亡的，遗嘱继承人的子女或其他继承人不能代其继承遗产，除非被继承人在遗嘱中有特别的补充说明。

法定继承人与遗嘱继承人的区别主要在于：第一，法定继承人取得继承权的根据是继承法的直接规定，而遗嘱继承人取得继承权是根据被继承人所立的合法有效的遗嘱。第二，法定继承人依一定先后顺序继承遗产，而遗嘱继承人继承遗产时，不受法定继承顺序的限制。第三，法定继承人的法律地位在一定情况下可以被替代，而遗嘱继承人取得遗产的法律地位一般不能被替代。

（二）血亲继承人和配偶继承人

1. 血亲继承人。**血亲继承人**是指与被继承人有血缘关系而享有继承权的人。如子女、父母、祖父母、外祖父母、兄弟姐妹等。人类社会自有继承法律制度后，血缘关系就一直是继承权取得的最重要的根据。法律按照与被继承人血缘关系的亲疏远近，将血亲继承人分为先后不同的继承顺序，并实行“亲等近者优先”的继承原则。

2. 配偶继承人。**配偶继承人**是指与被继承人有婚姻关系而享有继承权的人。婚姻关系是家庭关系中的核心，在家庭生活中，配偶间在情感和经济上的依赖程度极为紧密，因此，各国通常在继承立法上，都极为重视配偶的继承地位，配偶身份是继承权取得的重要根据。

（三）本位继承人、代位继承人和转继承人

1. 本位继承人。**本位继承人**，是指基于自己的继承顺序和继承地位而享有继

承权的人。本位继承人是相对于代位继承而言的，如子女继承父母的遗产、父母继承子女的遗产时，子女、父母都是本位继承人。

2. 代位继承人。**代位继承人**是指法定血亲继承人在继承开始前死亡，其直系血亲卑亲属依法代位继承其应继承的份额，而成为继承人的人。在代位继承中，代位继承人只能取得被代位继承人应继承的遗产份额。

3. 转继承人。**转继承人**是指继承开始后，被继承人的继承人在遗产分割前死亡，其应继承的遗产份额转由其继承人承受而成为继承人的人。在转继承中，转继承人只能取得被转继承人应继承的遗产份额。

（四）推定继承人和应召继承人

1. 推定继承人。**推定继承人**是指在继承开始前依法享有继承期待权的继承人。推定继承人在继承开始前，只是具有继承人的法律地位，但不得实际支配被继承人的财产，也不能限制被继承人的财产处分权。

2. 应召继承人。**应召继承人**是指继承开始后享有继承既得权，并处于优先继承顺序，可实际取得遗产的继承人。

（五）前位继承人、后位继承人和补充继承人

1. 前位继承人和后位继承人。前位继承人和后位继承人是后位继承制度中的两个相互对应的概念。所谓**后位继承**，是指被继承人在遗嘱中指定遗产由一人或数人继承，同时又指定在某一时间到来或某一事件发生时，继承遗产的人须将其所得的遗产转交另一位或数位继承人继承的制度。在后位继承制度中，被遗嘱人指定先继承遗产的继承人称为前位继承人，通过前位继承人移交而取得被继承人遗产的继承人称为后位继承人。例如，甲立遗嘱指定其妻子为遗产继承人，但与此同时，甲在遗嘱中还特别指定，其妻子去世后，遗产要由其儿子继承。在此，甲的妻子是前位继承人，甲的儿子是后位继承人。

2. 补充继承人。**补充继承人**，又称替补继承人，是指被继承人在遗嘱中指定，如果被指定的继承人不能继承遗产，则由其他人替补继承，被指定替补继承的人称为替补继承人。在补充继承制度中，被继承人可以在遗嘱中指定一个替补继承人，也可以指定几个替补继承人。有关替补继承人的指定也同样适用于遗赠。

三、继承能力

继承能力，又称继承权利能力，是指能够作为继承人取得继承权的权利能力，即能够作为继承人取得继承权的法律资格。

继承能力是民事权利能力的组成部分，所谓**民事权利能力**，是指民事主体能够参与民事活动的资格，享有民事权利能力的人才能为自己取得民事权利和设定民事义务。《民法通则》第9条规定：公民从出生时起到死亡时止，具有民事权利能力，依法享有民事权利，承担民事义务。这一规定说明，公民的民事权利能力始于出生，终于死亡，是与自然人的生命紧密相连的。继承能力是取得继承权的资格，只有具备了继承能力才能成为继承人，继承被继承人的遗产。按照继承法的规定，继承自被继承人死亡时开始，这意味着在继承开始时，只有生存的继承人才有继承被继承人遗产的能力。换句话说，继承开始时，尚未出生或者已经死亡的继承人没有继承能力，不具有取得被继承人遗产的可能性。世界各国的继承立法大多如此规定，如《法国民法典》第725条规定：只有在继承开始时生存的人始得继承。但也有一些国家规定，只有在被继承人死亡后生存满一定时间的人才有继承能力。例如美国《统一继承法典》规定，继承人必须是在被继承人死亡后继续生存120小时以上的人。

继承人在继承开始时是否生存，是确定继承人有无继承能力的决定因素。凡继承开始时生存的继承人，无论年龄、性别、精神状况如何都有继承资格。继承法规定，无行为能力、限制行为能力继承人的继承权，由他的法定代理人代为行使，或者征得法定代理人同意后行使。

特别提示

只要继承开始时继承人是生存的，即使其在被继承人死亡后不久也相继去世，该继承人仍然不丧失其继承被继承人遗产的能力，其应取得的遗产份额可转归其继承人继承，即发生转继承。如果在继承开始时，继承人因失踪或者下落不明满2年，经利害关系人申请，人民法院已经宣告其为失踪人的，应推定该继承人仍然生存且具有继承能力，其所应继承的遗产份额由其亲属代为管理。但如果在继承开始时，继承人因下落不明满4年或者因意外事故下落不明满2年，经利害关系人申请，人民法院已经宣告其死亡的，则推定该继承人已经死亡，不再具有继承能力，不得取得被继承人的遗产。

关于胎儿有无继承能力的问题，在理论上，有否定和肯定两种学说。持否定说观点的人不承认胎儿有继承能力，认为人的权利能力始于出生终于死亡，胎儿尚未出生，自然不具有继承的能力。持肯定说观点的人对胎儿的继承能力持肯定态度，其中又分为两种：一是胎儿的继承能力以胎儿出生时是活体为条件，溯及继承开始时取得继承权的人格溯及说；二是胎儿本身具有继承能力，但出生时是死体的，溯及继承开始时丧失继承能力的限制人格说。在立法上，自罗马法以来，各国均承认胎儿的继承能力，但在立法体例上却有所不同，有的国家在自然人的权利能力上概括地规定有关对胎儿利益保护的规定，但以将来出生时是活体为条件。如《瑞士民法典》规定：子女，只要其出生时尚生存，出生前即具有权利能力。这种立法体例是将人的继承能力追溯至出生前。有的国家是分别在继承、遗赠、损害赔偿等涉及胎儿利益的法律关系中规定胎儿的权利能力。如《德国民法典》第 1923 条规定：在继承开始时尚未出世但是已经受孕者，视为在继承开始之前已出生。这种立法是将继承、受遗赠作为继承能力的特别规定。《法国民法典》第 725 条的规定是，尚未受胎者、出生时未存活的婴儿无能力继承。从上述各国的法律规定中可以看出，承认胎儿的继承能力、保障胎儿的利益是各国立法的通例。

我国继承法对胎儿的继承能力问题没有作明确的规定，采取的是国际通用的拟制式的立法惯例，即胎儿如果出生后是活体的，则承认其具有继承能力。《继承法》第 28 条规定：遗产分割时，应当保留胎儿的继承份额。胎儿出生时是死体的，保留的份额按照法定继承办理。最高人民法院《关于贯彻执行〈中华人民共和国继承法〉若干问题的意见》第 45 条规定：应当为胎儿保留的遗产份额没有保留的，应从继承人所继承的遗产中扣回。为胎儿保留的遗产份额，如胎儿出生后死亡的，由其继承人继承。如胎儿出生时就是死体的，由被继承人的继承人继承。

关于国家、法人和社会团体组织有无继承能力的问题，各国的立法有所不同。在有些国家的立法中，明确规定了国家或其他社会组织有继承能力，或者在司法实践中承认其继承能力，认为国家不仅可以是遗嘱继承人，而且也是最后的法定继承人，在被继承人无配偶继承人、血亲继承人，也没有立遗嘱时，由国家继承。国家作为法定继承人仅负有限责任，且不得拒绝继承。而法人、社会组织则只能成为遗嘱继承人。采上述立法的国家有德国、法国、瑞士等。而在有些国家的立法中，不承认国家、法人和其他社会组织为继承人，认为继承权是基于婚姻、血缘和共同生活而产生的一种权利，专属于自然人，国家、法人和其他社会组织只能作为受遗赠人，不能成为继承人。采上述立法的国家有中国、美国、日本等。

四、继承人的法律地位

继承人的法律地位，是指继承人在继承法律关系中所享有的权利和承担的义务。在立法上，我国继承法对继承人的法律地位问题没有作专章的规定，而是散见于相应的法律条文中。

继承开始后，因被继承人遗产的转移而发生的以继承人为一方的法律关系中，继承人的权利和义务以及所处的法律地位是不同的，继承人的法律地位主要有以下几种情形。

（一）继承人与第三人之间的法律关系

继承人是继承法律关系的主体，分法定继承人和遗嘱继承人两种。第三人是指继承人之外的其他不特定的人，包括自然人、社会组织和国家。继承人与第三人的本质区别在于有无继承权，被继承人死亡后，继承人取得继承权，依法享有继承遗产的权利。继承权是绝对权，任何人都负有不可侵犯的义务，第三人作为义务主体负有不干涉、不妨碍继承人行使继承权的义务。

（二）共同继承人相互之间的共同继承关系

当继承人有两人或两人以上时，各继承人相互之间则产生共同继承关系，包括法定继承人相互之间的权利义务关系、遗嘱继承人相互之间的权利义务关系、法定继承人和遗嘱继承人相互之间的权利义务关系。在共同继承中，**共同继承人享有的权利**是：(1) 遗产分割前的共有权。同一顺序的继承人对遗产享有共同共有的权利，未经共同继承人协商同意，任何继承人不得擅自处分遗产。(2) 遗产分割请求权。共同继承人在遗产共同共有期间，继承人中的任何人都有权请求分割遗产。**共同继承人负有的义务**是：(1) 共同承担保管遗产的义务；(2) 共同继承人对遗产债务承担连带责任，即各共同继承人对外都负有清偿全部债务的责任。

（三）继承人与受遗赠人之间的法律关系

受遗赠人是法定继承人之外的依据遗嘱的指定承受被继承人遗产的自然人、组织或者国家。受遗赠人在表示接受遗赠后，成为遗产的债权人。如果被继承人在遗嘱中指定继承人为遗嘱执行人时，或者被继承人在遗嘱中没有指定任何人为遗嘱执行人，而由继承人做被继承人遗嘱的执行人时，继承人与受遗赠人之间则因遗赠而产生债权债务关系，受遗赠人有请求继承人交付被继承人遗赠财产的权利，继承人负有按照被继承人的遗嘱妥善保管遗赠财产和交付遗赠财产的义务。

（四）继承人与被继承人的债权人、债务人之间的法律关系

被继承人死亡后，其生前所享有的债权和其所欠的债务并不因其死亡而消

灭，债权、债务随着遗产一同转移给其继承人。换句话说，被继承人在生前与其债权人和债务人之间的债权、债务关系，因被继承人的死亡而改变。继承开始后，继承人与被继承人生前的债权人、债务人之间形成新的债权、债务关系。被继承人的债权人为继承人的债权人，有请求继承人清偿被继承人生前所欠债务的权利，继承人应在被继承人遗产的实际价值内承担清偿责任。被继承人的债务人为继承人的债务人，继承人有请求债务人清偿其所欠被继承人债务的权利，被继承人的债务人负有向继承人清偿债务的义务。

除此之外，因被继承人死亡而引起的继承法律关系还应当包括继承人与遗产酌给请求权人之间的法律关系；被继承人的债权人、债务人与受遗赠人、遗产酌给请求权人之间的法律关系等。

第三节　继承权

一、继承权的概念和特征

（一）继承权的概念

继承权，是指公民依照法律直接规定或者被继承人所立遗嘱指定，享有的继承被继承人遗产的权利。继承权是继承法律关系主体所享有的权利，也是继承法律关系中的核心内容，没有继承权，就没有继承法律关系的存在。在理论上，继承权被分为客观意义上的继承权和主观意义上的继承权。

客观意义上的继承权，是指在继承开始前，公民依照法律规定或者被继承人所立遗嘱的指定承受被继承人遗产的资格，即继承人继承遗产的权利能力。客观意义上的继承权包括以下两个含义：第一，这是一种继承期待权，源于法律的直接规定或被继承人所立遗嘱的指定。继承期待权是客观的、不以继承人意志为转移的、具有实现可能性的权利。但客观意义上的继承权仅仅是法律上或遗嘱中一种假定的权利，是将来实现继承利益的前提和条件，在尚未转化为财产利益之前，其具有不确定的因素。作为具有继承期待权的继承人，对被继承人的财产不能主张权利，不能在被继承人生前提出继承的要求和主张分割财产。第二，继承期待权具有人身专属性，享有继承期待权的主体是为法律规定的与被继承人有着某种婚姻、血缘和扶养关系的法定继承人。在继承开始前，这种继承期待权既不能放弃，也不能转让。例如，子女在父母去世前所作的放弃继承权的意思表示不具有法律效力。

主观意义上的继承权，是指继承人因一定法律事实的发生，而在继承法律关系中实际已经享有的继承被继承人遗产的权利。这种继承权与继承人的主观意志相联系，继承人可接受或放弃继承权。主观意义上的继承权包括有以下两个含义：第一，这是一种继承既得权，这种由期待权转化为实际享有的权利被称为既得权。第二，这种继承既得权具有财产性质的权利，且有排除他人妨害的性质，继承权的实现并不需要义务主体积极地配合，继承人之外的人只负有不干涉、不侵害继承人享有继承权的不作为义务。

按照法律的规定，从客观意义上的继承权转化为主观意义上的继承权，需要具备两个条件：一是被继承人已经死亡并留有遗产；二是继承人未丧失继承权。

继承权主要包括以下四方面的内容：第一，继承选择权。继承权的行使首先是继承选择权的行使，在继承开始后，继承人有选择接受继承或者放弃继承的权利。第二，遗产管理权。自继承开始后到遗产分割前，继承人有管理遗产的权利，且须妥善管理遗产。第三，遗产分割请求权。在共同继承中，继承人有遗产分割请求权。除被继承人在遗嘱中禁止分割或共同继承人有协议暂缓分割外，继承人有随时请求分割遗产的权利。第四，继承恢复请求权。当继承人的继承权受到侵害时，继承人享有继承恢复请求权。

（二）继承权的法律特征

1. 继承权的主体只能是自然人。

2. 继承权发生的根据是法律的直接规定或合法有效遗嘱的指定。

3. 继承权的标的是财产和财产权利。

4. 继承权的接受或放弃取决于继承人的意志。

5. 继承权的实现以一定的法律事实出现为前提。

二、继承权的丧失

（一）继承权丧失的概念

继承权丧失，又称继承权的被剥夺，是指继承人对被继承人或其他继承人实施了犯罪行为或其他违法行为，而依法取消其继承被继承人遗产的资格。

在理论上，继承权的丧失有广义和狭义之分。**狭义上的继承权丧失**，是指继承人对被继承人或者其他继承人犯有某种法律规定的情形，经人民法院判决依法剥夺其继承权。**广义上的继承权丧失**，是指除继承权被依法剥夺外，还包括继承权的取消和不分遗产。所谓**取消继承权**分为两种，一种是指被继承人留有合法有效的遗嘱，变更了法定继承人的范围、顺序和份额，从而取消了法定继承人的继承权；另一种是指在附有义务的遗嘱继承中，继承人没有正当理由拒不履行所附义务的、经人民法院判决取消其遗嘱继承的权利。所谓**不分遗产**，是指按照法定继承进行遗产分割时，对有扶养能力和扶养条件而不尽扶养义务的继承人，依法不分或者少分。本章所讲的继承权丧失是指狭义上的继承权丧失。

特别提示

在继承开始前，继承人主动放弃客观意义上的继承权，不属于继承权丧失。另外，在继承开始前，继承人与被继承人身份关系的解除，使民事权利主体不再享有继承权的，也不属于继承权的丧失。

（二）继承权丧失的法定情形

继承权的丧失，起源于古巴比伦王国《汉谟拉比法典》中的家长剥夺制度。到了古罗马时代，继承人丧失继承权的制度有了较为完善的发展，在罗马法中已有继承缺格和废除继承人制度。所谓**废除继承人制度**，是要从根本上否定其为继承人的资格。所谓**继承缺格**，是在法律上虽然还承认其为继承人，但认为其不配为继承人，因而剥夺其继承遗产的权利。这两种制度为各国所继受。近代以来，废除继承人制度为各国立法所淘汰，而继承缺格制度，即剥夺继承权的制度被各国立法所保留，但各国规定的剥夺继承人继承权的法定情形又各不相同。

《法国民法典》第727条规定，下列之人无资格继承，因此应排除其继承遗产：(1) 因杀害被继承人既遂或未遂而被判刑者；(2) 控告死者，指控其当受死刑，但此种控告应该判决认定为诬陷时；(3) 成年继承人，知道被继承人受谋杀而不向司法机关告发者。《德国民法典》第2339条规定，丧失继承权的理由是：(1) 故意和违法杀害或企图杀害被继承人，或者将被继承人置于无法设立或撤销死因处分之境况，直至其死亡者；(2) 故意和违法地阻止被继承人设立或撤销死因处分者；(3) 以恶意欺诈或违法胁迫促使被继承人设立或撤销死因处分者；(4) 针对被继承人的死因处分犯有《刑法典》第267条、第271条至第274条的罪行者。但根据《德国民法典》的规定，被继承人如果已宽恕丧失继承权者，则不得撤销其对遗产的取得。《日本民法典》第891条规定，下列人不得为继承人：(1) 因故意致被继承人或继承在先顺位或同顺位者死亡或欲致其死亡，而被处刑者。(2) 知被继承人被杀害而不告发或不告诉者。但是，于其不辨是非时，或杀害人系自己的配偶或直系血亲时，不在此限。(3) 以欺诈或胁迫，妨碍被继承人设立、撤销或变更关于继承的遗嘱者。(4) 以欺诈或胁迫，使被继承人设立、撤销或变更关于继承的遗嘱者；(5) 伪造、变造、破弃或隐匿被继承人关于继承的遗嘱者。此外，还规定对被继承人有虐待或重大侮辱，或者有其他显著劣迹时，被继承人可以请求家庭法院废除该推定之继承人。

我国《继承法》第7条规定：继承人有下列行为之一的，丧失继承权：(1) 故意杀害被继承人的；(2) 为争夺遗产而杀害其他继承人的；(3) 遗弃被继承人的，或者虐待被继承人情节严重的；(4) 伪造、篡改或者销毁遗嘱，情节严重的。下面分述如下。

(1) 故意杀害被继承人的。**故意杀害被继承人**，是指继承人故意实施的非法剥夺被继承人生命的犯罪行为。故意杀人是严重的犯罪行为，在司法实践中，对因故意杀害被继承人而丧失继承权的确认，需要注意以下几个问题：第一，继承人必须有实施杀害被继承人的行为。即继承人必须在客观上实施了杀害被继承人的行为，这里所称的行为，即包括亲自实施的行为，也包括教唆他人杀人的行为。第二，继承人必须有杀害被继承人的故意。继承人实施杀害被继承人的行为，必须具有主观的故意，所谓故意，是指明知自己的行为会发生被继承人死亡的结果，并且希望或者放任这种结果发生的主观态度，包括直接故意和间接故意两种。直接故意，是指追求被继承人死亡结果的发生，间接故意，是指明知自己的行为有可能会造成被继承人死亡的结果，仍然采取放任的态度。第三，继承人故意杀害被继承人的，不论既遂还是未遂，均应确认其丧失继承权。第四，继承人故意杀害被继承人，而被继承人以遗嘱将遗产指定由该继承人继承的，可确认该遗嘱中指定的部分无效，并按法定继承处理，该继承人丧失继承权。对此，最高人民法院《关于贯彻执行〈中华人民共和国继承法〉若干问题的意见》第12条明确规定，继承人故意杀害被继承人的，即使被继承人以遗嘱将遗产指定由该继承人继承，仍可确认遗嘱无效，剥夺其继承权。

特别提示

继承人故意杀害被继承人的，不论动机和目的，不论既遂或是未遂，不论是否追究刑事责任，都丧失继承权。反之，过失杀人或伤害致死的不丧失继承权。当继承人并没有希望或者放任被继承人死亡的故意，而是由于疏忽大意，或者过于自信实施的某种行为致使被继承人死亡，对此，继承人在法律上承担相应的刑事责任，但并不丧失对被继承人的继承权。另外，继承权是一个相对的概念，只是指某人对特定的人享有继承权，不存在某人对一般人继承权的问题，在继承人依法被剥夺了对某一特定人的继承权后，其仅丧失对该被继承人的继承权，但并不丧失对其他人的继承权。例如，甲因夫妻矛盾将妻子杀害，甲丧失了对其妻子的继承权，但甲并不因此丧失对其父母的继承权。

因正当防卫而杀害被继承人的并不丧失继承权。所谓正当防卫，是指为了使国家，公共利益，本人或者他人的人身、财产和其他权利免受正在进行的不法侵害，而采取的制止不法侵害，而对不法侵害人造成损害的行为。由于正当防卫不具有违法性，而且是国家鼓励的行为，所以，如果继承人因正当防卫而杀害了被继承人的，并不丧失继承权。但如果继承人在防卫过程中因防卫过当，而杀害了被继承人的，则丧失继承权。所谓防卫过当，是指防卫超过必要的限度造成了不应有的重大损害，按照法律规定，防卫过当的应负刑事责任。如果在司法实践中，被确认是防卫过当而杀害了被继承人的，则该继承人丧失继承权。

未成年人故意杀害被继承人，法院未追究其刑事责任的，是否丧失对该被继承人的继承权，是一个值得注意的问题。有学者认为，凡故意杀害被继承人的，无论是否成年，无论是否追究其刑事责任，都应当剥夺其继承遗产的权利。但笔者认为，不满10周岁的未成年人在民法上属于无民事行为能力人，因其特定的年龄、智力条件尚不能认定其杀人具有杀人的故意，因此，不应剥夺其继承权。

(2) 为争夺遗产而杀害其他继承人的。**继承人为争夺遗产而杀害其他继承人**，是指继承人出于牟取被继承人遗产的目的，而实施杀害其他继承人的行为。在司法实践中，对于为争夺遗产杀害其他继承人而丧失继承权的确认，要注意以下几个问题：第一，继承人必须有杀害其他继承人的行为。第二，继承人必须有争夺遗产的主观故意。第三，继承人为争夺遗产而杀害其他继承人，而被继承人以遗嘱将遗产指定由该继承人继承的，可确认该遗嘱中指定的部分无效，并按法定继承处理，该继承人丧失继承权。

在此，法律特别强调的是继承人故意杀人的主观动机，即继承人必须有为争夺遗产而杀害其他继承人的目的。从刑法的角度讲，犯罪人故意杀害他人的动机和目的是多种多样的，犯罪目的并不是是否追究其刑事责任的主要因素，但在继承法律的规定中，继承人杀害其他继承人的动机，却是其是否丧失继承权的主要因素。如果继承人是因争夺遗产之外的其他原因而故意杀害其他继承人的，按照继承法的规定其并不丧失继承权。另外，继承人为争夺遗产而杀害其他继承人的，其丧失对被继承人的继承权，同时也丧失对被其杀害的人的继承权，但并不丧失对其他人的继承权。例如，甲的父母去世后，甲为争夺父母遗产将其哥哥杀害，在此，甲不仅丧失了对其哥哥的继承权，而且也丧失了对其父母的继承权，但如果这时甲的妻子去世，甲对其妻子的遗产仍然依法享有继承权。

特别提示

这里所称的继承人，既包括第一顺序的继承人，也包括第二顺序的继承人；既包括法定继承人，也包括遗嘱继承人。例如，甲去世后，甲的儿子怕甲的弟弟乙与自己争夺遗产而将乙杀害，从法律上讲，乙是第二顺序的继承人，按照法定的继承顺序，乙并不能取得遗产，但由于甲的儿子对法律的无知，误以为乙将会与自己一起共同分割遗产而将其杀害，甲的儿子因此丧失了对甲的继承权。

从现行继承法的规定上看，继承人为争夺遗产而杀害继承人之外的人，并不丧失继承权。例如，弟弟为与哥哥争夺遗产而将嫂子杀害的，不宜将其列入被剥夺继承权的范围内。但是，如果继承人为争夺遗产而将受遗赠人杀害的，除追究其刑事责任外，还应依法剥夺其继承权，从继承法律的精神和立法目的上看，在此应对继承人作扩大的解释。

(3) 遗弃被继承人的，或者虐待被继承人情节严重的。**遗弃被继承人**，是指继承人对丧失劳动能力又没有生活来源的被继承人，负有扶养义务，而拒不履行扶养义务的行为。在现实生活中，继承人遗弃的主要是老年人、未成年人或残疾人等，由于他们在生活中大多属于缺乏劳动能力又没有生活来源，或不能独立生活的人，因此需要他人的扶助和照顾。如果被继承人是老年人、残疾人，但有独立生活能力，或有生活来源的，即使继承人不尽扶养义务，也不构成遗弃。此外，继承人构成遗弃被继承人，是以继承人有扶养被继承人的能力和条件为前提的，如果继承人本身就是缺乏劳动能力，又没有生活来源的人，或者不具有扶养条件和扶养能力的，则不构成遗弃。

特别提示

如果由于被继承人的过错，造成继承人不能履行扶养义务的，继承人不构成遗弃。例如，父母拒绝子女的照顾，拒绝与子女往来，拒绝子女的帮助，等等。

虐待被继承人，是指对被继承人进行精神上的折磨，或者身体上的摧残，如殴打、体罚、冻饿、强制过度劳动、限制人身自由等。虐待行为具有经常性、连续性和长期性的特点，如果只是偶尔的行为，一般不作虐待处理。这一规定具有一定的弹性，在司法实践中不易达成统一认识，虽然这给人民法院处理案件带来一定灵活性，但同时也给案件的诉讼和情节认定带来不确定因素，当事人的行为是生活中的一般争吵，还是经常打骂，是照顾不周，还是精神折磨，是有病不给治疗，还是因生活困难治不起病，等等，人民法院在确认继承人是否丧失继承权时，应根据其是否达到道德和法律所不能容忍的程度而作出判断。

在司法实践中，对因虐待、遗弃被继承人而丧失继承权的确认，需要注意以下几个问题：第一，继承人必须有遗弃、虐待被继承人的行为。第二，继承人遗弃、虐待被继承人必须达到情节严重。继承人虐待被继承人情节是否严重，可以从实施虐待行为的时间、手段、后果和社会影响等方面认定，虐待被继承人情节严重的，不论是否追究刑事责任，均可确认其丧失继承权。第三，继承人虐待被继承人情节严重的，或者遗弃被继承人的，如以后确有悔改表现，而且被虐待人、被遗弃人生前又表示宽恕的，可不确认其丧失继承权。

可以看出，立法的目的是尽可能地尊重被继承人本人的意愿，尽可能地促进家庭成员间的团结和睦。对于被继承人表示宽恕的形式，法律没有作明确的规定，从司法实践上看，被继承人表示宽恕应当有明确的意思表示，如果没有明确的表示，但有宽恕的事实或行为，也可作为已经宽恕的情形加以确认。

（4）伪造、篡改或者销毁遗嘱，情节严重的。遗嘱是公民生前对自己死后的财产所做的处分，只能由被继承人亲自订立，任何人都不得代替他人订立遗嘱，更不能擅自伪造、篡改他人的遗嘱，或者故意销毁他人的遗嘱。所谓**伪造遗嘱**，是指继承人以被继承人的名义制作虚假的遗嘱。因伪造遗嘱不是被继承人的真实的意思表示，所以伪造的遗嘱不具有法律效力。所谓**篡改遗嘱**，又叫变造遗嘱，是指继承人擅自改变被继承人遗嘱的内容。因篡改遗嘱违背了被继承人的真实意愿，所以被篡改的遗嘱不具有法律效力。所谓**销毁遗嘱**，是指继承人将被继承人所立的遗嘱完全销毁。销毁遗嘱的行为使被继承人的意思表示完全被破坏，所以，被销毁的遗嘱仍然具有法律效力。

伪造、篡改或者销毁遗嘱情节严重的，丧失继承权，在司法实践中，需要注意的是：第一，继承人必须有伪造、篡改或者销毁遗嘱的行为。第二，继承人伪造、篡改或者销毁遗嘱，必须达到情节严重才丧失继承权。所谓**情节严重**，是指侵害了缺乏劳动能力又没有生活来源的继承人的利益，并造成其生活困难的。换句话说，如果继承人实施了伪造、篡改或者销毁遗嘱的行为，但没有侵犯到缺乏劳动能力又没有生活来源继承人的利益，或者说虽然侵犯到缺乏劳动能力又没有生活来源的继承人的利益，但没有造成其生活困难的，则不能认定为情节严重，进而不能被认定为丧失继承权。

继承人是否丧失继承权，只能由人民法院确认，其他任何机关、单位和个人都无权确认。继承开始后，继承人可就是否丧失继承权的问题自行协商，也可会同有关单位、基层组织或亲友等进行协商，但这种协商的结果并不具有法律效力，被指认为丧失继承权的继承人是否接受对其的指责，应由该继承人自己决定。人民法院对继承人之间的继承纠纷采取“不告不理”的态度，不主动参与或直接判决，只有起诉到人民法院的继承纠纷，人民法院才根据客观事实和继承法的有关规定进行裁判。最高人民法院《关于贯彻执行〈中华人民共和国继承法〉若干问题的意见》第9条规定：在遗产继承中，继承人之间因是否丧失继承权发生纠纷，诉讼到人民法院的，由人民法院根据继承法第七条的规定，判决确认其是否丧失继承权。

（三）继承权丧失的法律效力

继承权丧失的法律效力，是指因继承权丧失而产生的法律后果。继承权丧失的法律效力包括以下三个方面：

(1) 继承人只丧失对特定被继承人的继承权。依据继承法的规定，继承人丧失继承权，仅对其特定的被继承人丧失继承权，丧失继承权的效力并不及于其他的被继承人。换句话说，当继承人因法定事由丧失继承权时，只丧失对特定被继承人的继承权，并不丧失对其他被继承人的继承资格。例如，甲去世前，留下一份遗嘱指定在其死后将财产留给尚未成年的女儿丙，但甲去世后，甲的儿子乙将父亲的遗嘱篡改为财产归自己所有。由此，经人民法院确认，乙丧失了对其父亲甲的继承权。但乙并没有丧失对其母亲的继承权。母亲去世后，如果没有留下遗嘱，乙仍有权与丙一起共同继承其母亲的遗产。

(2) 继承人丧失继承权，其晚辈直系血亲则丧失代位继承权。对于继承人丧失继承权是否影响其晚辈直系血亲代位继承的问题，各国法律规定不一。在我国，关于丧失继承权对晚辈直系血亲的影响问题，最高人民法院在《关于贯彻执行〈中华人民共和国继承法〉若干问题的意见》第28条中作出了明确规定：继承人丧失继承权的，其晚辈直系血亲不得代位继承。如果代位继承人缺乏劳动能力又没有生活来源，或对被继承人尽赡养义务较多的，可适当分给遗产。

(3) 丧失继承权既适用于法定继承，也适用于遗嘱继承。丧失继承权的法律规定不仅适用于法定继承，而且，当继承人被确认为丧失继承权时，即使被继承人已用遗嘱指定其遗产由该丧失继承权的继承人继承的，遗嘱的指定也无效。

继承人丧失继承权的时间效力问题，对确定遗产的归属及维护继承人的合法权益具有十分重要的意义。我国继承法对继承权丧失的时间效力没有作明确的规定，继承权丧失的法定情形，既可发生在被继承人死亡之前，也可发生在被继承人死亡之后，如继承人实施杀害被继承人、虐待、遗弃被继承人的行为都发生在继承开始之前，为争夺遗产而杀害其他继承人，或伪造、篡改、销毁遗嘱则既可能发生在继承开始之前，也可能发生在继承开始之后。但无论继承人实施丧失继承权的行为，是发生在继承开始之前或是之后，从继承法的立法精神上看，剥夺继承人的继承权是为了从根本上剥夺其继承被继承人遗产的权利，因此，继承权的丧失应追溯到继承开始之时。也就是说，凡在继承开始后已经实际占有被继承人遗产的，必须返还给其他继承人、受遗赠人等。需要指出的是，继承人丧失继承权的时间效力，只追溯到继承开始之时，对于该继承人在被继承人生前已经取得的利益并不溯及，例如，被继承人生前赠送给继承人的财物，其他继承人不能因该继承人丧失了继承权，而主张被继承人生前的赠与行为无效。

在司法实践中，如果丧失继承权的继承人在遗产分割前，将保管、占有的遗产已经转让给第三人的，取得该遗产的第三人是否需要返还遗产，应当根据具体情况分别处理。按照民法的基本理论，法律保护善意第三人的利益，即善意第三人所取得的遗产不负有返还的义务，但应具备两个条件：(1) 第三人取得该项遗产是善意的，所谓善意是指第三人不知道或者不应当知道受让的财产系无转让权，如果第三人知道或者应当知道该继承人无权转让该财产的，则该第三人在主观上出于恶意，应当返还已取得的财产。(2) 善意第三人取得遗产时，应当是有偿取得的，即已经支付了对价。其他共同继承人因丧失继承权的继承人转让遗产而受到的损失，有权向无处分权的继承人主张返还不当得利，或赔偿损失。但如果第三人是无偿取得该项遗产的，则其他共同继承人可向第三人请求返还，第三人应当返还。

三、继承权的行使和放弃

（一）继承权的行使

继承权的行使，是指继承人行使继承被继承人遗产的权利。在继承开始前，继承人所享有的只是继承期待权，并没有实际意义上的权利；继承开始后，继承期待权转化为继承既得权，这是一种主观意义上的权利，继承人可通过对继承权的行使而取得实际意义上的利益。继承人行使继承权的方式包括对遗产的管理、占有、使用和分割。

行使继承权应注意以下几点：(1) 行使继承权是单方的意思表示，继承人本人所作出的意思表示即发生法律效力，无须征得其他继承人的同意；(2) 行使继承权的意思表示可以是默示的，只要继承人在遗产分割前不明确表示放弃继承，即视为接受继承；(3) 接受继承权应当是无条件的，继承人如对接受继承附加条件，则应视为继承人不接受继承。

继承人行使继承权须具有完全的民事行为能力。所谓**民事行为能力**，是指公民具有能够以自己的行为取得权利和承担义务的能力。有关公民民事行为能力的问题，《民法通则》的规定是，18 周岁以上的公民是成年人，具有完全民事行为能力，可以独立进行民事活动，是完全民事行为能力人。16 周岁以上不满 18 周岁的公民，以自己的劳动收入为主要生活来源的，视为完全民事行为能力人。10 周岁以上的未成年人是限制民事行为能力人，可以进行与他的年龄、智力相适应的民事活动；其他民事活动由他的法定代理人代理，或者须征得他的法定代理人同意。不满 10 周岁的未成年人是无民事行为能力人，由他的法定代理人代理民事活动。不能辨认自己行为的精神病人是无民事行为能力人，由他的法定代理人代理民事活动。不能完全辨认自己行为的精神病人是限制民事行为能力人，可以进行与他的精神健康状况相适应的民事活动；其他民事活动由他的法定代理人代理，或者征得他的法定代理人的同意。无民事行为能力人、限制民事行为能力人的监护人是他的法定代理人。对于监护人问题，《民法通则》的规定是，未成年人的父母是未成年人的监护人。未成年人的父母已经死亡或者没有监护能力的，由下列人员中有监护能力的人担任监护人：(1) 祖父母、外祖父母；(2)兄、姐；(3) 关系密切的其他亲属、朋友愿意承担监护责任，经未成年人的父、母的所在单位或者未成年人住所地的居民委员会、村民委员会同意的。没有以上监护人的，由未成年人父母所在单位或未成年人住所地的居民委员会、村民委员会或民政部门担任监护人。无民事行为能力的精神病人的监护人由下列人员担任：(1) 配偶；(2) 父母；(3) 成年子女；(4) 其他近亲属；(5) 关系密切的其他亲属、朋友愿意承担监护责任，并经精神病人所在单位或住所地居民委员会、村民委员会同意的。没有以上监护人的，由精神病人所在单位或住所地的居民委员会、村民委员会或民政部门担任监护人。对于继承民事主体行使继承权的要求，《继承法》第6条规定：无行为能力人的继承权、受遗赠权，由他的法定代理人代为行使。限制行为能力人的继承权、受遗赠权，由他的法定代理人代为行使，或者征得法定代理人同意后行使。

法定代理人代理行使继承权、受遗赠权，不得损害被代理人的利益。无民事行为能力人、限制行为能力人的代理人在代理行使继承权时，必须维护无民事行为能力人、限制行为能力人的合法利益，不得滥用代理权，最高人民法院《关于贯彻执行〈中华人民共和国继承法〉若干问题的意见》第8条规定：法定代理人代理被代理人行使继承权、受遗赠权，不得损害被代理人的利益。法定代理人一般不能代理被代理人放弃继承权、受遗赠权。明显损害被代理人利益的，应认定其代理行为无效。只有在接受继承明显不利于无行为能力或者限制行为能力的继承人时，如遗产的债务超过其继承的应继份时，法定代理人可代其放弃继承。这一规定对无行为能力或者限制行为能力的继承人权利的保护是十分重要的。

（二）继承权的放弃

继承权的放弃，是指继承开始后，继承人所作的放弃继承的意思表示。放弃继承是单方的意思表示，只要继承人以明示的方式作出，即发生法律效力。放弃继承权意味着继承人丧失继承人的资格，既不享有继承人的权利，也不承担继承人的义务。但继承人因放弃继承权，而导致其不能履行法定义务的，放弃继承权的行为无效。

从继承法律的发展过程看，进入近代后，继承逐渐由身份继承发展为财产继承，继承已不再是家、家族、家产、祭祀的继承，而成为单纯的财产继承，因而，法律不再强制任何人必须承受遗产。继承权与其他民事权利一样属于私权的范围，私权的享有者对自己的民事权利，在不损害他人合法权益和公序良俗的前提下，具有自行处分的权利，因此，继承人放弃继承权是对自己所享有的继承权行使处分权，受法律保护，任何机关、单位和个人都不得加以干涉。

1. 放弃继承的时间。继承权的行使，是在继承开始之后，遗产分割之前。《继承法》第25条规定：继承开始后，继承人放弃继承的，应当在遗产处理前，作出放弃继承的表示，没有表示的，视为接受继承。受遗赠人应当在知道受遗赠后两个月内，作出接受或者放弃受遗赠的表示。到期没有表示的，视为放弃受遗赠。最高人民法院《关于贯彻执行〈中华人民共和国继承法〉若干问题的意见》第49条规定：继承人放弃继承的意思表示，应当在继承开始后、遗产分割前作出。遗产分割后表示放弃的不再是继承权，而是所有权。

特别提示

被继承人死亡前，继承人只享有继承期待权，不具有实际取得遗产的能力，如果继承人在继承开始前表示放弃继承权，但在被继承人死亡后没有再做表示的，应视该继承人接受继承。也就是说继承开始前，继承人放弃继承期待权的意思表示并不具有法律效力，也不发生放弃继承的法律后果。遗产分割后，继承人已经取得了财产的所有权，因此，其放弃的也只能是财产所有权而不是继承权。

2. 放弃继承的方式。放弃继承权是继承人对继承遗产行使支配权，法律要求放弃继承的意思表示，应当以明示的方式表示。所谓明示是指继承人应以明确的语言、文字表达行为人的意思，最高人民法院《关于贯彻执行〈中华人民共和国继承法〉若干问题的意见》第47条规定：继承人放弃继承应当以书面的形式向其他继承人表示。用口头表示放弃继承，本人承认，或有其他充分证据证明的，也应当认定其有效。如果继承人没有明确表示其放弃继承权，但其在实际行动上拒不接受遗产的，也可视为放弃继承权。最高人民法院《关于贯彻执行〈中华人民共和国继承法〉若干问题的意见》第48条规定：在诉讼中，继承人向人民法院以口头方式表示放弃继承的，要制作笔录，由放弃继承的人签名。

放弃继承的意思表示是否须向相对人作出的问题，法律没有作明确的规定。放弃继承权是单方的民事法律行为，所谓**单方的民事法律行为**，是指基于一方当事人的意思表示即可成立的民事法律行为。换句话说只要有行为人一方的意思表示就依法成立，不需要征得他人同意。如立遗嘱的行为无须向特定人为意思表示即生效。但有的单方法律行为必须向特定人为意思表示，如债权人放弃债权的意思，必须向特定债务人表示才产生消灭债权的效力。放弃继承权的行为，属于须向特定人表示的单方法律行为。各国继承立法非常注重对继承人的债权人的保护，因此对放弃继承权的相对人一般都有严格的规制，如《德国民法典》第1945条规定：拒绝通过相对于遗产法院的声明为之；声明应当由遗产法院予以记录或者以经公证人认证的形式作出。再如《日本民法典》第938条规定：欲放弃继承者，应向家庭法院申述其意旨。由此可见，国外一般将法院作为唯一的接受放弃继承权的特定相对人。我国继承法实行的是限定继承的原则，因此不存在继承人以其个人财产偿还债务的问题，从《继承法》第 47 条、第 48 条的规定可以看出，放弃继承权特定相对人限于其他继承人和人民法院。在一般情况下，继承人放弃继承权应在法定期间内以法定的方式向其他继承人作出；如果是在诉讼期间，放弃继承权的意思表示应向人民法院作出。除此之外，继承人向其他任何人或者任何机关作出的放弃继承权的意思表示均不具有法律效力。

3. 放弃继承的效力。最高人民法院《关于贯彻执行〈中华人民共和国继承法〉若干问题的意见》第 51 条规定：放弃继承的效力，追溯到继承开始的时间。依此规定，放弃继承的效力应溯及继承开始之时，继承人放弃继承后，被继承人遗留在财产上的一切权利和义务均与该继承人无关，且该继承人从继承开始时就不享有遗产上的权利和承担遗产上的义务。例如，甲一直住在父亲所有的房屋内，父亲去世后，甲提出放弃对其父亲遗产的继承，当甲作出放弃继承的意思表示后，其就应当搬出其占有的父亲的房屋。

放弃继承包括，法定继承人放弃法定继承和遗嘱继承人放弃遗嘱继承。法定继承人放弃继承后，其放弃的应继份应如何处理的问题，各国规定不一，主要有两种主张：一种主张是，放弃继承的效力追溯到继承开始之时，即该继承人自始不具有应继份，因此也就不存在放弃继承人的应继份应如何处理的问题。如《法国民法典》第 785 条规定：放弃继承遗产的继承人，视其始终未作为继承人。再如《德国民法典》第 1953 条规定：(1) 如果遗产被拒绝，则拒绝人的遗产归属视为未发生。(2) 遗产归属于若拒绝人在继承开始时不在世而资格继承之人，此归属视为自继承开始即发生。另一种主张是，继承开始时，继承人已经取得了继承权，只是尚未实际取得遗产，因此，其应继份也是确定的，当继承人放弃继承时，其应继份归属于其他法定继承人。我国继承法对此没有作明确的规定，但从司法实践上看，我国采用的是后一种做法，即如果是法定继承人放弃继承，那么，其所放弃的遗产份额应由其同一顺序的其他法定继承人继承，如果在同一顺序没有其他法定继承人，那么该继承人放弃继承的遗产份额，应由下一顺序的法定继承人继承。如果是遗嘱继承人放弃继承的，则遗嘱中指定由其继承的部分，转由被继承人的法定继承人继承。如果被继承人没有法定继承人，这部分遗产按无人继承的遗产，收归国家或集体所有。

对于已经做出的放弃继承的意思表示，能否予以撤销的问题，世界各国的继承立法规定的不尽一致。如《日本民法典》第 919 条规定，承认及放弃，即便在做出承认与放弃的有效期 3 个月以内也不得撤回。《德国民法典》第 1954 条规定：如果可以请求撤销接受或拒绝，请求撤销只可在六周内提出。在我国，最高人民法院《关于贯彻执行〈中华人民共和国继承法〉若干问题的意见》第50条规定：遗产处理前或在诉讼进行中，继承人对放弃继承翻悔的，由人民法院根据其提出的具体理由，决定是否承认。遗产处理后，继承人对放弃继承翻悔的，不予承认。据此可以看出，在遗产分割前，人民法院对于放弃继承有权决定是否承认继承人要求撤销放弃继承的意思表示，承认的标准应视具体情况酌情而定。但在遗产分割后，继承人如果对放弃继承表示翻悔的，人民法院不再予以支持。

人民法院应当依据何种理由支持继承人放弃继承的翻悔，法律没有作明确的规定。有学者认为，在一般情况下，放弃继承的继承人只要在遗产分割前作出撤销的声明，人民法院就应当予以准予，但因遗产的共同管理，而致使遗产变化较大的，人民法院可不予准予。也有学者认为，继承人一旦作出放弃继承的意思表示，原则上就不应再准予其撤销。只有在放弃继承的意思表示有瑕疵时，才可允许其撤销。笔者认为，为保护继承法律关系的稳定性，保护其他继承人的合法权益，同时也为了维护法律的严肃性，人民法院在确认是否承认放弃继承翻悔的具体理由时，应当根据民事法律行为有效条件的规定，凡放弃继承符合民事法律行为有效条件的，应不允许翻悔。因受欺诈、胁迫或重大误解所作出的放弃，应当允许撤销。放弃继承的意思表示是一种单方的法律行为，一经作出即发生法律效力，对放弃继承人就产生溯及力，一般不应随意翻悔，否则已经确立的效力又变得不确定。如果在继承开始后遗产分割前，允许继承人可随意撤回其放弃继承的意思表示，则会影响到遗产分割的顺利进行。在通常情况下，遗产在共同管理过程中有可能已经发生了较大的改变，如果允许继承人可任意撤销其放弃继承的意思表示，很可能会侵犯到其他继承人的利益。但如果放弃继承是在重大误解的情况作出的，则应当允许撤销。

案例分析2—1

[案情] 甲在父母去世后，认为父母辛苦一生除了2间破旧房屋外，没有留下什么值钱的东西，因此，他对两个妹妹明确表示放弃继承。但妹妹们在处理父母的后事时，发现父母竟留有25万元的存款。甲得知此事后，提出要求继承这笔钱。两个妹妹认为，甲已明确表示了放弃继承，就不应当再参与分割遗产。但甲认为，其放弃继承的意思表示，是在不知道有这笔钱的前提下作出的，属于重大误解，因此，甲坚持要求继承遗产。

[分析]　依据民法的基本理论，人民法院在处理案件时，应考虑甲在不知情的情况下作出的意思表示是有瑕疵的，应当对其放弃继承的翻悔予以支持。另外，在一些特殊情况下，如放弃继承的继承人在放弃继承后，由于不是出于自身主观的原因造成了其生活困难的，也应当支持该继承人对放弃继承翻悔的请求，例如，甲在放弃继承后因身患重病导致生活困难，不能独立生活的，人民法院应当酌情准予其翻悔的请求。

继承人能否只放弃部分继承权的问题，各国的继承立法一般都作否定性的规定，认为继承权具有不可分性，不能放弃部分继承权，又接受另一部分。我国继承法对此没有明确的规定。在司法实践中，一般认为继承人放弃的可以是其应继份的全部，也可以只放弃其中的一部分。例如，甲在父亲去世后，可以提出只继承其应继份的一半，对另一半表示放弃。

特别提示

如果继承人因放弃部分继承而损害到他人的利益的，或者因放弃部分继承而导致其不承担义务的，其这种放弃不具有法律效力。

放弃继承权不应附加任何条件。例如，当甲在继承开始后，表示其放弃继承权，但同时又表示其所放弃的应继份只能由其弟弟取得，其他继承人不得取得时，这种行为不属于放弃继承。因为继承人放弃继承权的效力溯及继承开始之时，即该继承人自始即不具有继承人的资格，无权将遗产让与他人。继承人放弃继承同时，又将其应继份让与其指定人的行为，不是放弃继承权，而应视为该继承人对其所得遗产作出的处分。

放弃继承权是继承人的自由，并受法律保护，但这种自由并不是没有限制的，最高人民法院《关于贯彻执行〈中华人民共和国继承法〉若干问题的意见》第46条规定：继承人因放弃继承权，致使其不能履行法定义务的，放弃继承权的行为无效。这里所说的**法定义务**是指公民依法纳税的义务、赡养抚养的义务，等等，如果公民因放弃继承而导致其法定义务无法履行的，其放弃继承的行为不具有法律效力。例如，甲的父亲去世后，甲不顾其已无力扶养因病瘫痪在床的妻子，仍然主张放弃继承权的，其放弃继承的行为无效。

继承人因放弃继承而导致其不能履行约定的债务时，关于其放弃继承的行为是否有效的问题，目前在我国立法上没有明确的规定。

案例分析2—2

[案情] 甲向乙借款5万元，到期甲一直无力偿还债务，这时甲的父亲去世，依法甲可以继承其父亲的遗产5万元，但甲表示放弃继承权，将遗产都留给母亲，致使乙期望在甲继承后偿还债务的想法落空。

[分析] 对于这一问题应如何处理，学界有不同的看法，有学者认为，根据《民法通则》和《中华人民共和国合同法》（简称《合同法》）的规定，以合法形式掩盖非法目的的民事行为无效。因此如果放弃继承权是以逃避债务为目的的行为，属于无效的民事行为，无效的民事行为开始时就没有法律效力。其债权人可申请人民法院行使撤销权，请求以被继承人的遗产偿还债务。但也有学者认为，继承权与一般的财产权不同，具有身份的性质，债权人不得代位行使，对于继承人放弃继承的行为也不得撤销。而且，撤销权的目的是为了防止债务人固有财产的不当减少从而损害债权，但被继承人的遗产不是债务人的固有财产，继承人不行使继承权并不会使其固有财产减少，因此谈不上损害债权人债权的问题。我们注意到，对此问题《意大利民法典》第524条的规定是，如果因为继承人放弃继承一项遗产而使他的债权人的利益受到损害，他的债权人得请求准许其以放弃继承人的名义和顺序接受遗产，但以满足债权额为限。这一规定无疑能更好地保护继承人的债权人的利益。

四、继承权的保护

继承权纠纷，是指在被继承人死亡后因继承遗产问题而发生的纠纷。继承权纠纷可分为两类，一类是非侵权纠纷，如有关遗嘱的效力、遗产的范围和数量、继承人的范围和顺序等。另一类是侵权纠纷，如因侵犯继承权、受遗赠权而发生的纠纷，主要有：(1) 非法取消继承人、受遗赠人资格的行为；(2) 隐匿、侵吞或争抢遗产的行为；(3) 非法处分未分割遗产的行为；(4) 非法扣减继承人应继承遗产的份额和受遗赠遗产的数额的行为；(5) 法定代理人损害被代理人的继承权、受遗赠权的行为；(6) 遗产分割时，未保留胎儿的继承份额的行为；(7) 非法剥夺法定继承人以外的人的酌情分得遗产份额的行为；等等。

(一) 继承恢复请求权

继承恢复请求权，是指合法继承人的继承权受到侵害时，有请求人民法院给予保护恢复其继承遗产的权利。继承恢复请求权是基于继承人的继承权而由法律特别赋予的，是以恢复合法继承人对被继承人遗产的占有为目的的，当继承人的继承权受到侵害时，继承人或其法定代理人可以向人民法院提起诉讼。

继承恢复请求权包括两方面的内容，一是确认继承人资格的请求权；二是对遗产的返还请求权。换句话说，继承恢复请求权是以确认继承人资格，以及请求被继承人遗产的给付为主要内容的请求权，确认资格的目的在于责令被告履行给付，而被告履行给付义务是以确认原告依法享有继承权为前提条件的。作为继承恢复请求权的原告，只能是依法实际享有遗产继承权的人，而被告则是侵害继承人继承权的人，侵害他人继承权的人不仅包括原告之外的其他继承人，还包括继承人以外的人。继承恢复请求权人无须证明自己对遗产具有何种权利，只须证明财产为被继承人所有，以及自己对被继承人的遗产依法享有继承权即可。

（二）继承恢复请求权的诉讼时效

时效是指法律规定的某种事实状态经过法定时间，而产生一定法律后果的法律制度。时效制度体现时间在法律上的效力，在民法领域中，时效分为取得时效和诉讼时效，前者为非所有人占有财产达法定时间未受所有人追索而取得该财产的所有权。后者为民事权利受到侵害的权利主体在法定时间内不行使请求权，当时效期届满时，即丧失了请求人民法院依诉讼程序强制义务人履行义务的权利的制度。**继承恢复请求权的诉讼时效**，是指继承人在法定时间内不行使其继承遗产的权利，即丧失请求人民法院依审判程序予以保护的权利。为避免继承关系长期处于不稳定的状态，促使继承人及时地行使其继承权，法律规定了保护继承权的期限，凡超过继承恢复请求权保护期限的，人民法院将不予保护。

《继承法》第 8 条规定：继承权纠纷提起诉讼的期限为二年，自继承人知道或者应当知道其权利被侵犯之日起计算。但是，自继承开始之日起超过二十年的，不得再提起诉讼。

案例分析2—3

[案情]　潘某于 1970 年出嫁，其父母在 1995 年相继去世，父母遗留的 2 间房屋被 2 个弟弟占用。潘某当时提出应分割父母的遗产，但 2 个弟弟以她已出嫁为由予以拒绝，考虑到自己在外地生活，房屋对自己用处不大，加上 2 个弟弟都要娶妻生子，因此，知道两个弟弟占用了 2 间房也没有再提出要求。1999 年，潘某的生活陷入困境，遂向人民法院起诉要求继承其父母

的遗产。

[分析] 本案继承纠纷的时效是从潘某提出分割遗产但被两个弟弟拒绝时开始起算，到起诉时，其权利被侵犯已经过4年，因此，本案当事人现已丧失了请求人民法院保护的权利。诉讼时效是法律为督促权利人及时行使权利、稳定经济生活秩序而规定的权利人向人民法院申请保护的时间限制。也就是说继承人行使继承恢复请求权，需要在法定时间内请求人民法院依诉讼程序保护其权利。

继承诉讼时效的起算点无疑是至关重要的问题，法律规定的继承诉讼时效是从继承人知道或者应当知道其权利被侵害之日起计算。也就是说，诉讼时效的起算点并不完全取决于继承人知道自己的权利被侵害的事实，也包括其应当知道，凡在客观上存在足以让继承人知道侵权事实的条件和可能性，或者继承人本应知道侵权事实的发生，但因其主观上的过错而导致其不知道的，人民法院都应认定其应当知道。在司法实践中，继承人是否知道或是否应当知道自己继承遗产的权利被侵害是一个较为复杂的问题，需要根据继承人的年龄、教育程度、文化水平、生活经验、法律知识等综合情况，才能判断其是否知道或者应当知道。

继承法关于自继承开始之日起，超过20年的，不得再提起诉讼的规定，有待进一步完善。这一规定，使权利人即使一直不知或不应当知道其继承权被侵害，也要从继承开始之时起计算，超过20年的，其权利不再受法律的保护。但权利人因诉讼时效已过而丧失的，应是实体意义上的诉权（即胜诉权），而非程序意义上的诉权（即起诉权）。换句话说，权利人是否真正丧失了胜诉权，只有在人民法院经过审查核实后才能确定。另外，权利人提起的诉讼是否已过时效，也须人民法院经过核实后才能确定；权利人是否有延长诉讼时效的正当理由也须人民法院认定。如果依据继承法的规定不允许权利人提起诉讼，那么权利人是否真正丧失了胜诉权，是否真的超过了诉讼时效，是否有可以延长诉讼时效的理由等一系列的问题都无从确认。而且更为重要的是，依据我国传统的继承习惯，当父母一方死亡后，其子女不会很快要求分割遗产，因此，无论从法学理论和风俗习惯上看，继承法中规定的超过20年不得再提起诉讼的规定有待修改和完善。

最高人民法院《关于贯彻执行〈中华人民共和国民法通则〉若干问题的意见(试行)》第177条规定：继承的诉讼时效按继承法的规定执行。但继承开始后，继承人未明确表示放弃继承的，视为接受继承，遗产未分割的，即为共同共有。诉讼时效的中止、中断、延长，均适用民法通则的有关规定。此规定，是对继承法时效制度的补充。

案例分析2—4

[案情]　郑某夫妇有两儿一女，1973年郑的妻子去世，郑的3个子女均未提出继承母亲的遗产。郑某一直居住在与妻子共有的6间房子内。1997年郑某去世，郑的两个儿子将6间房平分，各占3间。郑的女儿得知后，起诉到人民法院，要求继承其父母的遗产。

[分析]　本案应如何处理，有三种不同意见：第一种观点认为，继承从被继承人死亡时开始，被继承人已去世20多年，所以，法院不应受理此案。第二种观点认为，本案的被继承人是郑某和他的妻子。郑的妻子是在1973年去世的，至今已超过20年，因此，法院对郑的女儿要求继承其母亲遗产的请求，应当予以驳回。但是，其对郑某遗产的继承请求，是应当支持的。第三种观点认为，本案郑的女儿对其母亲的继承权，虽然已经超过了20年，但依据《继承法》第25条的规定，继承开始后，继承人没有表示放弃继承的，视为接受继承。本案被继承人郑某的妻子去世时，郑的3个子女均未表示放弃继承，因此，应视为郑的3个子女均已取得了对他们母亲遗产的所有权。由于遗产没有分割，郑的3个子女对这部分遗产处于共同共有状态。20多年后，郑的2个儿子未经郑的女儿同意，私自占用了这部分共同共有财产的行为，不应视为是对郑的女儿的继承权的侵犯，而应视为是对共同共有财产的侵犯。笔者认为从现有的法律规定看，第三种观点是正确的，在处理本案时，人民法院应对郑某妻子的3间房产按析产处理，对郑某的3间房产按继承处理。由于中国的传统习惯，在父母一方去世后，子女一般并不主张继承或分割遗产，因此，为稳定家庭关系，特别是为了更好地赡养老人，应当依据最高人民法院《关于贯彻执行〈中华人民共和国民法通则〉若干问题的意见（试行）》第177条规定，按照共同共有财产处理或允许在特定情况下适当延长继承的时间。

（三）继承恢复请求权的行使

继承恢复请求的是一种财产权，被侵害人应亲自行使，如果被侵害人是无行为能力人或限制行为能力人，其继承恢复请求权应由他的法定代理人代为行使。由于我国继承法明确规定了保护胎儿的继承权，因而，如果胎儿的继承权受到侵害，胎儿的继承恢复请求权应由胎儿的法定代理人代为行使。从司法实践上看，胎儿的继承恢复请求权由其母亲代为行使最为适宜，如果胎儿的母亲是无行为能力人或限制行为能力人，则由其母亲的监护人代为行使继承恢复请求权。

特别提示

继承恢复请求权的被侵害人，应当是在继承顺序上的继承人，不在继承顺序上的继承人不是被侵害人，其没有恢复继承请求的权利。另外，这种恢复请求权只专属于被侵害人，如果被侵害人本人放弃主张这种权利，在被侵害人死亡后，其继承人不得继承这种恢复请求权。

第四节 遗 产

一、遗产的概念和法律特征

遗产，是指公民死亡时遗留的个人合法财产。在继承法律关系中，权利和义务所指向的对象，即是被继承人死亡时遗留下来的财产。遗产作为继承法律关系的客体，是继承法律关系发生的要素之一，被继承人死亡时没有留下遗产的，则不会发生继承法律关系。

《继承法》第 3 条规定：遗产是公民死亡时遗留的个人合法财产，据此，遗产具有以下法律特征：

（1）**时间的特定性**，即遗产必须是被继承人死亡时遗留下来的财产。被继承人死亡的时间，是划分公民生前财产和死后遗产的界限。公民生前所拥有的财产，在法律允许的范围内，有权按照自己的意愿占有、使用、收益和处分，其他任何人都不得干涉。如果公民在生前将其个人财产分割给其继承人的，属于公民行使其财产所有权的合法行为。如果在公民生存期间，其继承人强行分割财产，则是对该公民财产所有权的侵犯。只有在公民死亡后，其生前所有的财产才转化为遗产，才可由其继承人继承。

（2）**内容的财产性**，即遗产必须是被继承人死亡时遗留的财产、财产权利和义务。在民法上，财产的含义较为广泛，包括公民的收入、生活资料、生产资料、股票、债券等，也包括具有财产性质的权利，如抵押权、典权、债权等，以及知识产权中的财产权等等。被继承人生前享有的人身权，以及相关的义务，因不具有财产性，而不能作为遗产继承。例如，公民的姓名权、生命健康权、名誉权等，但公民因人身权受到侵害所应获得的赔偿，在该公民去世后，其继承人代其向侵权人追偿的所得，可作为遗产继承。

(3) **范围的限定性**，即遗产必须是被继承人依法能够转移给他人继承的财产。凡专属于被继承人所有的不能转移的财产、财产权利，不得作为遗产继承。如基于劳动合同产生的劳动权，基于演出合同产生的演出权等，都专属于被继承人本人，不能作为遗产继承。

(4) **性质的合法性**，即遗产必须是被继承人个人的合法财产。公民生前所有的财产，应以合法手段取得，凡通过贪污、受贿、抢劫、盗窃或走私贩私等行为获得的财产，均不得作为遗产继承。此外，法律、法规禁止公民持有的枪支、弹药、毒品等也不能作为遗产继承。

二、遗产的范围

（一）遗产是公民死亡时遗留的个人合法财产

我国《继承法》第 3 条规定:遗产是公民死亡时遗留的个人合法财产，包括:

(1) 公民的收入;

(2) 公民的房屋、储蓄和生活用品;

(3) 公民的林木、牲畜和家禽;

(4) 公民的文物、图书资料;

(5) 法律允许公民所有的生产资料;

(6) 公民的著作权、专利权中的财产权利;

(7) 公民的其他合法财产。

《继承法》第 4 条规定：个人承包应得的个人收益，依照本法规定继承。个人承包，依照法律允许由继承人继续承包的，按照承包合同办理。

（二）继承遗产时涉及的具体问题

1. 有关析产的问题。在现实生活中，人们为了生活和生产的需要，往往会与他人形成共有关系,所谓共有，是指某项财产同时属于两个或两个以上的人所有的民事法律关系。共有人对共有财产享有共有权。如夫妻共同共有财产、家庭共有财产、合伙人对合伙财产的共有等。按照继承法的规定，遗产是公民死亡时遗留的个人合法财产,也就是说，只有公民死亡时遗留下来的属于其个人所有的财产，才为该公民的遗产。因而，在确定遗产范围时，只有析产后才能继承，即应先将被继承人的遗产从与他人共有的财产中分离出来，然后才能进行继承。

(1) 被继承人的遗产应从夫妻共同财产中分割出来。《继承法》第 26 条规定：夫妻在婚姻关系存续期间所得的共同所有的财产，除有约定的以外，如果分割遗产，应当先将共同所有的财产的一半分出为配偶所有，其余的为被继承人的遗产。在司法实践中，有些夫妻共同共有的财产，因财产性质决定了不宜分割或难以分割，人民法院在处理这类问题时，应找有关部门对该财产进行作价，将作价的一半价值作为遗产进行继承。

(2) 祖先遗产的继承问题。对于祖先遗留的财产，如果家庭对该祖产没有分家析产的，除长辈死亡外，其他家庭成员死亡，不涉及对祖先遗产的继承问题。

(3) 关于使用死亡配偶一方的工龄补贴购买的房产是否是生存配偶的个人财产的问题，要具体分析。

案例分析2—5

[案情] 甲去世后，甲的妻子参加所在单位房改，按政策享受了丈夫的工龄补贴后，购买了所住房屋的产权。现甲的妻子立下遗嘱将房产留给小女儿继承，其他子女不得继承。

[分析] 甲的妻子所购买的房产，是否属于甲的妻子的个人财产？对此有两种不同的意见：一是，甲的妻子在购买该房屋时，已享受了丈夫的工龄补贴，因此，该房屋的产权中含有丈夫的产权份额，应为夫妻共同财产。二是，夫妻财产制是婚后所得共有制。甲的妻子在购买房屋时，丈夫已经死亡，因此，该房产不属于夫妻共同财产。最高法院的意见是：(1) 如果夫妻一方死亡后，继承已经发生，遗产已分割完毕。另一方是以自己的财产购买的公有住房，应视为个人财产。购买该房时所享有的工龄优惠，只是一种政策性补贴，而非财产或财产权益。(2) 如果夫妻一方死亡后，遗产没有分割，公有住房是用夫妻共同财产购买的，该住房应视为是共同财产的转化形态，视为是夫妻共同财产。

2. 有关遗产合法性的问题。遗产必须是公民个人的合法财产，凡属于非法所得的财产，即使已长期被死者生前所占有，也不得作为遗产转移给继承人继承。非法所得的财产包括：通过盗窃、抢劫、贪污、受贿、诈骗、走私贩私、不当得利等行为取得的财产，这些均不属于遗产。但是否是非法所得的财产，人民法院在认定时应谨慎处理。

案例分析2—6

[案情]　安某是一个盲人，多年来，一直以算命、看手相等迷信手段牟取钱财为生。1996年6月安某去世，死时留有财物2万余元。安某的子女因遗产分割问题发生纠纷，起诉到人民法院。法院审理后认为，安某的财产，大多数是非法所得，依据《民法通则》第134条的规定，对非法所得的财物，予以收缴。对于剩下的少部分财产，认定为安某的遗产，按照法定继承处理。

[分析]　我们认为，本案在处理时有两个问题值得商榷：第一，安某到处算命的证据是群众的陈述，根据这些证据，能否认定安某的财产就是非法所得？按照《中华人民共和国治安管理处罚条例》的规定，利用封建迷信骗取财物的，应予拘留和罚款。但这是指正在进行非法活动的当时，对其所得的财物予以没收，并没有提到对其他财产的追缴，本案对安某死后遗留的财产，没有没收的法律依据。第二，群众的证据只能证明安某生前给人算命，但无法证明遗产的大部分就是算命得来的。因此，我们认为，本案继承人留下的遗产，应全部按照法定继承处理。

3. 有关用益物权能否继承的问题。

(1) 有关国家、集体所有的资源，其使用权能否继承的问题。按照国家有关规定，公民可以通过特别的程序依法取得并享有对一些国有资源的使用权，如采矿权、养殖权、狩猎权、捕鱼权等。但是，国有资源的使用权未经有关部门准许不得转让，也不得作为遗产继承。继承人如果要求得到被继承人持有的国有资源的使用权，应当向有关主管机关提出申请并得到其批准。

案例分析2—7

[案情]　康某与妻子离婚后，投资经营一家煤矿，其子女均已成年，独立生活。1998年初，康某与李某结婚。2001年2月，康某因病去世，煤矿由李某继续经营。康的子女要求分割父亲遗产的同时，也提出要经营这家煤矿，与李某发生争议，起诉到人民法院。

[分析]　本案的问题是，矿山属于国有资源，其经营权依法是不能继承的，如果康的子女或李某想对康的煤矿继续经营，须向有关部门申请，经核准后才能取得相应的国有资源使用权。但要注意的是，在本案中，虽然矿

山经营权不能作为遗产继承，但死者在经营矿山中的投资，有关部门或继续经营煤矿者应给予一定的返还。对于所返还的财产，除去康某夫妻共同财产的一半归李某所有外，其余的应认定为遗产，由康的子女和李某继承。

另外，公民享有的自留地、自留山、宅基地等集体所有土地资源的使用权，尽管在公民死亡后并不由集体收回，仍然由其家庭成员占有和使用，但被继承人对此土地没有所有权，因此，不得将其作为遗产继承。

(2) 有关承包经营权、租赁经营权能否继承的问题。

1) 关于承包经营权能否继承的问题。**承包经营权**，是指公民通过签订承包合同取得的经营管理权。那么承包经营权能否被继承呢？

案例分析2—8

[案情] 甲承包了村里的果园。甲的妻子因病不能劳动，儿子在县里当工人。甲与村委会签订了承包果园的协议，协议约定，承包期为20年。5年后，甲因病去世，甲的儿子辞去工作想继续经营果园。但村委会认为，果园是集体财产，不能由私人继承。但甲的儿子却认为，果园仍在承包期内，自己有权继承承包权。

[分析] 对于个人的承包权能否继承的问题，在实践中有两种观点：一种观点认为，承包经营的项目，一般投资回收并取得收益的周期较长，承包合同的期限也较长，如果承包人在承包期内死亡，不允许继承人继承承包权，不利于调动承包人承包长期项目的积极性。另一种观点认为，按照继承法规定，遗产是公民死亡时遗留的个人合法财产，凡不属于公民个人财产的不应作为遗产。承包关系是家庭或个人与国家、集体组织之间形成的一种合同关系，承包权只是一种经营管理权和一定的收益权，并不是所有权，因此，承包权不是继承的客体。笔者赞同后一种观点，因为换一个角度来看，一般承包人都具有一定的专长，如果继承人没有这种专长，其继续经营承包项目对发包人是极为不利的。如果发包人愿意让继承人继续承包，可与继承人重新签订承包协议。而且，我们注意到，在一般情况下，承包多是以家庭为单位的承包，在家庭承包的情况下，其中一个承包人死亡，承包合同依然有效。个人承包的，因承包人死亡，导致承包关系消灭的，不能继承，但公民因承包而取得的收益，属于遗产的范围，其继承人可以继承。对此，最高

人民法院《关于贯彻执行〈中华人民共和国继承法〉若干问题的意见》第4条规定：承包人死亡时尚未取得承包收益的，可把死者生前对承包所投入的资金和所付出的劳动及其增值和孳息，由发包单位或者接续承包合同的人合理折价、补偿，其价额作为遗产。

2）关于公房的承租权能否继承的问题。在实际生活中，许多人的住房并不属于该公民个人所有，而是承租国家、集体或他人的私有房屋，因该公民对居住的房屋只有居住权而没有所有权，房屋并不是承租人的个人财产，所以在承租人死亡时，其承租的房屋不能由其继承人继承。如果一个家庭是以户主的名义承租的公房或私房，那么家庭成员都有平等的居住权，在户主去世后，与其共同生活的家庭成员仍能继续居住，出租人不得以户主死亡为由解除租赁合同，但这不是承租权的转移和继承的问题。例如，一家人住在父亲单位的公房内共同生活，当父亲去世后，其家庭成员仍可在此公房内居住，但这并不意味着单位公房的承租权是可以继承的，房屋承租权的人身属性很强，出租权专属于出租人，承租权专属于承租人，不属于遗产的范围。国家机关、企事业单位的工作人员及其家属租用的本单位公房，一般都是无租期的合同，该合同长期有效，承租人死亡，承租合同并不终止，承租人的家庭成员仍享有继续承租公房的权利。但是，房屋的所有权属于国家、集体，不属于承租人，承租人只享有占有、使用的权利，不存在继承的问题。

案例分析2－9

[案情] 林某夫妇是北京一居民区的老住户，他们居住的两室一厅的房子，是承租该地区房产局的公房。林某夫妇有一儿一女，都已成年，并结婚另过。1997年6月，林的妻子因病去世，与此同时，林的女儿因夫妻感情不和与丈夫离婚，为了更好地照顾父亲，女儿将户口迁到父亲所居住的派出所，搬过来与父亲同住。2001年8月，林某去世。林的女儿独自占用了父母的住房，并将承租人更名为自己。林的儿子认为，这套房子是父母承租的，父母死后，房子应由两人平分，不能由姐姐一人独占。因此，起诉到人民法院，要求继承其父母遗留下的这套住房。

[分析] 本案林某夫妇居住的房屋是承租的公房，因此不存在继承的问题。另外，建设部1994年3月23日颁布的《城市公有住房管理规定》第

28 条规定：承租住宅用房的，承租人在租赁期限内死亡，其共同居住两年以上的家庭成员愿意继续履行原契约的，可以办理更名手续。按照此规定，本案的原告并没有与原承租人共同居住，因此，其对该房没有承租权。

这里要特别注意的是，我国实行房改后，很多单位都将原承租的公房卖给了本单位职工，这就涉及已经被购买的单位公房能否继承的问题。

案例分析2—10

[案情] 陈氏兄弟父母早亡。他们成年后，分别被两家企业录用为正式职工。1998 年哥哥陈伟以标准价买下了单位的一套两居室住房，弟弟陈东在同年也承租了自己本单位一套房屋。2000 年 2 月，哥哥陈伟因病去世，弟弟陈东在安葬哥哥后，提出要继承哥哥购买的房产。但被陈伟所在单位拒绝。理由是陈东不是本单位职工，无权继承本单位房产。陈东无奈只好将陈伟所在单位告上法庭。

[分析] 国务院住房改革领导小组在 1991 年 11 月 23 日公布的《关于全面推进城镇住房制度改革的意见》中明确指出：职工购买公有住房，在国家规定标准面积以内的，实行标准价。购房后拥有部分产权，即占有权和使用权、有限处分权和收益权；可以继承，可以在购房五年以后进入市场出售或者出租，原产权单位有优先购买权和租用权。由此可见，本案中陈伟购买的住房是可以继承的。

(3) 有关典权的继承问题。**典权**，是指典权人向出典人支付典价后，在约定的典期内占有出典人的不动产，并取得对该不动产使用、收益的权利。当典期届满，出典人按原典价赎回不动产，逾期不赎，则不动产的所有权归典权人。

案例分析2—11

[案情] 甲为了支付医药费，将自己的 4 间房典给了乙，得款 3 万元，约定5 年内回赎房屋。乙利用这 4 间房屋开了一家餐厅。3 年后，乙去世，乙的儿子继续利用这 4 间房经营餐厅。5 年典期届满，甲将房屋回赎。

[分析] 在本案中，甲出典房屋为出典人，取得出典房屋的乙为典权

人。出典的房屋为典物。典权也是一种财产权，可以依法继承。在出典期间，典权人死亡，他的继承人可以继承对不动产的占有、使用和收益的权利，在典期届满后，典权继承人收取典价后，应将不动产归还出典人。如果出典人在典期内死亡，他的继承人则继承不动产的所有权，在典期届满时赎回不动产。如在典期届满时，不能回赎则丧失对不动产的所有权。

4. 有关担保物权继承的问题。

(1) 抵押权的继承。**抵押权**，是指债务人或第三人（担保人），以自己所有的财产（动产或不动产）作为履行债务的担保，如债务人不履行债务，债权人享有从抵押物的价值中优先受偿的权利。抵押权是一种典型的担保物权。在抵押权关系中，提供担保财产的债务人或第三人称为抵押人，享有抵押权的债权人称为抵押权人，抵押人提供的担保财产称为抵押物。

案例分析2—12

[案情]　甲做生意急需10万元钱，向朋友乙借款时，将自己的轿车作抵押，约定1年内还款。同年底，乙因病去世。第二年，甲投资失败，无力偿还借款，乙的继承人继承抵押权，将甲的轿车变卖，从价款中扣除债务款。

[分析]　在本案中，借款人甲为抵押人，出借款人乙为抵押权人，轿车为抵押物。在抵押期内，如果抵押人死亡，其继承人将继承抵押物的所有权，并负有偿还借款的义务。

(2) 留置权的继承。**留置权**，是指按照合同约定占有对方财产的一方，在对方不按照合同给付应付款项，超过约定期限时，可以留置该财产并以留置财产的折价或以变卖财产的价款优先受偿的权利。在留置权关系中，享有留置权的债权人称为留置权人，被留置的财产称为留置物。

案例分析2—13

[案情]　甲委托个体运输司机乙将一批货物运到指定地点，约定运输费是1 000元。当乙将货物运到时，甲因有事一直没取货和交付运输费，两人经电话商定3天后在指定地点交货、付款。第二天，乙出车时因交通事

故死亡。甲在乙死后一直不取货交款，乙的继承人遂将甲的货物变卖，扣除1 000元运输费后，将余款交付给甲。

[分析] 在本案中，货物是留置物，甲是留置人，乙是留置权人。在留置期内，留置权人因交通事故死亡，其继承人可以继承留置权，可以要求留置人甲清偿债务。若甲过期不清偿债务，乙的继承人可以将留置物折价或变卖留置物。如果在留置期间，甲去世，则甲的继承人可以继承留置物的所有权，并负责清偿留置债务，过期不履行清偿义务的，留置权人有权将留置物折价或变卖而优先受偿。

5. 有关债权债务继承的问题。

(1) 因合同产生的债权债务继承的问题。**合同债权债务的继承**，是指合同履行期内，当事人死亡，合同未履行完毕，其合同约定的债权债务由死亡当事人的继承人继承。例如，甲向乙借了1万元，约定1年内还清。结果在债务到期时，乙因病去世，乙的继承人可以向甲请求还款。如果在1年内，甲因意外事故死亡，甲的继承人负有偿还甲生前所欠债务的义务，但超过甲所遗留财产部分的债务，甲的继承人可不负责偿还。

特别提示

具有人身专属性质的合同不能继承。如劳动合同、演出合同等，如劳动者、演出者在履行合同义务前死亡，劳动合同、演出合同关系也随之消灭，其继承人并不承担完成劳动或演出的义务。

(2) 因侵权行为发生的债权债务的继承问题。**侵权行为**是指侵权行为人实施的不法侵害他人的人身权利或财产权利的行为。在因侵权行为所发生的债权债务关系中，如果受害人死亡，其继承人依法享有请求侵权人损害赔偿的权利。如果侵权人死亡，其继承人负有在遗产的实际价值内支付受害人损失的赔偿义务。例如，甲因琐事将乙打伤，法院依法判决甲赔偿损失3 000元。在执行期间，甲突发心脏病死亡，在这种情况下，甲的继承人应在甲所遗留的财产中支付赔偿金。但如果是乙在执行期间意外死亡，乙的继承人有权向甲索取3 000元的赔偿金。

(3) 因无因管理发生的债权债务的继承问题。**无因管理**，是指没有法定的或者约定的义务，为避免他人利益受损失而主动进行管理或者服务的行为。《民法通则》规定，无因管理人有权要求受益人偿付由于进行管理或服务而支付的费用。

案例分析2—14

[案情]　甲在路上看到一行人被车撞倒，昏迷不醒躺在地上，急忙拦下一辆车将其送到医院，并为其垫付了医药费5 000元。伤者的家属赶来后，甲提出其家属应返还其垫付的医药费，伤者的家属称伤者的医药费应由肇事的车主偿付，不肯返还甲垫付的医药费，双方发生争执，在此期间伤者因抢救无效死亡。甲遂起诉到人民法院，要求死者的家属偿还其垫付的医药费5 000元。

[分析]　这是典型的无因管理产生的债务纠纷，死者的家属应在死者遗产的范围内偿还甲5 000元垫付款。如果在诉讼中甲去世，甲的继承人有权向伤者索要5 000元的垫付款。

(4) 因不当得利发生的债权债务的继承问题。不当得利，是指没有法律或者合同上的根据取得利益，而使他人受到损害。《民法通则》规定，没有合法根据，取得不当利益，造成他人损失的，应当将取得的不当利益返还受损失的人。例如，甲去商店买东西，商店的工作人员因工作失误，错将5万元的商品按5 000元卖给了他。甲当时以为该商品不是正品，也没在意。当商店发现错误后找到甲家，发现甲在前一天已意外身亡。那么甲的继承人有返还因购买该商品而取得的不当得利的义务。

6. 有关知识产权继承的问题。**知识产权**，是指智力成果的创造人或工商业标记的所有人依法享有的权利的统称。知识产权，包括著作权和工业产权，**工业产权**是指著作权以外的知识产权,其内容已超出“工业”的范围，主要指以物质消费为目的的知识产品。作为一种民事权利，知识产权，包括人身权和财产权两部分：**人身权**是指与创造并取得智力成果的公民的人身不可分离，而又没有直接财产内容的各项权利；**财产权**是指与智力成果的创造者所享有的依法转让，或者许可他人使用自己智力成果所获得一定报酬和奖金的权利。知识产权中的财产权可以作为遗产继承。

(1) 著作权。**著作权**是指基于文学艺术和科学作品的创作而依法产生的权利。著作权属于民事权利，既有与人身利益相联系的内容，如作者主张自己作为某文学艺术或科学作品的作者的资格权、发表权、署名权、修改权和维护作品的完整性权。这些权利没有财产性质，故属于著作人身权，其中署名权、修改权、保护作品完整权可由其继承人保护，但这三项权利不转移给继承人。如果作者生前未表示不发表，则发表权可由继承人行使，即继承人可以在著作权的保护期内行使发表权。与此同时，著作权也有属于财产内容的权利，包括使用权、许可使用权、获得报酬权。依照《中华人民共和国著作权法》（简称《著作权法》）的规定，发表权、使用权和获得报酬权的保护期为作者终身及死后50年。也就是说作者死亡后的50年内，著作财产权可由其继承人继承。

（2）专利权。**专利权**是指专利权人对其取得的发明创造成果所享有的专有权。专利权人享有一定的人身权利和财产权利，其中人身权利与专利权人的人身不可分离，不能为他人所有，也不得作为遗产继承。但专利权人享有的制造、使用和销售其专利产品或专有使用专利方法的权利，以及转让其专利的权利，或者许可他人使用其专利并收取专利使用费的权利可以转让，也可以继承。按照《中华人民共和国专利法》(简称《专利法》) 的规定,发明专利权的期限为20年，实用新型专利权和外观设计专利权的期限为10年，均自申请之日起计算。如果专利权人在专利权的有效期内死亡，其权利由继承人继承，但需要到专利局办理专利权继承登记。

（3）商标权。**商标权**是指商品的生产经营者或服务的提供者为了将其商品或服务与他人相区别而使用的标记。商标权的内容包括专有使用权、禁止权、转让权和许可使用权。商标权人对其注册的商标享有一定的人身权利和财产权利，其中的人身权利，如注册商标的署名权等不能由继承人继承，但商标权人享有的财产权，包括商标专用权、转让商标的权利、许可他人使用商标的权利等，可以转让，也可以在其死亡后作为遗产继承。当商标注册人死后，商标专用权由继承人继承，但需要到商标局办理商标专用权继承登记。

（4）商业秘密。**商业秘密**是指不为公众所知悉、能为权利人带来经济利益、具有实用性并经权利人采取措施保密的技术信息和经营信息。由于商业秘密本身是可以带来经济利益的信息，具有财产属性和可转让性，因此可以作为遗产由继承人继承。

7. 有关抚恤金能否继承的问题。关于抚恤金能否作为遗产继承，要具体分析。

案例分析2—15

[案情] 1995年5月，杨某与黎某结婚。杨某和黎某的父亲均已去世，婚后杨某夫妇与黎的母亲共同生活，杨的母亲则一直靠杨某给付赡养费生活。2001年7月的一天，杨某因交通事故去世，有关单位按照规定发给

亲属3 000元的抚恤金。为这笔费用的处理，杨的母亲与黎某、黎的母亲发生争执，杨的母亲认为，抚恤金是给死者直系亲属的，因此，应由她一人所得。黎某认为，抚恤金是遗产，应由自己和杨的母亲继承，而黎的母亲则认为，抚恤金是给死者亲属的，应由三个人平分。

[分析] 我国的抚恤金分为两种。一是，当职工因公死亡或革命军人牺牲或病故，有关国家机关、企事业单位会按照规定，给家属一定的抚恤金和生活补助费。这不是对死者的经济补偿，而是单位给死者家属的物质帮助和精神抚慰，属于家属的财产。二是，发给伤残者本人的，归伤残者本人所有，若伤残者死亡，此部分的抚恤金和补助费即成为遗产，继承人可以继承。在上述案件中，单位所发的抚恤金，是给死者家属的，应归杨的母亲和黎某所有，不属于遗产继承。

8. 有关保险金、赔偿金能否继承的问题。

(1) 保险金的继承问题。保险是指投保人根据合同的约定，向保险人支付保险费，保险人对于合同约定的可能发生的事故因其发生所造成的财产损失承担担保责任，或者当被保险人死亡、伤残、疾病，或者达到合同约定的年龄、期限时，承担给付保险金责任的商业保险行为。保险可分为财产保险和人身保险，财产保险是指以财产及相关利益为保险标的的保险。人身保险是指以人身为保险标的，承保公民的生命、健康或劳动能力的保险。当发生保险合同中约定的保险事故时，保险公司应当给付保险金。

按照有关的司法解释，因财产险获得的赔偿金不存在指定受益人的问题，当保险合同约定的保险事故发生时，保险公司应将保险金赔偿给被保险人，被保险人死亡后，保险金应作为被保险人的遗产由其继承人继承。但人身保险赔偿金分为两种：一是，保险人未指定受益人的，在发生保险事故后，理赔所得的保险金为投保人的遗产，由投保人的继承人继承。二是，指定了受益人的保险金，保险事故发生后，受益人取得保险赔偿金，这是投保人生前对自己财产的处分，不属于投保人的遗产。

案例分析2—16

[案情] 甲是个体运输司机，在运送货主乙及其货物时，与火车相撞，致使两人双亡，货物毁损。事故的发生由甲承担全部责任，甲生前对车投了车损险和人身意外伤害险，并指定了受益人。乙的妻子起诉，要求甲的妻子

用获得的赔偿金给予赔偿。

[分析] 本案由于被保险人已经在人身保险合同中指定了受益人，所以其人身保险金由受益人取得，而不能作为遗产偿还债务。如果本案投保人未在人身保险合同中指定受益人，在发生保险事故后，理赔所得的保险金为投保人的遗产，应用来偿还债务。因财产险获得的赔偿金为遗产，应用来偿还债务。

(2) 死亡赔偿金能否作为继承的客体，是一个值得讨论的问题。

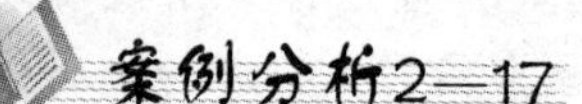
案例分析2—17

[案情] 甲与乙结婚，生育子女3人。乙去世后，甲与丙结婚，生育子女2人。甲在一次事件中被殴打致死，对方赔偿30万，被丙收取，甲与前妻所生的子女要求继承，被丙拒绝。问题是这30万元赔偿金是否是遗产？

[分析] 本案有三种处理意见。第一种观点认为，赔偿金不是遗产。这是因为：(1) 遗产应当是公民死亡时遗留的个人合法财产。遗产在时间上有特定性，即应当是被继承人死亡时留下的，而且，遗产具有财产的专属性，即应当是个人所有的财产。甲在死亡时没有取得该财产，给付赔偿金时，甲已死亡，死者不能成为权利的主体，因此，赔偿金自始不属于甲所有。这笔财产是加害人给死者家属的赔偿金，具有抚恤金的性质。(2) 本案的赔偿金，依法律的规定应当包括甲受害后的医疗丧葬等，及必要的实际支出的费用、被扶养人今后的生活费和抚慰金，其不应当作为遗产处理。第二种观点认为，赔偿金是遗产。因为赔偿金虽然是在甲死亡后才取得的，但其是基于甲死亡的事实而取得的，因此具备遗产的属性。第三种观点认为，赔偿金不是抚恤金，但也不完全是遗产。这是因为：(1) 赔偿金不是单位依照规定给职工的抚恤金；(2) 赔偿金是基于甲死亡而取得的，因此，应当可以视为是甲的合法财产，但赔偿金又不完全是甲的遗产，应参照交通事故处理办法的规定，该赔偿金包括死者的丧葬费和死者生前实际扶养的人的生活费，将这些费用扣除后，剩余的财产由法定继承人继承。我们认为在目前法律尚没有明确规定的情况下，第三种处理意见较为合理。

一直以来，我国对致人死亡赔偿金的性质，是对受害人所受损失的赔偿，还是对死者亲属的补偿抚慰，没有作明确的规定。《民法通则》第 119 条规定："造成死亡的，并应当支付丧葬费、死者生前扶养的人必要的生活费等费用"，显然，这不是对死者的赔偿，也不是对死者亲属的赔偿。这里规定的加害人的赔偿责任，不是对死者损失的赔偿，而是按照遗属的需要决定的，带有社会保障的性质。继承人所享有的不是请求赔偿损失的权利，而是生活费补偿请求权。这种权利不是因继承而来，而是继承人自身依法享有的权利。但 2004 年 5 月 1 日实施的《最高人民法院关于审理人身损害赔偿案件适用法律若干问题的解释》，对死者的赔偿作了明确的规定，该《解释》的第 17 条规定，受害人死亡的，赔偿义务人除应当根据抢救治疗情况赔偿相关费用外，还应当赔偿丧葬费、被扶养人生活费、死亡补偿费以及受害人亲属办理丧葬事宜支出的交通费、住宿费和误工损失等其他合理费用。该《解释》还规定，死亡赔偿金按照受诉法院所在地上一年度城镇居民人均可支配收入或者农村居民人均纯收入标准，按 20 年计算。但 60 周岁以上的，年龄每增加 1 岁减少 1 年；75 周岁以上的，按 5 年计算。上述规定表明，我国法律目前已有了对死者的赔偿，其中死亡补偿费的请求权，可由继承人继承。

本章小结

本章主要介绍的是继承法律关系的三要素，即继承法律关系的主体、继承法律关系的内容、继承法律关系的客体。

继承人是依照继承法的规定或被继承人所立遗嘱的指定，在法定继承人范围内取得被继承人遗产的人。根据继承的方式，继承人可分为法定继承人和遗嘱继承人。

继承能力是指能够作为继承人取得继承权的权利能力，即能够作为继承人取得继承权的法律资格。在继承开始时，只有生存的继承人才具有继承被继承人遗产的能力。

继承权是指公民依照法律的直接规定，或者被继承人所立合法有效的遗嘱的指定，所享有的继承被继承人遗产的权利。可以从继承权丧失、继承权的行使和放弃、继承权的保护、继承恢复请求权的行使等方面分析继承权的法律特征。

遗产是指公民死亡时遗留下来的个人合法财产。在关于遗产的范围中有七个需要特别注意的问题。

思考题

1. 简述继承法律关系的法律特征。
2. 简述继承人的特点。
3. 简述继承权的法律特征。
4. 简述遗产的法律特征。
5. 试述继承法律关系的三要素。
6. 试述丧失继承权的法定情形。

第三章 法定继承

学习目标

- 重点理解法定继承的概念、特征和适用。
- 着重掌握法定继承人的范围、继承顺序和遗产分配原则。
- 重点掌握代位继承和转继承的概念和法律特征，以及代位继承和转继承的区别。

第一节 法定继承概述

一、法定继承的概念

法定继承，是指由法律直接规定继承人的范围、继承的先后顺序，以及遗产分配原则的一种继承方式。

法定继承的概念，包括以下几个含义：

（1）法定继承是一种继承方式。

（2）法定继承是由法律直接规定的继承人继承遗产的继承方式。

（3）法定继承是由法律直接规定法定继承人遗产分配原则的继承方式。

（4）法定继承是不直接体现被继承人意志的继承方式。

法定继承源于罗马法，原意为无遗嘱继承。由于传统文化和民族习惯的不同，各国对财产继承的价值取向和社会功能的理解历来存在着很大差异，古罗马人视遗嘱处分为神圣的权利，对无遗嘱死亡而造成的继承普遍存在强烈的嫌恶心理，因此古罗马的遗嘱继承制度十分完善。而日耳曼民族早期不存在遗嘱继承，财产由家庭成员共有，血亲继承是继承的唯一方式。他们信奉人的后继者是他们的子女，而无需遗嘱。法定继承早在《汉谟拉比法典》里已有雏形，在《优士丁尼法典》中被规定得极为详尽，这对之后的各国继承制度，特别是对大陆法系国家的继承制度有着直接而深远的影响。继承制度中的法定继承和遗嘱继承是相互配合、相辅相成的两种继承方式，近现代遗嘱继承制度的发展，并未削弱法定继承固有的地位，尤其现代，在遗嘱自由原则伸张的同时，法律更加注重协调被继承人意志的自由和法定继承人权利的保护，从而使法定继承制度得到了进一步的巩固和完善。

在中国历史上，封建的宗法制度直接影响着继承制度的发展，身份继承始终是财产继承的前提和根据。数千年来，我国的继承传统一直都是以身份继承、祭祀继承和财产继承合为一体的宗祧继承为主要形式的。宗祧继承是一种法定的继承方式，限于直系血亲的男性卑亲属，其中又以嫡长子继承为主。由于我国一直是以家族为本位的，家庭是社会的基本单位，家庭成员的财产由家庭共有，家长是家庭财产的所有人和管理人，因而，家长死后，财产由子孙继承，子孙成为当然的继承人，尊亲属一般不能另立遗嘱，废除子孙的继承权，自行另设继承人。新中国成立后，继承立法彻底废除了宗祧继承，确立了以财产继承为核心的法定继承和遗嘱继承两种继承方式。但由于受传统习俗影响，在实际生活中，绝大多数家庭仍然习惯于以法定继承的方式继承遗产，从这个意义上讲，我国的继承制度仍是以法定继承为主，以遗嘱继承为辅，法定继承是目前实际生活中主要的继承方式，在继承制度中占有相当重要的地位。

二、法定继承的基本特征

1. 法定继承是严格建立在人身关系基础上的。确定法定继承人的根据，是继承人与被继承人之间存在的婚姻关系或血亲关系，法定继承人的范围被法律限定在家庭内，特定的亲属身份关系是法定继承的前提。目前我国继承法规定的法定继承人的范围和顺序，与婚姻法规定的相互具有扶养[①]权利义务关系的亲属的范围和顺序是一致的，具有法定扶养权利义务的亲属，也同样享有法定继承权。这里，法律排除了与被继承人血缘关系较远的亲属享有继承权，依据的也是婚姻法对血亲关系远近的划分。由于血缘关系较远的亲属，一般与被继承人不属于同一个家庭，没有法定的扶养权利和义务，因而，也不享有法定的继承权。由此可以看出，法定继承权是依据亲属身份权而产生的，从本质上讲，法定继承关系是具有身份性质的财产关系。法定继承人与遗嘱指定的继承人不同，遗嘱继承人尽管与被继承人之间也存在着身份关系，但被继承人通过遗嘱改变了法定继承人的范围、顺序和遗产分配份额，已不完全受身份关系的制约，因而遗嘱继承与法定继承是有着严格的区别的。

2. 法定继承人的范围、继承顺序和继承份额，以及法定继承的遗产分配原则均由继承法具体规定，属于强行性的法律规范，任何组织和个人均无权予以改变。法定继承是由法律直接规定的、具有强制性的法律规范，具有普遍适用的强制性法律效力。法定性和强制性是法定继承的重要特征，凡侵犯法定继承人继承权的违法行为，应当依法承担相应的民事责任。与法定继承不同，遗嘱继承中继承人的范围、顺序和份额均是遗嘱人本人的意思表示，除法律特别规定外，遗嘱人有权随意处分自己的财产，具有较强的任意性，法律一般不作特别的限制。

3. 法定继承的适用受遗嘱继承的限制。法定继承和遗嘱继承是继承制度中并存的两种继承方式，但就其法律效力而言，遗嘱继承优先于法定继承。继承开始后，只有在缺乏遗嘱时，才发生法定继承，包括被继承人未设立遗嘱、遗嘱无效以及对遗嘱未处分的部分遗产的继承。从一定意义上讲，法定继承相对于遗嘱继

① 这里所称的扶养，包括父母对未成年子女的抚养，子女对父母的赡养，以及夫妻、兄弟姐妹、祖孙间的扶养扶助。

承具有从属的特点，只要存在遗嘱，法律就不再考虑法定继承人的继承权，法定继承只是遗嘱继承缺乏时的补充。但在法律特别规定的情况下，法定继承对遗嘱继承也具有一定的限制作用，如我国继承法特别规定了，遗嘱应当对缺乏劳动能力又没有生活来源的继承人保留必要的遗产份额，即遗嘱继承执行前，应当依法为特定的法定继承人留出“必留份”。

三、法定继承的适用

法定继承的适用，是指法定继承在何种情形下适用。继承开始后，应遵循“遗嘱在先的原则”，首先适用遗嘱继承，没有遗嘱或遗嘱无效时，才按照法定继承的方式继承。

案例分析3—1

[案情] 1958年，周某与董某（女）结婚，婚后生育了一儿两女。1967年，周某夫妇购买了房屋2间。1980年，周的两个女儿相继出嫁，同年底，周某因病去世。周某去世后，董某一直与儿子一起共同生活，1990年，董某去世，死前留下遗嘱，将2间房屋全部留给儿子所有。董某死后，周的儿子认为，既然母亲的遗嘱已将房产留给自己，有遗嘱就应按遗嘱继承，因此，他直接占有了2间房屋。周的2个女儿认为，她们也是这家的家庭成员，母亲将房屋全部留给哥哥是不对的，因此，起诉到人民法院，要求继承房产。

[分析] 本案不能完全按照遗嘱继承。因为继承法规定，继承从被继承人死亡时开始，本案存在有两个继承法律关系，一是周某去世后产生的继承关系，二是董某去世后产生的继承关系。在第一个继承法律关系中，周某遗产的范围是夫妻共同财产的一半，即1间房屋，应由周某的法定继承人继承，即由董某和3个子女共同继承。在第二个继承关系中，董某将其个人所有的财产以遗嘱的形式指定由儿子继承是可以的。因此，本案的遗嘱只能是部分有效，周的2个女儿可依法继承2间房屋中属于其父亲的遗产。

“遗嘱在先原则”是各国适用法定继承的通例。无论是以法定继承为主的国家，还是以遗嘱继承为主的国家，法定继承都必须以无遗嘱为发生前提，这是各国继承立法上普遍确立的原则，体现了法律对被继承人依法处分个人财产的充分尊重和保护。尤其近代以来，身份继承被财产继承所取代，传统的法定继承与遗嘱继承相互排斥、互不兼容的思想已彻底改变，法定继承逐渐变通为对遗嘱继承的补充。

《继承法》第5条规定：继承开始后，按照法定继承办理；有遗嘱的，按照遗嘱继承或者遗赠办理；有遗赠扶养协议的，按照协议办理。据此，法律的要求是，当继承开始后，有遗赠扶养协议的，先按遗赠扶养协议执行；没有遗赠扶养协议或协议无效的，按遗嘱执行；没有遗嘱、遗嘱无效或遗嘱未处分的部分遗产，按法定继承处理。根据《继承法》第27条规定，有下列情形之一的，遗产中的有关部分按照法定继承办理：

(1) 遗嘱继承人放弃继承或者受遗赠人放弃受遗赠的；

(2) 遗嘱继承人丧失继承权的；

(3) 遗嘱继承人、受遗赠人先于遗嘱人死亡的；

(4) 遗嘱无效部分所涉及的遗产；

(5) 遗嘱未处分的遗产。

第二节 法定继承人的范围和继承顺序

一、法定继承人的范围

法定继承人，是指由法律直接规定的可以依法继承被继承人遗产的人。法定继承人的范围，是指在适用法定的继承方式时，法律规定的那些可以继承被继承人遗产的继承人。

从各国的继承制度看，法定继承人的范围一般均以法定的亲属范围为依据，由法律严格限定，不以被继承人的意志为转移，具有不可变更性质。我国继承法所确立的法定继承人范围，是以继承人与被继承人之间存在的婚姻、血缘和扶养关系为依据的。我国继承法明确规定：被继承人的配偶、子女、父母、兄弟姐妹、祖父母、外祖父母是法定的继承人。此外，丧偶儿媳对公婆、丧偶女婿对岳父岳母，尽了主要赡养义务的，作为第一顺序继承人；被继承人的子女先于被继承人死亡的，由被继承人子女的晚辈直系血亲代位继承；遗产分割时，应当保留胎儿的继承份额，即胎儿出生时如是活体的，也属于法定继承人的范围。

(一) 配偶

配偶，即夫妻，是指男女双方因结婚而产生的亲属关系。配偶是处于合法婚姻关系中的夫妻相互之间的对称，夫妻互为配偶，是男女双方因缔结婚姻而形成的一种亲属关系。由于配偶是血亲的源泉、姻亲的基础，是最基本的家庭关系，因而相互之间具有最为密切的人身关系和财产关系，是我国婚姻法中最重要的亲属关系。《中华人民共和国婚姻法》(以下简称《婚姻法》) 第24条规定：夫妻有相互继承遗产的权利。

在中国历史上，由于财产继承是以宗祧继承为前提的，继承宗祧的人继承主要财产，妻不继承宗祧，因而也不继承遗产。从法律上讲，由于男女地位的不平等，所以妻子不享有对其丈夫遗产的继承权，旧律一般只承认妻对其夫的遗产享有用益权，或者仅承认某种有限制的继承权。而妾在法律上尚不具有妻的地位，因而不能以配偶的身份继承遗产。新中国成立后，我国婚姻法实行一夫一妻、男女平等的婚姻制度，婚姻法规定，夫妻的法律地位平等，配偶相互之间互负扶养义务，互享平等的财产权利，相互享有继承权。需要指出的是，配偶继承权的取得，是基于合法有效的婚姻关系的成立和存续，在继承开始时，存在合法婚姻关系的夫妻才享有法定的继承权。继承法上规定的享有继承权的配偶，专指被继承人死亡时仍与其保持有合法婚姻关系的人，被继承人生前已死亡或已离婚的配偶，均不在我国继承法规定的法定继承人的范围之内。

作为法定继承人的配偶，法律要求男女双方必须具有合法的婚姻关系。所谓合法的婚姻关系，是指男女双方具备了法定结婚条件，并履行了法定结婚登记手续的夫妻。在同居、姘居、通奸和重婚等两性关系中，双方不能以配偶身份享有继承权。

案例分析3—2

[案情] 王燕（女）有1个弟弟和1个妹妹。1985年王燕的父母相继去世，留有房屋2间。当时，王燕已经出嫁，弟弟王浩和妹妹王红住在父母遗留的房子内。1990年，王浩和王红决定将共同居住的房子翻修，房屋产权落在王浩的名下。当时王燕专门赶回来帮忙，并在经济上给予了一定的帮助。房屋建好后，仍由弟妹居住，其间没有人对该房主张过继承权。1993年，王红结婚离家时，对王浩表示房子留给弟弟结婚用。同年，王浩在该房内与李某结婚，因两人尚未达到法定的结婚年龄，所以，未进行结婚登记，仅举办了一个简单的婚礼。第二年李某生育1女。1994年7月，王浩因病死亡，年仅21岁。王浩死后不久，李某在该房屋内与他人再婚。王燕和王红向人民法院提起诉讼，她们认为，房屋是父母留下的，又是他们姐弟共同翻修的，应由他们继承，李某在王浩死后无权在此房屋内继续居住。李某认

为，该房的房产是王浩，她是王浩的妻子，丈夫死后的遗产应由她继承。

[分析]　在本案中，房屋是王家姐弟父母的房产，但父母死后，王家的3个子女均未主张继承。在1990年房屋翻修后，房产落在王浩名下，其2个姐姐是知道的，但均未提出异议，这应视为两个姐姐已放弃了继承权。由于王浩与李某结婚时，尚未达到法定的结婚年龄，且死亡时也仍未达到法定的结婚年龄，因此，王浩与李某是同居关系，不能视为事实婚姻。王浩与李某不是合法夫妻，李某不具有王浩配偶的身份，不能作为第一顺序的法定继承人继承遗产。本案的法定继承人是王浩的女儿。房屋的所有权应由王浩的女儿继承，女儿在成年前，房屋由王浩女儿的法定代理人李某代管。

有关以配偶身份继承的问题，需要注意以下几点：

(1) 关于合法婚姻关系继承的问题。在合法的婚姻关系存续期间，夫妻双方以配偶的身份相互享有的继承权受法律保护。这里所指的**合法婚姻关系**，是指双方依法履行了结婚登记程序，或婚姻关系未经法定程序依法解除的。包括以下几种情况：第一，双方当事人依法办理了结婚登记手续，领取了结婚证，但尚未举行结婚仪式，或尚未同居的，一方当事人死亡，另一方得以配偶的身份继承遗产；反之，如双方当事人已举行了结婚仪式，或已同居，但尚未依法办理结婚登记手续的，一方当事人死亡，另一方不得以配偶的身份继承遗产。第二，夫妻双方因客观原因或因感情不和已分居，不论分居的时间长短，分居期间一方死亡的，另一方仍可以配偶的身份继承遗产。第三，夫妻双方协议离婚，已达成离婚协议，但在依法办理离婚手续期间，一方死亡的，另一方仍可以配偶的身份继承遗产。第四，夫妻双方已向法院起诉离婚，在离婚诉讼过程中，或在法院的离婚判决生效前，一方死亡的，另一方仍可以配偶的身份继承遗产。

(2) 关于事实婚姻关系继承的问题。由于我国在一定时期内有条件地承认事实婚姻关系，因此，凡经人民法院确认的事实婚姻关系，夫妻依法相互享有继承权。有关事实婚姻的确认，《婚姻法》第8条规定：要求结婚的男女双方必须亲自到婚姻登记机关进行结婚登记。符合本法规定的，予以登记，发给结婚证。取得结婚证，即确立夫妻关系。未办理结婚登记的，应当补办登记。《最高人民法院关于适用〈中华人民共和国婚姻法〉若干问题的解释（一）》中的第4条~第6条规定：男女双方根据婚姻法第八条规定补办结婚登记的，婚姻关系的效力从双方均符合婚姻法规定的结婚的实质要件时起算。未按婚姻法第八条规定办理结婚登记，而以夫妻名义共同生活的男女，起诉到人民法院要求离婚的，应当区别对待：（一）1994 年 2 月 1 日民政部《婚姻登记管理条例》公布实施以前，男女双方已经符合结婚实质要件的，按事实婚姻处理。（二）1994 年 2 月 1 日民政部《婚姻登记管理条例》公布实施以后，男女双方符合结婚实质要件的，人民法院应当告知其在案件受理前补办结婚登记；未补办结婚登记的，按解除同居关系处理。未按婚姻法第八条规定办理结婚登记而以夫妻名义共同生活的男女，一方死亡，另一方以配偶身份主张继承权的，按照本解释第五条的原则处理。

(3) 关于妾的继承地位的问题。我国实行“一夫一妻”的婚姻制度，法律禁止任何人以任何形式重婚、纳妾。然而由于旧中国实行的是一夫一妻纳妾制，因此，如果是 1950 年新中国《婚姻法》实施前已形成的一夫多妻，属于历史遗留问题，如果当事人没有提出解除婚姻关系的，一般不予干涉，法律不强制解除，允许其保持原有的共同生活，在夫或妻、妾一方死亡时，婚姻关系仍持续的，可以相互继承遗产，在法律上妾与妻对夫的遗产享有同等的继承权，均属于第一顺序的法定继承人。除此之外，任何处于重婚状态的男女双方，法律对其重婚关系一律不予承认和保护，在一方死亡时，另一方不得以配偶的身份继承遗产。但如果双方长期共同生活，形成了扶养关系的，一方死亡，另一方可以依据《继承法》第 14 条的规定，以依靠被继承人扶养的缺乏劳动能力又没有生活来源的人，或者对被继承人扶养较多的人的身份，分得适当的遗产。

（二）子女

在因血缘而形成的亲属关系中，子女相对于父母来说是亲属中最近的直系卑亲属，也是与父母具有最近血缘关系的亲属，父母子女是家庭共同生活及亲属间扶养权利义务的基本主体，具有密切的人身和财产关系，因而父母死亡后，子女也就成为当然的法定继承人。《婚姻法》第 24 条规定：父母和子女有相互继承遗产的权利。依据婚姻法的规定，我国的非婚生子女、养子女、受其抚养教育的继子女适用婚姻法中父母子女关系的有关规定。《继承法》第 10 条规定：本法所说的子女，包括婚生子女、非婚生子女、养子女和有扶养关系的继子女。

1. 婚生子女。**婚生子女**是指具有合法婚姻关系的男女所生育的子女。需要指出的是，《继承法》第 9 条明确规定：继承权男女平等。因此，依法享有法定继承权的婚生子女，不论是男是女，不论已婚未婚，不论随父姓或随母姓，不论婚后女到男家落户或男到女家落户，均是法定的继承人，依法享有平等的继承权。

特别提示

由于我国从西周到民国初期的继承制度实行的都是宗祧继承制度，继承遗产局限于直系男性卑亲属，女子没有继承权。如果直系卑亲属中没有男子，则应立嗣子继承遗产，只有在绝户的情况下，财产才由亲女继承，因而，立嗣制度的设立已从根本上排除了女子的继承权。1926年中国国民党第二次全国代表大会曾作出关于妇女运动的决议，其中确立了女子有继承遗产的权利。但却局限于未出嫁的女子，已出嫁的女子仍不得继承遗产。1930年国民党政府颁布的民法继承编中废除了宗祧继承，主张男女有平等的继承权，但在《民法继承编施行法》第3条规定：民法继承编公布前，已嫁女子依规定应继承之遗产已由其他继承人分割，或经确定判决不认其有继承权，不得请求回复继承。直到1950年《中华人民共和国婚姻法》颁布实行后，男女平等才成为一项基本原则。但受传统的影响，目前在现实生活中，特别是在中国农村的一些地区仍存在大量的侵犯已婚女子继承权的现象。针对女子出嫁后，就不再承担赡养父母的主要义务，同时也不再享有继承父母遗产的习俗，1951年4月14日中央人民政府法制委员会办公厅曾在《关于女子继承权问题的复函》中明确指出：已嫁的女子对于父母遗产的继承，均应按《婚姻法》第24条规定的精神办理，即依法享有继承权。依据现行继承法男女平等的基本原则，女子无论已婚未婚、无论参加社会工作，还是从事家务劳动，在法定继承份额上，与同一顺序的男性继承人完全平等。

关于婚生子女享有法定继承权，应注意以下几个问题：（1）由于旧中国一夫多妻制而形成的所谓“庶出子女”，即由妾所生的子女，受法律的保护，其与妻所生的子女处于同等的法律地位，法律赋予他们与“嫡生子女”享有平等的继承权。（2）除依据《继承法》第7条确认丧失继承权的人外，凡“声明”与父母脱离父母子女关系的子女，仍可以依法享有对父母的继承权。父母子女关系是基于血缘关系而形成的，法律规定的父母子女间的权利义务是法定的权利和义务，任何人都不能用“声明”予以解除。（3）父母离婚后，由一方抚养的子女，对未与其共同生活的父或母仍享有继承权。《婚姻法》第36条规定：父母与子女间的关系，不因父母离婚而消除。离婚后，子女无论由父或母直接抚养，仍是父母双方的子女。依照婚姻法的规定，离婚后，父母对子女仍有抚养和教育的权利和义务，一方抚养子女，另一方应负担必要的生活费和教育费的一部分或全部。子女对父母的继承权是因血缘关系而产生的，不因父母的离婚而消除。

2. 非婚生子女。**非婚生子女**是指不具有合法婚姻关系的男女所生育的子女。由于在人类历史发展过程中，婚姻以外的两性关系历来受到伦理道德和法律的排斥，因而，非婚生子女的社会地位十分低下，法律对非婚生子女的继承权一般都作有限制性的规定。如1804年《法国民法典》规定：非婚生子女绝不得为继承人；如果父母有婚生子女，经认领的非婚生子女的应继份为婚生子女的1/3。进入现代，许多国家都意识到歧视非婚生子女的不公平性，并在立法上将非婚生子女的继承权提高到与婚生子女同等地位。但也有一些国家和地区的法律仍不同程度地限制非婚生子女的继承权。如1972年修改后的《法国民法典》虽原则上承认非婚生子女对其父母与其他直系尊血亲的遗产，以及对其兄弟姐妹和其他旁系亲属的遗产，通常享有与婚生子女同等的权利。但该法第756条明确规定：非婚生亲子关系，仅在其依法确立时，始产生继承权利。同时该法在第760条又规定：非婚生子女，如在其受孕期间，其生父或生母有婚姻关系约束并有婚生子女，应同这些婚生子女一起共同继承其生父或生母的遗产；但每一非婚生子女仅能继承如死者的所有子女都是婚生子女时本可继承的遗产的一半。由此而减少的非婚生子女继承遗产的部分，加给因父或母通奸而受到损害的婚生子女；此部分遗产，在婚生子女之间按其各自的继承份比例分配之。再如《日本民法典》第900条中规定：非婚生子女的应继份为婚生子女应继份的1/2。美国法律规定，非婚生子女只能继承母亲的遗产，要继承父亲的遗产必须经过认领和准正的程序后才能取得。如纽约州的法律规定，只有当非婚生子女的母亲没有留下婚生子女时，非婚生子女才能继承其遗产。在我国，非婚生子女的继承权在法律上也历来受到限制，如清律规定，奸生子、乱伦子，依子量予半分。新中国成立后，婚姻以外的两性行为同样不受法律保护，但父母的行为过错却不应由子女来承担，为了保护非婚生子女的利益，我国《婚姻法》第25条明确规定：非婚生子女享有与婚生子女同等的权利，任何人不得加以危害和歧视。不直接抚养非婚生子女的生父或生母，应当负担子女的生活费和教育费，直至子女能独立生活为止。**非婚生子女与婚生子女享有同等的继承权**，**这在继承法中也是明确加以规定的**。

案例分析3—3

[案情] 杨某与顾某结婚后生育一子。1996年，杨某与丁某相识，两人非法同居，并生育了一个女儿。此事被顾某得知后，起诉离婚，并要求杨某因其过错行为给予赔偿。正在诉讼期间，杨某突发心脏病死亡。丁某找到顾，代女儿要求继承杨的遗产。顾某认为，女孩的出生是因杨的错误行为造成的，杨与丁的关系是违反法律和伦理道德的，因此，杨的女儿不能继承杨的遗产。丁某起诉到人民法院。

[分析] 在本案中，杨的女儿是被继承人的非婚生子女，其与顾某和顾的儿子都是第一顺序的法定继承人，可依法继承遗产。

非婚生子女作为其生母的继承人，可基于出生的事实加以确定，其身份关系一般不需特别证明。但非婚生子女作为其生父或生父血亲的继承人，其身份则需要特别予以证明。在许多国家的法律中，一般都规定了非婚生子女的认领和准正制度，其目的就是要确定子女与生父间的亲子关系，法律通过准正使非婚生子女取得婚生子女的资格。非婚生子女的认领，有自愿认领和强制认领两种形式，通过认领使非婚生子女与其生父的亲子血缘关系得以确定，从而保护非婚生子女的合法权益。我国法律目前尚无关于非婚生子女认领和准正的规定，在司法实践中，如非婚生子女的生父母结婚的，则无须另行确认亲子关系；如非婚生子女与生父母关系不明确或有异议的，则应向人民法院提出确认之诉，由法院查证后予以判决。目前主要是通过以下几种方法认定：（1）生父在其户口簿或档案中明确承认的，或生父在其生前已承认的。(2) 生母有确切证据证明或有其他人证、物证可以证明的。(3) 通过DNA或其他科学方法可以确认的。

3. 养子女。**养子女**是指因收养关系成立而与养父母形成父母子女关系中的子女。公民依法领养他人子女为自己子女的行为是收养行为，在收养关系中，收养人为养父母，被收养人为养子女。收养关系成立后，收养人与被收养人之间形成拟制的血亲关系。我国依法保护合法的收养关系，维护收养关系当事人的合法权益，即保障被收养人和收养人的合法权益。《婚姻法》第26条规定：国家保护合法的收养关系。养父母和养子女间的权利和义务，适用本法对父母子女关系的有关规定。《中华人民共和国收养法》（简称《收养法》）第23条规定：自收养关系成立之日起，养父母与养子女间的权利义务关系，适用法律关于父母子女关系的规定；养子女与养父母的近亲属间的权利义务关系，适用法律关于子女与父母的近亲属关系的规定。依此，我国养子女的法律地位与婚生子女的法律地位完全相同。养子女与养父母间的法定继承权也是基于收养关系的成立而产生的。按照《继承法》第10条的规定，作为法定继承人的子女包括养子女，其与婚生子女依法享有平等的继承权。

在收养关系的继承中，需要注意以下几个问题：

（1）收养关系成立后，养子女与养父母间的拟制血亲关系即行产生，由此直接导致以下两个法律后果：一是确立了养父母子女间的权利义务关系，双方依法享有继承权；二是解除了养子女与其生父母间的权利义务关系，双方依法不再享有继承权。世界大多数国家都规定养子女取得养父母婚生子女的身份，成为养父母的继承人。然而对于其生父母的继承权，又因“完全收养”或“不完全收养”的规定而有所不同。“完全收养”的养子女对生父母不再享有继承权，其因收养关系的成立而于其生父母，及其近亲属的权利义务关系消除。“不完全收养”的养子女对其生父母仍享有继承权，收养关系成立后养子女与其生父母，及其近亲属的权利义务关系仍然保留。我国实行的是“完全收养”，《收养法》第23条第2款规定：养子女与生父母及其他近亲属间的权利义务关系，因收养关系的成立而消除。因而，养子女只能作为养父母的法定继承人继承遗产，而不再是其生父母的法定继承人。

案例分析3—4

[案情] 张东在5岁时，父亲去世，母亲带她生活了2年后，改嫁给周某。周某的前妻已去世多年，有一个未成年的儿子周炎。周某与张东母亲结婚时，将周炎送给了没有子女的大哥和大嫂作养子，之后周炎一直由周的哥哥抚养，并断绝了与周某的联系。1999年，张东的母亲与周某相继去世。张东继承了母亲和继父的遗产。这时，周炎找到张东，要求继承其父亲周某的遗产。张东认为，周炎与其父亲已多年都不来往了，早已断绝了父子关系，不能再继承遗产了，但周炎认为，血缘关系是不能解除的，即使不来往，相互间也享有继承权。

[分析] 本案中，周某在结婚时，将周炎送给其哥哥抚养，之后又断绝了与其经济上的联系，按照收养法的规定，周炎与生父的哥哥、嫂子之间已形成了养父母子女关系，周炎与生父周某法律上的权利义务关系已经消灭，因此，周某和张东母亲的遗产，应由张东一人继承。

(2) 在实际生活中，有些被收养的子女与生父母仍保持密切的往来，并在一定程度上承担了赡养生父母的义务，对此，最高人民法院《关于贯彻执行〈中华人民共和国继承法〉若干问题的意见》第 19 条规定：被收养人对养父母尽了赡养义务，同时又对生父母扶养较多的，除可依继承法第十条的规定继承养父母的遗产外，还可依继承法第十四条的规定分得生父母的适当的遗产。即养子女对生父母可依法以对被继承人扶养较多的人的身份，分得适当的遗产。

(3) 收养关系是一种法律拟制的血亲关系，可依法成立，也可依一定的事由和程序予以解除，有关解除后的继承权问题，1984 年 8 月 30 日最高人民法院《关于贯彻执行民事政策法律若干问题的意见》的第 33 条指出：收养关系解除后，未成年的被收养人同其生父母之间的权利和义务即行恢复；已经成年并已独立生活的被收养人，同其生父母之间的权利和义务的恢复，则须以书面方式取得双方一致同意。《收养法》第 29 条规定：收养关系解除后，养子女与养父母及其他近亲属间的权利义务关系即行消除，与生父母及其他近亲属间的权利义务关系自行恢复，但成年养子女与生父母，及其他近亲属间的权利义务关系是否恢复，可以协商确定。由此可以看出，未成年的养子女与其养父母的收养关系解除后，其就丧失了对其养父母遗产的继承权，自然恢复成为生父母的法定继承人，而成年的养子女在与其养父母的收养关系解除后，并不当然成为其生父母的法定继承人，能否恢复须由双方协商。若协商不成，则其既不是养父母的法定继承人，也不是其生父母的法定继承人。在因养父母死亡，收养关系自然终止的情况下，若养子女尚未成年，由其生父母领回，那么，养子女在依法继承了养父母的遗产后，与其生父母的权利和义务关系自然恢复，也当然地成为其生父母的法定继承人。

(4) 在我国的收养关系中，有一种因年龄和辈分的原因而形成的**"隔代收养"**，即收养他人子女为自己的孙子女的祖孙收养关系。由于这种祖孙关系彼此间发生的是父母子女间的权利和义务关系，因而，最高人民法院在《关于贯彻执行〈中华人民共和国继承法〉若干问题的意见》第 22 条中规定：养祖父母与养孙子女的关系，视为养父母与养子女关系的，可互为第一顺序继承人。

(5) 对于 1992 年 4 月 1 日我国《收养法》施行前已形成的事实收养关系，如果不违背当时有关法律政策规定的条件，应予承认。所谓**事实收养**，是指双方以父母子女关系相待，共同生活多年，亲友、群众也认其为父母子女，但未办理公证或其他合法手续的收养。最高人民法院在《关于贯彻执行民事政策法律若干问题的意见》第 28 条中指出：亲友、群众公认，或有关组织证明确以养父母养子女关系长期共同生活的，虽未办理合法手续，也应按收养关系对待。事实收养一般具有以下几个特征：第一，当事人间须以父母子女关系相待；第二，须有共同生活的事实；第三，须群众和亲友公认。形成了事实收养关系的养父母与养子女相互享有继承权。

特别提示

事实收养不同于寄养，在实际生活中，有些未成年人因一定的原因被寄养在亲戚或朋友家中，并与其长期共同生活，但双方并没有形成养父母子女关系，因而被寄养人不是寄养人的法定继承人，不能以寄养人的养子女身份继承遗产。但如果被寄养人与寄养人之间符合《继承法》第14条的规定，即被寄养人是依靠寄养人扶养的缺乏劳动能力又没有生活来源的人，或者是对寄养人扶养较多的人，则可以要求适当地分得寄养人一定的遗产。

(6) 由于受已沿袭了上千年的宗法继承的影响，我国一些地区至今仍保留着宗祧继承的传统，其表现就是仍存在着立嗣习俗，当被继承人没有子女时，则将其兄弟或其同宗近支的男性卑亲属立为“**嗣子**”，也称**过继子**。“立嗣”的目的是为了传宗接代、继承遗产，主要有三种情况：一是生前立嗣，并与被继承人形成扶养关系；二是死后立嗣，嗣子与被继承人间不存在任何扶养关系；三是生前立嗣，但双方并未共同生活，相互间除有一定的扶助外并未形成扶养关系。建国后，我国继承制度对封建的宗法继承制度彻底予以否定，对从不曾与被继承人共同生活过的，或与被继承人从未形成有扶养关系的“嗣子”，法律不予承认，其对被继承人不享有法定的继承权。但如果在《收养法》颁布之前，已“过继”的子女，其与被继承人长期共同生活，已形成了事实收养关系的，则应以养子女的身份对被继承人享有继承权。为此，最高人民法院《关于贯彻执行民事政策法律若干问题的意见》第38条指出：“过继”子女与“过继”父母形成扶养关系的，即为养子女，互有继承权；如系封建性的“过继”、“立嗣”，没有形成扶养关系的，不能享有继承权。

4. 形成扶养教育关系的继子女。**继子女**是指夫与前妻或妻与前夫所生的子女。在我国，继父母子女间的亲属法律地位分为两种：一是继父母子女间没有通过共同生活形成事实上扶养关系的，双方属于直系姻亲关系；二是继父母子女形成了事实上的扶养关系，双方由姻亲关系转化为拟制血亲关系，形成法律拟制的父母子女关系。前者，继子女只能作为其生父母的法定继承人继承遗产。后者，继子女则既作为其生父母的法定继承人继承遗产，同时也作为其继父母的法定继承人继承遗产。而继子女继承继父或继母遗产的前提和依据是双方必须形成扶养教育关系。我国《婚姻法》第27条规定：继父母与继子女间，不得虐待和歧视。继父或继母和受其抚养教育的继子女间的权利和义务，适用本法对父母子女关系的有关规定。

继子女与继父母间并不必然形成法律上的权利义务关系，其法律地位并不等同于生父母子女关系，只有双方在形成了扶养教育关系后，才适用婚姻法上的父母子女关系的法律规定。为此，最高人民法院《关于贯彻执行民事政策法律若干问题的意见》第37条规定：继父、继母与继子女间，已形成扶养关系，互有继承权。继子女继承了继父母遗产后，仍有继承生父母遗产的权利。1985年9月11日最高人民法院《关于贯彻执行〈中华人民共和国继承法〉若干问题的意见》第21条规定：继子女继承了继父母遗产的，不影响其继承生父母的遗产。这是由于继子女与其生父母是自然血亲关系，这种血亲关系不因父母离婚而消除。我国《婚姻法》第36条规定：父母与子女间的关系，不因父母离婚而消除。离婚后，子女无论由父或母直接抚养，仍是父母双方的子女。离婚后，父母对于子女仍有抚养和教育的权利和义务。由此可以看出，继子女与生父母法定的权利和义务关系始终存在，继子女始终是其生父母的法定继承人。继子女享有对其生父母和有扶养关系继父母的双重继承权，法律依法保护继子女的双重继承权，任何人都不得以任何理由予以取消。

案例分析3—5

[案情] 1982年，林某与妻子叶某离婚，经协商3岁的儿子林风随母亲叶某生活。1984年叶某再婚，林风与母亲、继父共同生活。同年林某也再婚，婚后生育了儿子林新、女儿林平。1996年，林风的继父因病死亡,林风和母亲共同继承了遗产。1999年，林某因病医治无效死亡，留下3万元遗产，被林新、林平占有。林风提出，自己也有权继承父亲遗产，但林新和林平认为，林风从小就随其母亲改嫁与其继父一起生活了，已不再是他们家的人了，而且，林风已继承了其继父的遗产，因此，林某的遗产林风不能继承。

[分析] 本案中,林风随母亲改嫁后与继父一起共同生活，并不影响其与生父间的父子关系，父母子女间的关系，是一种天然的血缘关系，不因父母的离婚而解除。因此，本案中的林风有权要求与林新、林平一起继承父亲的遗产。

形成扶养教育关系的继父母子女关系和养父母子女关系均为拟制的血亲关系，在法律上具有与生父母子女相同的权利和义务，但其相互之间又存在着一定的区别。首先，养父母与养子女间的权利和义务，是基于收养关系的成立而产生的；有扶养教育关系的继子女与继父母间的权利和义务，是基于姻亲关系和扶养关系的形成而产生的。其次，养父母子女关系自成立之日起，养子女与生父母及其近亲属间的权利义务关系即行消除；有扶养教育关系的继父母子女间的权利义务，不影响其与生父母间的权利义务关系。第三，养父母子女关系因收养关系的解除而消除；有扶养关系的继父母子女关系会因生父或生母与继母或继父婚姻关系的终止而消除。

特别提示

最高人民法院《关于贯彻执行〈中华人民共和国继承法〉若干问题的意见》第 20 条规定：在旧社会形成的一夫多妻家庭中，子女与生母以外的父亲的其他配偶之间形成扶养关系的，互有继承权。

继子女对有扶养关系的继父母享有继承权，是我国继承法的特色之一，其立法的目的是为了更好地保护继子女的利益。但除我国外，到目前为止世界各国均不承认继子女对继父母享有法定的遗产继承权。各国法律大多规定继父母可以收养继子女，如果继父母收养继子女，则相互间形成养父母子女关系。如果没有办理收养手续，则相互间属于姻亲关系而不发生法律上的父母子女关系。我国现行《收养法》第 14 条规定：继父或者继母经继子女的生父母同意，可以收养继子女，并可以不受生父母有特殊困难无力抚养，收养人无子女、年满 30 周岁、仅收养一名，和被收养人不满 14 周岁等限制。需要明确的是，继子女如被继父或继母收养，那么，继子女与其生母或生父及其他近亲属的权利义务关系也随之消除，不再享有双重的继承权。

（三）父母

父母是子女最近的直系尊亲属。父母子女间具有最密切的人身关系和财产关系，父母对未成年子女承担着抚养教育的权利和义务，成年子女对父母有赡养、扶助的义务，其相互之间依法享有继承遗产的权利。《婚姻法》第 24 条规定：父母和子女有相互继承遗产的权利。在确认父母为法定继承人时，我国《继承法》第 10 条明确规定：本法所说的父母，包括生父母、养父母和有扶养关系的继父母。

1. 生父母。生父母与其所生育的子女间有着自然的血亲关系，生父母与其生子女共同生活，在依法履行抚养教育子女义务的同时，也依法享有对其子女的继承权。但如生子女被他人收养，依《收养法》第23条的规定，养子女与生父母及其他近亲属间的权利义务关系，因收养关系的成立而消除，生父母对其生子女不再享有法定的继承权。收养关系解除后，生父母子女间依法恢复父母子女权利义务关系的，生父母对生子女享有继承权，如没有恢复权利义务关系的，生父母对其生子女不享有法定的遗产继承权。父母作为法定继承人，还应包括以下两种情况：

（1）对其非婚生子女的继承权。生父母对其非婚生子女的继承权，是基于相互间的血缘关系而产生的，除已被他人收养，双方的权利义务关系已解除之外，不以有无抚养子女的事实为条件。但在司法实践中，如果生父在子女生前没有承认该子女是生子女，也没有履行其抚养教育义务的，仅以血缘关系享有继承权又有悖情理的，可适用《继承法》第7条的规定，遗弃被继承人情节严重的，依法丧失继承权。可以看到，我国法律笼统地强调生父对非婚生子女享有继承权是有其弊端的。国外的立法经验值得我国借鉴，如《美国统一继承法典》第2—109条规定：如果非婚生子女的生父的身份是经判决确定的，或在其死后通过清楚的、令人信服的证据确认的，那么，除非生父公开表示将非婚生子女视为自己的子女，并且未拒绝抚养该子女，依上述方法确定的父亲的身份并不使生父及其亲属具有继承该子女遗产，或通过该子女继承他人遗产的资格。

（2）父母离婚后不影响对其生子女的继承权。《婚姻法》第36条规定：父母与子女间的关系，不因父母离婚而消除。离婚后，子女无论由父或母直接抚养，仍是父母双方的子女。由此，离婚后不直接承担抚养义务的父方或母方仍依法享有对其子女的继承权。但如该子女的继父或继母依《收养法》第14条的规定，经该子女的生母或生父同意而被收养后，该子女的生母或生父则不再享有对该子女的继承权。

2. 养父母。养父母子女间并无自然的血缘联系，但由于确立了收养关系形成了法律上的拟制血亲关系，相互间产生了法定的权利和义务，成为法定继承人，与生父母处于同等的法律地位。在收养关系存续期间，养父母是养子女的法定继承人，这里需要注意两点：一是如果养父母离婚，养父母与养子女间的权利义务关系并不消除，不与养子女共同生活的养父或养母仍对未成年的养子女负有给付抚养费的义务，拒绝履行抚养义务的，未成年的养子女或不能独立生活的养子女有要求养父母给付抚养费的权利。如果养父母离婚后，养父母一方要与养子女解除收养关系的，应按法定程序办理解除收养关系的手续，凡没有依法解除收养关系的，养父或养母与该养子女相互间的继承关系就依然存在。但如果养父或养母无正当理由拒不履行抚养义务，已构成遗弃的，则依法丧失对其养子女的继承权。二是如果收养关系解除，养父母子女间的权利义务关系依法消除，养父母对养子女不再具有法定继承人的身份，依法不再享有继承权。但依照《收养法》第30条的规定：收养关系解除后，经养父母抚养的成年养子女，对缺乏劳动能力又缺乏生活来源的养父母，应当给付生活费。因养子女成年后虐待、遗弃养父母而解除收养关系的，养父母可以要求养子女补偿收养期间支出的生活费和教育费。另外，养父母也可依《继承法》第14条的规定，以对继承人以外的依靠被继承人扶养的缺乏劳动能力又没有生活来源的人的身份，或者继承人以外的对被继承人扶养较多的人的身份，分得适当的遗产。

3. 形成抚养教育关系的继父母。继父母对继子女尽了抚养教育义务而形成了事实上的扶养关系的，依照我国婚姻法的规定，即形成拟制的直系血亲关系，与生父母享有同等的法律地位，属于法定继承人的范围，依法对继子女的遗产享有继承权。而没有形成扶养关系的继父母子女间，属于直系姻亲关系，彼此不享有继承权。如已形成扶养关系的继父母与继子女的生父或生母离婚的，依照最高人民法院《关于人民法院审理离婚案件处理子女抚养问题的若干具体意见》第13条的规定：生父与继母或生母与继父离婚时，对曾受其抚养教育的继子女，继父或继母不同意继续抚养的，仍应由生父母抚养。依此，未成年的继子女在随生父或生母共同生活后，其与继父母的权利义务关系自然终止，继父或继母对其继子女的继承权也应随之消灭。但如继父母与继子女的生父母离婚时，已将继子女抚养成年、接近成年或能够独立生活的，应当不影响继父母对有扶养关系的继子女的继承权。尽管对此世界各国法律都不承认继父母对继子女享有继承权，但我国法律将继父母对有扶养关系的继子女规定为拟制的直系血亲关系，且当继父母对继子女已尽了抚养教育义务时，依据民法公平原则，继父母就应当享有继承权。另外，继父母在与继子女形成了扶养关系的同时，并不丧失对其生子女的权利和义务，其对继子女和生子女享有双重的继承权。

（四）兄弟姐妹

兄弟姐妹是血缘关系中最近的旁系血亲。依据婚姻法的规定及有关司法解释，兄弟姐妹在一定条件下，相互负有法定的扶养义务，同时也是法定的继承人，相互享有继承遗产的权利。依据《继承法》第10条的规定，作为法定继承人的兄弟姐妹，包括同父同母的兄弟姐妹、同父异母或者同母异父的兄弟姐妹、养兄弟姐妹、有扶养关系的继兄弟姐妹。

1. 亲兄弟姐妹。**亲兄弟姐妹**是指由父母所生育的彼此具有间接血缘联系的亲属，包括全血缘的兄弟姐妹和半血缘兄弟姐妹。在我国，无论全血缘的兄弟姐妹，还是半血缘的兄弟姐妹都是亲兄弟姐妹，相互间具有自然的血亲关系，其法律地位完全相同，都是法定的继承人，相互享有法定的继承权。

案例分析3—6

[案情] 1990 年，郑某与杨某结婚，婚后生育一子。1994 年，郑的父母先后去世，留有房产 6 间，由郑某和妹妹郑娟各继承 3 间。1996 年，郑某与儿子出游时，出意外身亡。杨某身心受到严重打击，精神恍惚，生活不能自理。杨某的弟弟杨强得知后，搬过来与姐姐同住，并照顾姐姐的饮食起居。但杨某的身体每况愈下，1 年后也不幸去世。杨某去世后，郑某的妹妹郑娟找到杨强，以房屋是其父母遗留为由，要求杨强尽快搬走。杨强认为，房子是姐姐留下的，应由自己继承。

[分析] 本案所争议的房屋，是郑某夫妇在婚姻关系存续期间，由郑某继承父母的房产，该房属于郑某夫妇的夫妻共同财产。1996 年郑某与儿子去世后，房产由杨某继承，属杨某个人所有。1998 年，杨某去世后，房产应由杨的继承人继承，郑娟是郑某的妹妹，但不是杨某的法定继承人，因此，不能继承杨某的遗产。杨强是杨的弟弟，在没有第一顺序继承人时，由第二顺序继承人继承，本案中的 3 间房屋由杨强继承。

2. 养兄弟姐妹。**养兄弟姐妹**是基于收养关系的成立而在被收养人与收养人的其他子女间产生的亲属关系。这种亲属关系是一种拟制的旁系血亲关系，依据《收养法》第 23 条的规定：自收养关系成立之日起，养子女与养父母的近亲属间的权利义务关系，适用法律关于子女与父母的近亲属关系的规定；同时，养子女与生父母及其他近亲属间的权利义务关系，因收养关系的成立而消除。由此，在收养人的养子女与生子女间、养子女与养子女间形成了养兄弟姐妹关系，其法律地位等同于亲兄弟姐妹间的权利义务关系，彼此相互享有继承权。而被收养人与其亲兄弟姐妹间的权利义务关系，因收养关系的成立而消除，彼此不再互为继承人，不享有法定的继承权。如收养关系解除，养兄弟姐妹间的权利义务关系也随之解除，相互间的继承权也随之消除。被收养人与其生父母恢复父母子女关系的，其与亲兄弟姐妹间的权利义务关系也随之恢复，其与亲兄弟姐妹互享有继承遗产的权利。

3. 形成扶养教育关系的继兄弟姐妹。**继兄弟姐妹关系**是基于父或母再婚而形成的亲属关系，分为旁系姻亲关系和法律拟制的旁系血亲关系两种。如继兄弟姐妹间并没有共同生活或虽共同生活，但均为未成年人，相互间没有形成扶养关系，那么继兄弟姐妹间就不发生任何法律上的权利义务关系，相互不享有法定的继承权。只有相互间形成了扶养关系的继兄弟姐妹，才具有亲兄弟姐妹同等的权利和义务，互享有法定的继承权。最高人民法院《关于贯彻执行〈中华人民共和国继承法〉若干问题的意见》第24条规定：继兄弟姐妹之间的继承权，因继兄弟姐妹之间的扶养关系而发生，没有扶养关系的，不能互为第二顺序继承人。由此可以看出，继兄弟姐妹间继承权的发生，并不以继父母子女间发生的扶养关系为依据，而是以继兄弟姐妹之间发生的扶养关系为根据的。另外，继兄弟姐妹间形成了扶养关系的，不影响其与亲兄弟姐妹间的权利和义务关系，有扶养关系的继兄弟姐妹之间相互继承了遗产的，不影响其继承亲兄弟姐妹的遗产，可以享有双重的继承权。有扶养关系的继兄弟姐妹享有法定的继承权，是我国继承法的独创，意在鼓励继兄弟姐妹间的相互扶助、扶养，以利于家庭的养老育幼，减轻社会负担。

案例分析3—7

[案情] 贾某10岁时，随母亲改嫁到王某家，王某与前妻有2个儿子，长子王华20多岁参加了工作，并已结婚另过。次子王文14岁正在上学，贾的继父工作非常忙，因此，贾的日常生活是由王文照顾。1996年，贾的母亲和继父因意外不幸身亡，贾与王文相依为命，感情甚好，但1999年王文也因病去世。对于贾能否继承王文遗产的问题，王华和贾发生冲突，王华认为，贾虽然和他的父亲形成了扶养关系，贾也已继承了其父亲的遗产，父亲去世后，贾已与王家没有任何关系了，不能再继承其弟弟的遗产。贾却认为，他随母亲到王家已经多年，与王文一直共同生活相互关心、相互照顾，已形成了相互扶养的继兄弟姐妹关系，因此，他有权继承王文的遗产。

[分析] 依据前述司法解释，继兄弟姐妹之间形成了扶养关系的，依法享有继承权，本案中的贾与王文相互间已形成了扶养关系，因此，贾是王文遗产的法定继承人，依法享有法定的继承权。

（五）祖父母、外祖父母

祖父母、外祖父母是孙子女、外孙子女除父母外最近的直系尊亲属。依据婚姻法及有关司法解释的规定，有负担能力的祖父母、外祖父母，对于父母已经死亡或父母无力抚养的未成年的孙子女、外孙子女，有抚养的义务。这意味着，祖父母、外祖父母在一定条件下，有抚养孙子女、外孙子女的义务，同时也享有继承孙子女、外孙子女遗产的权利。我国继承法将祖父母、外祖父母作为孙子女、外孙子女的法定继承人，依法对孙子女、外孙子女的遗产享有继承权。祖父母是父亲的父母，外祖父母是母亲的父母，我国实行男女平等的继承原则，祖父母、外祖父母在法律上处于平等地位，享有平等的继承权。

由于在中国历史上有“祖父母在，子女不得异财”的传统，祖父母、父母是子女、孙子女的直系尊亲属，是家族共有财产的当然统管人，从西周到清末一直实行的都是宗祧继承制度，继承人仅限于直系血亲卑亲属，因而，祖父母、父母均不在继承人的范围之内，直至民国九年（1920 年）大理院判例才开始承认直系血亲尊亲属为遗产承受人。1930 年的《中华民国民法》将祖父母列入到法定继承人的范围。我国现行的《继承法》及相关司法解释，都没有特别指出祖父母、外祖父母所包含的范围，依据法律精神，祖父母、外祖父母作为孙子女、外孙子女法定的继承人，应包括有自然血缘关系的生祖父母、生外祖父母，以及因收养关系的成立，而形成的养祖父母、养外祖父母。

从世界各国的继承立法上看，祖父母、外祖父母均在法定继承人的范围之内，这是各国立法的通例。但绝大多数国家都只将其限于有血缘关系的生祖父母、生外祖父母间，而在收养关系中只承认形成了拟制血亲关系的养父母子女相互享有继承权，而养祖孙间不发生拟制的血亲关系，不承认养祖父母对养孙子女享有继承权。我国《收养法》第 23 条明确规定：养子女与养父母的近亲属间的权利义务关系，适用法律关于子女与父母的近亲属关系的规定。因此，我国的养祖父母、养外祖父母对养孙子女、养外孙子女享有继承权。但继祖父母、继外祖父母对继孙子女、继外孙子女有无继承权，法律没有明确的规定，从最高人民法院《关于贯彻执行〈中华人民共和国继承法〉若干问题的意见》第 26 条的规定看，祖父母、外祖父母的继承权包括：(1) 祖父母、外祖父母对生子女的生子女和养子女享有继承权；(2) 祖父母、外祖父母对养子女的生子女和养子女享有继承权；(3) 祖父母、外祖父母对有扶养教育关系的继子女的生子女和养子女享有继承权。由此可以看出，法律排除了有扶养关系的继祖父母、继外祖父母对继孙子女、继外孙子女的继承权。《婚姻法》第 27 条规定：继父母与继子女间，不得虐待或歧视。继父或继母和受其抚养教育的继子女间的权利和义务，适用本法对父母子女关系的有关规定 。这里，与《收养法》的规定不同的是，法律并没有将权利义务推及有扶养教育关系的继父母子女的近亲属，因有扶养教育关系而形成的法律拟制的血亲关系，并不必然导致其与近亲属的拟制血亲关系的形成，其法律规定的权利义务关系仅限于继父母子女间，《婚姻法》第 27 条对祖孙权利义务的规定也没有扩及继祖孙之间。在现实生活中，继祖孙间一般不容易形成扶养教育关系，实践中，如果继祖父母、继外祖父母抚养了继孙子女、继外孙子女，或者继孙子女、继外孙子女赡养了继祖父母、继外祖父母，其相互间形成了扶养关系的，可以依据《继承法》第 14 条的规定，作为继承人以外的对被继承人扶养较多的人，分得适当的遗产。在此必须强调的是，有无继承权并不完全取决于有无扶养关系，还应以是否形成法律拟制的血亲关系为前提，将有扶养关系的继父母子女间形成拟制的血亲关系，已是我国立法的独创，但不应再扩及相互间的近亲属，否则不仅不利于司法实践的操作，而且也不利于和国际立法的惯例相衔接。

（六）对公婆、岳父母尽了主要赡养义务的丧偶儿媳、女婿

儿媳、女婿与公婆、岳父母之间没有自然的血缘关系，他们是以婚姻关系为纽带而产生的亲属关系，属于姻亲关系，从婚姻家庭的法律关系上讲，姻亲间没有法定的权利和义务，因而，他们之间没有赡养、扶养的权利义务关系，因此，在正常情况下，他们之间不发生法定继承关系。

我国历来有夫妻共同赡养双方父母的传统，但在法律上，配偶生存期间儿媳对公婆、女婿对岳父母尽赡养扶助义务的，被视为是代配偶履行法定的扶养、赡养义务。配偶死亡后，双方的姻亲关系可依一方或双方的意愿自然终止。但在实际生活中，有些儿媳、女婿在丧偶后仍与其公婆、岳父母密切往来或共同生活，并继续在生活上对其进行扶助、赡养，保持原有的亲属关系，为公婆、岳父母的晚年生活尽了主要的赡养义务，使其不仅在生活上得到了照顾，而且在精神上也得到了抚慰。为了弘扬这一民族传统，鼓励尊老养老的社会精神，充分发挥家庭职能的作用，减轻国家和社会的负担，保障老年人的晚年生活，体现法律的公平原则，《继承法》第 12 条明确规定：丧偶儿媳对公、婆，丧偶女婿对岳父、岳母，尽了主要赡养义务的，作为第一顺序继承人。这是我国继承法的一个突出特色，也是世界继承立法中唯一有此规定的国家。

丧偶儿媳、女婿作为第一顺序法定继承人的前提条件，必须是对公婆、岳父母尽了主要的赡养义务，最高人民法院《关于贯彻执行〈中华人民共和国继承法〉若干问题的意见》第 30 条明确规定：对被继承人生活提供了主要经济来源，或在劳务等方面给予了主要扶助的，应当认定其尽了主要赡养义务或主要扶养义务。在实践中，确定已尽了主要的赡养义务，一般从以下三个方面来看：一是对老人进行了生活上的照料和精神上的抚慰；二是对老人进行了经济上的扶助和供养；三是对老人的赡养具有长期性、经常性和稳定性。

确定丧偶儿媳、女婿对公婆、岳父母的遗产享有继承权，还应当注意以下几个问题：

(1) 丧偶是儿媳、女婿享有法定继承权的前提。在配偶生存期间，双方的父母由夫妻共同赡养，即使赡养的义务主要是由儿媳或女婿履行，也应视为代配偶履行法定义务，儿媳、女婿对公婆、岳父母没有法定的扶助、赡养义务，同时也不享有法定的继承权，不具有独立继承人的地位。配偶死亡后，只有对公婆、岳父母尽了主要的赡养义务后，才能因扶养的原因而成为独立的继承人。

(2) 丧偶儿媳、女婿的继承权具有独立性。当丧偶儿媳、女婿在符合法定条件成为第一顺序继承人时，其与第一顺序上的其他继承人的法律地位完全平等，得以独立继承人的身份继承遗产。需要指出的是，其继承权既不受其子女代位继承的限制，也不影响其子女的代位继承。如果第一顺序上没有其他继承人，丧偶儿媳、女婿依法继承全部遗产，第二顺序的继承人不得继承。最高人民法院《关于贯彻执行〈中华人民共和国继承法〉若干问题的意见》第29条规定：丧偶儿媳对公婆、丧偶女婿对岳父、岳母，无论其是否再婚，依继承法第十二条规定作为第一顺序继承人时，不影响其子女代位继承 。

(3) 丧偶儿媳、女婿是否再婚不影响其继承权。尽了主要的赡养义务，形成了扶养关系是丧偶儿媳、女婿取得继承权的依据，是否与公婆、岳父母共同生活、是否再婚都不影响其继承权，任何以再婚为由排斥、否认其继承权的行为都是违法的。

(4) 丧偶儿媳、女婿对公婆、岳父母的继承权不影响其继承父母的遗产。丧偶儿媳、女婿依法享有继承权，是法律因其对公婆、岳父母尽了主要的赡养义务而作的特别规定，并不因此而消除其与父母间的权利义务关系，取得公婆、岳父母的遗产，并不影响其继承父母的遗产。

特别提示

1984 年 8 月 30 日最高人民法院在《关于贯彻执行民事政策法律若干问题的意见》中曾指出：丧失配偶的儿媳与公婆之间，丧失配偶的女婿与岳父母之间，已经形成扶养关系至一方死亡的，互有继承权。但在 1985 年 4 月 10 日第六届全国人民代表大会第三次会议通过的《中华人民共和国继承法》的第 12 条明确地将其规定为：丧偶儿媳对公、婆，丧偶女婿对岳父、岳母，尽了主要赡养义务的，作为第一顺序继承人。这里，法律不仅明确地将丧偶儿媳、女婿规定成为第一顺序的继承人，而且也明确了丧偶儿媳、女婿对公婆、岳父母的继承权是单向的，公婆、岳父母对丧偶的儿媳、女婿形成了扶养关系的并不享有法定的继承权。在司法实践中，如果公婆、岳父母对丧偶儿媳、女婿确实进行了较多的扶助、扶养，可依《继承法》第 14 条的规定，作为对继承人以外的依靠被继承人扶养的缺乏劳动能力又没有生活来源的人，或者作为继承人以外的对被继承人扶养较多的人，分得适当的遗产。

二、法定继承人的继承顺序

法定继承人的顺序，又称继承顺序，是指法律规定的法定继承人继承遗产的先后次序。继承开始后，并非所有的继承人都可以同时继承遗产，而是要遵循法律规定的先后顺序，依次继承。法律规定，在有前一顺序继承人时，后一顺序的继承人不能继承，只有在没有前一顺序继承人或前一顺序继承人全部放弃或丧失继承权时，后一顺序的继承人始得继承遗产。尽管继承顺序的多少，各国法律规定不一，但在法定继承的适用中，继承顺序无不居于重要的地位，其直接决定着享有继承权的法定继承人能否实际取得遗产。

（一）法定继承人的继承顺序

《继承法》第 10 条规定，遗产按照下列顺序继承：

第一顺序：配偶、子女、父母。

第二顺序：兄弟姐妹、祖父母、外祖父母。

继承开始后，由第一顺序继承人继承，第二顺序继承人不继承。没有第一顺序继承人继承的，由第二顺序继承人继承。

《继承法》第 12 条规定："丧偶儿媳对公、婆，丧偶女婿对岳父、岳母，尽了主要赡养义务的，作为第一顺序继承人。"

我国继承法规定的继承顺序，主要依据的是各法定继承人与被继承人之间亲属关系的亲疏远近，以及各法定继承人与被继承人之间在经济和生活中的依赖程度。配偶及父母、子女被列为第一顺序的继承人，主要是由于其相互间具有密切的共同生活和扶养关系。而兄弟姐妹及祖父母、外祖父母与被继承人间的血缘关系，相对于第一顺序的继承人较远，其与被继承人在法律上的扶养义务也是有条件的，因而被列为第二顺序继承人。而将符合法定条件的丧偶儿媳、女婿作为第一顺序的法定继承人，是我国继承法的特别规定，目的是为了弘扬尊老爱老的传统以及体现法律公平的原则。

案例分析3—8

[案情] 汤某（女）与赵某经人介绍相识，1997年结婚，婚后一年，赵某因病去世，汤某因悲伤过度早产，婴儿在出生后的第二天死亡。汤某不久也因产后感染破伤风，经抢救无效死亡。汤某的母亲和赵某的弟弟分别是汤、赵两人的唯一亲人，他们共同处理了汤某和赵某的后事。但随后，他们为如何分割遗产问题产生了分歧，赵某的弟弟觉得，汤某夫妇所住的房屋是哥哥生前继承的祖产，现哥哥没有子女，因此，房产应由自己继承，不能流落外姓，因此占有了该房屋。汤的母亲不满，起诉到人民法院。

[分析] 本案中的房产是赵某继承的祖产，但是，赵某去世后，赵的遗产应由赵的第一顺序法定继承人继承，即汤某和汤某所怀的胎儿。胎儿出生后又死亡，因此，为胎儿保留的遗产份额由胎儿的母亲继承，即由汤某继承，汤某去世后，汤所遗留的遗产，应由汤的母亲继承。赵某的弟弟因是赵第二顺序的继承人，故不能继承赵的遗产。

（二）法定继承人继承顺序的法律特征

1. 继承顺序的法定性。法定继承人的继承顺序，依据的是继承人与被继承人间亲属关系的亲疏远近，是由法律直接加以规定的，不能由当事人自行决定。

2. 继承顺序的强制性。法律对继承顺序的规定，是为了更好地保护不同继承人的继承利益，必须依法执行，具有强制性和不可变更性。

3. 继承顺序的排他性。继承顺序的法律要求是依次继承，在有前位顺序继承人时，后位顺序的继承人不得主张继承权，前位顺序继承人对后位顺序的继承人具有排他的性质。只有在前位继承人全部放弃或丧失继承权时，后位继承人才有权参加继承。

4. 继承顺序的限定性。继承顺序只限定在法定继承中适用，如被继承人留有遗嘱，则应适用遗嘱继承。在遗嘱继承中，遗嘱继承人不受法定继承顺序的限制。

（三）国外法律有关法定继承顺序的规定

现代各国在确定法定继承顺序时，一般都依据各国不同的传统和习惯，采取不同的立法模式。

(1)《苏联民法典》第 532 条规定如下。

第一顺序：配偶、子女、父母，以及被继承人死亡后出生的他的子女。

第二顺序：兄弟姐妹、祖父母、外祖父母。

由死者生前扶养的不少于 1 年的无劳动能力的人为法定继承人。在有其他法定继承人时，他们与应召继承的其他法定继承人按同一顺序平等继承。

(2)《法国民法典》第 731 条自第 755 条规定如下。

第一顺序：子女及其直系卑血亲；

第二顺序：父母、兄弟姐妹及兄弟姐妹的直系卑血亲；

第三顺序：父母以外的直系尊血亲，亲等近者为先；

第四顺序：配偶和其他旁系亲属。

亲等最近的旁系亲属排除其他旁系亲属继承，六亲等以外的旁系亲属无继承权，但死者的兄弟姐妹的直系卑血亲的继承权除外。若死者有行为能力立遗嘱且未被剥夺公民权时，可以延伸至十二亲等。

(3)《德国民法典》第 1924 条~第 1931 条规定如下。

第一顺序：直系卑血亲；

第二顺序：父母及其直系卑血亲；

第三顺序：祖父母[①]及其直系卑血亲；

第四顺序：曾祖父母及其直系卑血亲；

第五顺序：高祖父母及其直系卑血亲；

第六顺序：其他更远亲等的亲属及其直系卑血亲。

配偶未被列入固定的继承顺序，可与应召的第一顺序、第二顺序的血亲继承人及第三顺序的祖父母共同继承。如无第一顺序、第二顺序血亲继承人和祖父母时，由生存配偶取得全部遗产。

(4)《日本民法典》第 887 条~第 890 条规定如下。

---

① 包括父系祖父母和母系祖父母，以下同。

第一顺序：直系卑血亲，以亲等近者为先。胎儿视为已出生儿童（死体除外），列为第一顺序继承人；

第二顺序：直系尊血亲；

第三顺序：兄弟姐妹。

配偶可与应召继承的任一顺序法定继承人同时继承，其应继份视其参加的继承顺序而有所不同。

(5)《美国统一继承法典》第2—103条规定如下。

血亲继承人的法定继承顺序：

第一顺序：直系卑血亲；

第二顺序：父母；

第三顺序：兄弟姐妹及其直系卑血亲；

第四顺序：祖父母及其直系卑血亲；

第五顺序：其他亲属。

配偶的继承权被置于首位。生存配偶除对死亡配偶的遗产有先取权外，未被列入固定的继承顺序，可与应召的第一顺序或第二顺序的血亲继承人共同继承遗产，如无上述两个顺序的血亲继承人，则由生存配偶取得全部遗产。

从以上各国的立法体例中，可以看出继承顺序的确立一般都是依据各法定继承人与被继承人间的亲属关系的远近，以及各法定继承人与被继承人间相互依赖程度而确定的，亲等近者优先，其划分的方式主要有：

(1) 配偶的继承顺序。现代各国对配偶继承顺序的规定，主要有两种立法体例：一是规定配偶固定的继承顺序，如苏联明确规定配偶为第一顺序的继承人；二是不确定配偶的继承顺序，规定配偶可以与某些顺序或所有顺序的血亲继承人一起继承，其应继份因其继承时参与的血亲继承人的顺序而有所不同。如《德国民法典》规定，配偶在与第一顺序的法定继承人一起继承时，得遗产1/4；在与第二顺序的法定继承人或与祖父母一起继承时，得遗产1/2；无第一顺序、第二顺序的法定继承人和祖父母时配偶得全部遗产。《美国统一继承法》规定：配偶和直系卑血亲共同继承时，配偶得先取5万美元，然后分剩余遗产的1/2；配偶与父母共同继承时，配偶亦得先取5万美元，然后分剩余遗产的1/2；无父母和直系卑血亲时，配偶得全部遗产。由于在婚姻关系中配偶具有最为密切的人身关系和财产关系，因而，世界各国立法一般也多将配偶列为第一顺序的继承人，使其与血亲继承人共同继承遗产，即使有的国家不把配偶列入到固定的继承顺序中去，也让配偶参与应召继承的第一顺序、第二顺序或其他顺序，使之与其他血亲继承人共同继承遗产，我国采前种立法例。

（2）血亲继承人的继承顺序。现代各国对血亲继承人的继承顺序，大体有三种立法体例。

第一，**亲等制**，即以亲等关系的远近作为划分法定继承顺序的依据，处于同一亲等的人为同一顺序的继承人，与被继承人亲等关系近者继承顺序在前，与被继承人亲等关系远者继承顺序在后。如父母子女同为一亲等，为第一顺序的继承人；兄弟姐妹和祖父母、外祖父母同为二亲等，为第二顺序的继承人。我国和苏联属此立法体例。

第二，**亲系制**，即以血亲亲系作为划分法定继承顺序的依据，各亲系中的继承顺序又以血缘关系的远近排列继承顺序，亲等关系近的，继承顺序在先。如第一顺序法定继承人为直系卑血亲；第二顺序法定继承人为父母及其直系卑血亲。如果继承开始时父或母已死亡，由死亡一方的直系卑血亲代位继承。如死亡一方无直系卑血亲，则由生存的一方单独继承；第三顺序法定继承人为祖父母及其直系卑血亲；第四顺序法定继承人为曾祖父母及其直系卑血亲；第五顺序法定继承人为高祖父母及其直系卑血亲；第六顺序为远亲等血亲及其直系卑血亲。德国、瑞士、希腊等国属此立法体例。

第三，**亲等与亲系结合制**，即在一个或几个顺序中以亲系划分，其余的顺序以亲等划分。如第一顺序为直系卑血亲；第二顺序为父母；第三顺序为兄弟姐妹；第四顺序为祖父母。这样，除第一顺序以亲系划分外，其他顺序是以亲等来划分的。法国、日本、英国等均属此立法体例。

父母子女是最近的直系血亲，具有直接的血缘关系，因而，从《汉谟拉比法典》至现代各国的立法，无不将子女列为第一顺序的法定继承人。但由于受传统的影响，当父母作为法定继承人继承遗产时，绝大多数国家的立法都将其列入第二顺序。在古代社会，法定继承最初产生的核心思想是“遗产归宗法”，实行的是子女及其直系卑亲属的单向继承制度，父母或祖父母一般不继承子女、孙子女的遗产，目的是要确保财产能够留在家族内部，避免由于父母或祖父母继承遗产后，进而将财产分散于兄弟姐妹或叔伯姑舅姨等旁系血亲中。所以，将父母排在第二顺序继承，是为了满足子女和配偶对被继承人遗产的优先要求。我国历史上延续了2 000多年的宗祧继承，实行的是嫡长子继承制度，遵循“祖父母在，子孙不得异财”的生活方式，因此，祖父母、父母是家族财产的统管者无须继承子孙的遗产。新中国成立后，我国废除了封建的宗祧继承制度，父母子女相互间存在相应的权利义务关系，因而也具有双向的继承关系，更重要的是，我国目前主要仍是靠家庭来承担养老育幼的职能，因此，在我国父母被列为第一顺序的法定继承人，是符合中国的传统和国情的。

兄弟姐妹属旁系血亲，多数国家将其列入第三顺序继承人的范围，或不作为独立的继承顺序将其列入父母及其直系卑血亲的第二继承顺序中，排在父母的继承顺序之后。从世界各国的继承立法上看，大体有三种立法体例：一是与父母同为第二顺序的法定继承人，各自有明确的应继份；二是与父母同为第二顺序的法定继承人，但只能在父母死亡的情况下以代位继承人的身份继承遗产；三是在直系尊亲属之后为第三顺序的法定继承人。如《法国民法典》规定，兄弟姐妹及其直系卑血亲与父母为第二顺序继承人，父母在，由父母和兄弟姐妹共同继承，各继承遗产的一半；如父母中有一人死亡，则遗产的3/4由兄弟姐妹继承，1/4由父或母继承；如父母双亡，则由兄弟姐妹及其卑血亲继承全部遗产。《德国民法典》规定，兄弟姐妹作为父母的直系卑亲属，和父母同为第二顺序法定继承人。如父母均生存时，由父母各继承一半；如父母一方死亡，死亡一方的应继份由其直系卑亲属代位继承；如死亡一方无直系卑亲属，由另一方单独继承。《日本民法典》及其我国台湾地区的"民法"将兄弟姐妹规定为第三顺序的法定继承人。关于全血缘和半血缘的兄弟姐妹间的继承权，目前绝大多数国家的法律都明确规定其法律地位一律平等，但也有少数国家和地区在立法上仍有区别，如英国法中兄弟姐妹同为第三顺序，但全血缘的兄弟姐妹优先于半血缘的兄弟姐妹继承。《日本民法典》规定，半血缘兄弟姐妹的应继份为全血缘兄弟姐妹应继份的1/2。对于养兄弟姐妹相互间的继承权，大多数国家的立法都给予承认，但也有一些国家例外，如美国收养的效力不及近亲属，收养被认为是根据契约而形成的养父母子女间的个人关系，与收养关系当事人之外的人无关，因收养而产生的权利义务关系仅限于在收养人和被收养人之间。因此，大多数州仅规定养子女与养父母间的继承权，养子女对养父母的亲属不享有继承权，也不能继承养父母其他子女的遗产。

对于祖父母、外祖父母的继承顺序，各国一般都将其排在兄弟姐妹及其直系卑血亲之后，即使是将祖父母规定为第二顺序继承人的国家，祖父母的继承顺序也实为父母之后，如日本民法规定，直系尊亲属为第二顺序继承人，但在继承开始后，父母先于祖父母继承，即如有父母在，祖父母不继承。

（3）有扶养关系继承人的继承顺序。受传统继承制度的影响，目前绝大多数国家的立法，在确定法定继承人的范围时，都是以婚姻和血缘关系为基础的。但1922年的《苏俄民法典》首次将经济上的依赖关系也作为了确定法定继承人的基础，把与被继承人生前共同生活1年以上的无劳动能力的人列入法定继承人的范围。受该法的影响，一些国家如捷克、南斯拉夫、保加利亚等国也将“经营共同家产并关心共同家产或被扶养的人”、“同居并对其实行照顾者”等列入法定继承人的范围，成为取得法定继承人身份的依据，而且大多都将其列为第一顺序、第二顺序，体现了这些国家对因共同生活而形成的扶养关系的重视。因扶养关系或长期共同生活，而成为法定继承人的继承顺序，主要有两种立法体例：一是规定其具体的继承顺序，如捷克斯洛伐克民法规定，与被继承人生前共同生活一年以上、与其一起经营共同家产或者受被继承人生前扶养的人，作为第二顺序、第三顺序的法定继承人；二是不规定固定的继承顺序，如苏联民法规定，被继承人生前扶养不少于一年的无劳动能力的人，不列入第一顺序或第二顺序继承人的范围，他们可以与任何顺序的应召继承人平等地共同继承死者的遗产。

三、我国法定继承人的范围及法定继承顺序的特点

我国继承法规定的法定继承人的范围和继承顺序，主要是根据继承法的基本原则和我国的具体国情而制定的，主要有以下两个特点。

1. 法定继承人的范围和顺序相对较少。从法定继承人的范围来看，各国立法主要是两种立法体例：一是采取亲属继承的无限制主义。如《德国民法典》对血亲继承人的范围没有限制，配偶、直系血亲、旁系血亲均为法定继承人，不受亲等的限制；二是采取亲属继承的限制主义。如日本民法规定法定继承人限于直系卑血亲、配偶、父母、兄弟姐妹、祖父母、外祖父母。大多数国家均采取此种立法体例。与此相比，我国继承法规定的继承范围相对狭窄，仅限于被继承人的近亲属。

从法定继承人的顺序来看，各国立法主要是两种立法体例：一是将所有的法定继承人都确定在一定的继承顺序上；二是配偶不列入固定的继承顺序中，让其与应召继承顺序上的血亲继承人共同继承。与此相比，我国继承顺序的特点是：第一，继承的顺序较少，我国仅规定了两个继承顺序，而在同一顺序上继承人相对较多；第二，对配偶的继承权没有给予特别的照顾，我国对配偶利益的保护主要体现在平等的夫妻共同财产制上。而世界上大多数国家都将配偶的继承权置于继承的重要位置，强调优先保障配偶继承遗产。

2. 扶养关系成为取得继承权的依据。将与被继承人有扶养关系的人列入法定继承人的范围，是我国继承法的特色之一。与其他国家相比，我国的立法特色主要体现在继承主体的不同，能够以扶养关系作为继承权取得依据的法定继承人只有两个：一是丧偶儿媳对公、婆，丧偶女婿对岳父、岳母，尽了主要赡养义务

的，作为第一顺序继承人继承遗产；二是将形成了扶养关系的继父母子女、继兄弟姐妹列入法定继承人的范围。除此之外，与死者共同生活的人不能作为法定继承人继承遗产。

第三节 代位继承

一、代位继承的概念和法律特征

(一) 代位继承的概念

代位继承，是指被继承人的子女先于被继承人死亡时，由被继承人的子女的晚辈直系血亲代为取得被继承人遗产的一项法定的继承制度。在代位继承中，先于被继承人死亡的子女称为被代位继承人，代替被代位继承人取得遗产的晚辈直系血亲称为代位继承人。代位继承人代替被代位继承人继承遗产的权利，称为代位继承权。代位继承仅限于血亲继承。由于代位继承是基于被继承人的遗产不能由继承人直接继承，而是由他人代为继承，因此又称间接继承。

《继承法》第11条规定：被继承人的子女先于被继承人死亡的，由被继承人的子女的晚辈直系血亲代位继承。

案例分析3—9

[案情] 1966年许某（男）与张某结婚，张是再婚，与前夫生有一子黎英，由前夫抚养。许与张结婚后生育了一儿一女。儿子叫许杰，女儿叫许红。1990年，许杰和许红同时结婚，婚后各生育一子，许杰的儿子叫许锋，许红的儿子叫王林。1995年，许红因意外身亡。1998年，许某因病去世，死前留有遗嘱，将2万元的遗产留给王林。经查，许某夫妇共同共有的财产是6万元。许死后，他的亲属为遗产的分割发生纠纷，起诉到人民法院。

[分析] 本案中的6万元的财产，属于许某夫妇共同所有。在夫妻财产分割后，3万元为许的遗产。按照遗嘱在先的原则，遗嘱中将2万元留给了王林所有，剩下的1万元按法定继承处理。许的法定继承人是配偶张某、儿子许杰、外孙子女王林(代位继承)，三人平均分割1万元遗产。

代位继承始于罗马法中的按股继承，罗马市民法规定，先于被继承人死亡或受家父权免除的子之子，取得其父的应继份。到了优士丁尼执政时期，代位继承人的范围又扩大到一切直系卑血亲及其兄弟姐妹的子女，这就使早期的仅限于直系血亲卑亲属的代位继承制度，又扩展到了旁系血亲。近现代的各国继承立法普遍都设立有代位继承制度，有些国家甚至规定有亲属关系的人均可代位继承，且无代数的限制。在中国继承史上，宗祧继承制度一直遵循的嫡长为先原则，实际上就是在实行代位继承，如《唐律疏义》载：无嫡子及有罪疾，立嫡孙……。在财产上，唐令规定：诸应分田宅财产者，兄弟均分。兄弟亡者，子承父分，兄弟俱亡，则诸子均分。1930 年的民法明确规定了代位继承制度，且要求代位继承仅限于被继承人子女的晚辈直系血亲。新中国成立后，1985 年颁布的《中华人民共和国继承法》中将代位继承作为一项法定的继承制度纳入法律的规定中。

（二）代位继承的法律特征

1. 代位继承以被继承人的子女先于被继承人死亡为前提。

2. 被代位继承人必须是享有法定继承权的被继承人的子女或孙子女、外孙子女，即直系血亲卑亲属。

3. 代位继承人限于被代位继承人的子女及其直系卑亲属。

4. 代位继承只适用于法定继承。

（三）代位继承的根据

代位继承的根据，代位继承人取得被继承人遗产的代位继承权是基于代位继承人本身固有的权利，还是基于被代位继承人所享有的继承权而派生出的权利，学界有两种不同的观点，即代位继承的固有权说和代表权说。

固有权说的观点是，代位继承人是以自己固有的权利继承被继承人遗产的，因此，被代位继承人即使丧失继承权，也不影响代位继承人的继承权，其仍可以依其固有的权利取得被继承人的遗产。德国、日本、意大利等国均采此立法。如德国民法规定，代位继承人不仅可以是先死的继承人的代表，而且可以依自己所固有的权利而继承。意大利民法规定，代位继承人因其父或其母不能继承或不想继承时，仍允许代位继承。有学者认为，对代位继承权的性质以采固有权说为当，只要被继承人的子女先于被继承人死亡，被继承人子女的晚辈直系血亲就应有权代位继承，这应属于代位继承人自己的权利，而不应依被代位人的权利状况而转移。即使先于被继承人死亡的子女有丧失继承权的情形，也不应因此而影响其晚辈直系血亲的代位继承权。因已死亡父母的违法或犯罪行为，而让子女承担不能继承被继承人遗产的不利后果，与我国法律的基本精神未必相符。代位继承人取得的是被代位继承人的继承顺序和继承份额，并不是被代位继承人的继承地位和继承权。[①]有学者指出：被代位继承人自死亡时起，法律人格消灭，以法律人格为基础的继承期待权随之消灭，其继承地位不复存在，因此，不管被代位人是否丧失继承权，其代位人都不可能代替一个实际上不已存在的法律地位去继承被继承人的遗产。[②]

代表权说的观点是，代位继承人是代表被代位继承人继承被继承人遗产的，即按被代位继承人的继承地位、顺序和份额继承遗产。因此，如被代位继承人已丧失继承权，代位继承人则无代位继承的权利，因而也就不发生代位继承。苏联民法采此立法。我国有学者认为，代位继承权的产生是以被代位人原享有继承权为前提的。[③]从理论上讲，代位继承属于法定继承的范畴，是为弥补第一继承顺序中子女的缺额而设定的。在正常的法定继承情况下，被继承人死亡时，其子女便依法同其他第一顺序的法定继承人一道直接行使继承权，取得遗产。如果被继承人的子女先于被继承人死亡，则第一继承顺序中就发生了一定的空缺，原应由先亡子女继承的那一部分遗产份额就可能会成为无人继承的财产。法律上确认先亡子女晚辈直系血亲代位继承，实质上就是赋予他们代表先亡的长辈直系血亲取得本应由其继承的遗产。如果被继承人的先亡子女先前就已丧失继承权，则丧失继承权的效力到被继承人死亡时发生，其继承权已不存在，当然，他的晚辈直系血亲也就无代位继承可言。

我国《继承法》第 11 条规定：被继承人的子女先于被继承人死亡的，由被继承人的子女的晚辈直系血亲代位继承。代位继承人一般只能继承他的父亲或者母亲有权继承的遗产份额。此外，最高人民法院在《关于贯彻执行〈中华人民共和国继承法〉若干问题的意见》第 28 条中还规定：继承人丧失继承权的，其晚辈直系血亲不得代位继承。如该代位继承人缺乏劳动能力又没有生活来源，或对被继承人尽赡养义务较多的，可适当分给遗产。依此规定，可以看出我国继承立法采代表权说。代位继承人取得继承权的根据是代表被代位继承人继承遗产。代位继承人是被代位继承人的代表人，是代表被代位继承人的继承地位而继承被继承人遗产的，其法律地位与被代位继承人相同，只能取得被代位继承人的应继份。如果被代位继承人丧失继承权，其直系卑血亲则不能代位继承被继承人的遗产。

---

① 参见郭明瑞、房绍坤：《继承法》，119 页，北京，法律出版社，1996。
② 参见张玉敏：《继承法律制度研究》，225 页，北京，法律出版社，1999。
③ 参见刘素萍主编：《继承法》，224 页，北京，中国人民大学出版社，1988。

特别提示

应当看到，我国的继承立法在此存在一定的缺陷。除我国外，各国的继承立法均把孙子女、外孙子女作为被继承人的晚辈直系血亲规定为法定继承人，并列入到法定的继承顺序中，在被代位继承人生存或未丧失继承权的情况下，基于“亲等近者优先”的原则，由被代位继承人继承遗产，其晚辈直系血亲按继承顺序不继承；而在被代位继承人死亡或丧失继承权后，由其晚辈直系血亲继承其应继的份额。在血亲继承中，有亲系继承和亲等继承两种立法体例，一种为亲系继承，即在血亲继承中，以亲系划分继承顺序。前一亲系继承人的继承顺序优于后一亲系继承人，前一亲系有继承人继承遗产时，后一亲系的继承人则不能继承。如有直系卑亲属时，则父母及其直系卑亲属、祖父母及其直系卑亲属不继承。如无直系卑亲属或直系卑亲属均丧失继承权时，由父母及其直系卑亲属继承，祖父母及其直系卑亲属不继承。在同一亲系的继承人中，以亲等近者优先，亲等近者先于被继承人死亡时，由其晚辈直系血亲代位继承。另一种为亲等继承，即在血亲继承中，以亲等划分继承顺序。前一亲等继承人的继承顺序优于后一亲等继承人，前一亲等有继承人继承遗产时，后一亲等的继承人不继承。在实行完全亲等继承制度的国家，即完全以亲等的远近划分继承顺序时，则不发生代位继承。

目前我国的继承顺序是以亲等作为继承顺序的划分依据的，父母、子女作为一亲等排为第一顺序的继承人，而兄弟姐妹、祖父母、外祖父母作为二亲等排为第二顺序的继承人，但同为二亲等的孙子女、外孙子女却没有列入到第二继承顺序中去，而是通过亲系继承的方式行使代位继承权，以代位继承人的地位优先继承遗产。这里立法者的目的是想遵从我国传统的继承习惯，子女、孙子女作为被继承人当然的继承人，其继承地位一般都排在兄弟姐妹之前，实践中在被继承人的子女先于被继承人死亡时，其所应继承的份额习惯于由其直系晚辈血亲继承，因此，我国继承法的立法实际上实行的是亲等与亲系结合的继承方式，而这样的立法体例，代位继承的范围相对狭窄，法定继承人的范围也相对有所减少。最高人民法院《关于贯彻执行〈中华人民共和国继承法〉若干问题的意见》第28条规定：继承人丧失继承权的，其晚辈直系血亲不得代位继承，如该代位继承人缺乏劳动能力又没有生活来源，或对被继承人尽赡养义务较多的，可适当分给遗产。由此规定可以看出，孙子女、外孙子女并不是法定的继承人，在被代位继承人丧失继承权时，他们不得继承遗产或只能有条件地依法给予适当的照顾，这样就等于剥夺了孙子女、外孙子女本身应有的继承地位和其固有继承权，让晚辈直系血亲承受被代位继承人丧失继承权所造成的损失。因此，目前的法律规定，既不符合各国继承立法的通例，也不符合我国传统的继承方式。

二、代位继承的条件

根据继承法的规定及相关的司法解释，我国的代位继承必须具备以下几个条件。

（一）被代位继承人先于被继承人死亡

被代位继承人先于被继承人死亡，是代位继承发生的原因和法定事由，是我国继承法规定的发生代位继承的先决条件。死亡包括自然死亡或被宣告死亡，人民法院确定的失踪人死亡的日期，为失踪人宣告死亡的日期。

将被代位继承人先于被继承人死亡作为代位继承发生的唯一原因的国家，除我国外，还有苏联民法，该法规定，被继承人的子女先于被继承人死亡的，被继承人的孙子女、外孙子女和重孙子女、外重孙子女可代替自己的已在继承开始前亡故的父母而依第一顺序应召继承。而大多数国家都是将代位继承发生的原因设定为被代位继承人先于被继承人死亡、放弃或丧失继承权。如《法国民法典》第744条规定：对健在的人，不得替代其为代位继承，代位继承仅得对已去世的人发生。该法第787条规定：继承人如已放弃继承，任何人均不得代位继承。如放弃继承的人属于其亲等中的唯一继承人，或者如所有的共同继承人均放弃继承，由这些人的子女以其名义按人头继承之。《日本民法典》第887条规定，被继承人的子女于继承开始前死亡，或丧失其继承权时，其子女代位其成为继承人。《瑞士民法典》第541条规定，无继承资格人的直系卑亲属，在无继承资格人先于被继承人死亡的情况下，继承被继承人的财产。被继承人未有任何遗嘱，且继承人中一人抛弃继承权时，其应继份按抛弃继承人在继承开始前死亡的情形处理。

（二）被代位继承人只限于被继承人的直系卑亲属

能作为被代位继承人的，仅限于被继承人的子女及其直系卑亲属，被继承人的其他法定继承人，如被继承人的直系尊亲属或旁系血亲无权成为被代位继承人，即被继承人的配偶、父母、兄弟姐妹均不能成为被代位继承人。代位继承不受代数的限制，如果被继承人的子女、孙子女、外孙子女均先于其死亡时，其曾孙子女、曾外孙子女可以代位继承，这里所说的子女及孙子女、外孙子女均为被代位继承人。在我国作为被代位继承人的被继承人子女不仅包括婚生子女，而且还包括非婚生子女、养子女和形成事实扶养关系的继子女。

被代位继承人的范围直接决定着代位继承人的范围。代位继承的基础是按支继承，即按子女划分为若干支，每一子女及其后裔为一支。遗产在亲系中是按支继承，每一支中又实行亲等近者优先继承的原则，如某一亲等近者先于被继承人死亡、丧失继承权或放弃继承权，则由其晚辈直系卑血亲代位继承。凡本支存在后裔，继承的份额便不得由他支继承，因此被代位继承人仅限于被继承人的血亲继承人是各国立法的通例，配偶之间不应发生代位继承。但各国所规定的被代位继承人的范围又各有不同，大体可分为四种：（1）被代位继承人仅限于被继承人的子女及其直系卑亲属，如我国。（2）被代位继承人仅限于被继承人的直系卑亲属和兄弟姐妹及其卑亲属。如《法国民法典》第740条皍第742条规定，直系卑血亲均得代位继承，并无代数限制。被继承人的兄弟姐妹均已死亡时，准许代位继承。（3）被代位继承人包括直系卑亲属、父母及其直系卑亲属、祖父母及其直系卑亲属。如《瑞士民法典》规定，死者的直系卑亲属为其第一顺序继承人。子女按人平均继承。子女先亡，则由其直系卑亲属代位继承，各亲等直系卑亲属按房继承。死者没有直系卑亲属时，遗产由其父母继承。父母按人平均继承。父亲或母亲先亡，则由其直系卑亲属代位继承，各亲等直系卑亲属按房继承。父亲或母亲一方无直系卑亲属，全部遗产归另一方继承人继承。死者既没有直系卑亲属，也没有父母和父母的直系卑亲属时，继承权归属其祖父母和外祖父母。如祖父母、外祖父母同在，遗产双方各半，并按人平均继承。祖父母、外祖父母先亡，则由其直系卑亲属代位继承，各亲等直系卑亲属按房继承。（4）被代位继承人包括直系卑亲属、兄弟姐妹及其直系卑亲属、祖父母及其直系卑亲属。如美国《统一继承法典》第2—103条规定，对于不属于配偶继承的那部分遗产，如果被继承人没有生存的直系卑亲属和父母，则该部分遗产由被继承人的兄弟姐妹和享有代位继承权已亡兄弟姐妹的子女共同继承。这种立法体例与前者的区别是，兄弟姐妹没有被列入父母，及其直系卑亲属的亲系中去，父母和兄弟姐妹形成相互独立的两个继承顺序，父母的继承顺序在先，如父母中一方先于被继承人死亡，其应继份就由生存的一方全部继承，不发生代位继承，即兄弟姐妹不继承。只有在父母均已死亡时，才由兄弟姐妹及其直系卑亲属继承。

(三)代位继承人只限于被代位继承人的直系卑亲属

代位继承人必须是被继承人的子女的晚辈直系血亲，即孙子女、外孙子女、曾孙子女、外曾孙子女等，被代位继承人的旁系血亲或长辈直系血亲无代位继承权。代位继承不受代数的限制，但以亲等近者优先，不能同时继承。最高人民法院在《关于贯彻执行〈中华人民共和国继承法〉若干问题的意见》第25条规定：被继承人的孙子女、外孙子女、曾孙子女、外曾孙子女都可以代位继承，代位继承人不受辈数的限制。依据上述《意见》第26条的规定，我国代位继承人的范围包括：被继承人的养子女，已形成扶养关系的继子女的生子女可代位继承；被继承人亲生子女的养子女可代位继承；被继承人养子女的养子女可代位继承；与被继承人已形成扶养关系的继子女的养子女也可以代位继承。

对于被代位继承人的养子女是否享有代位继承权，各国的规定不一，除一些国家承认养子女对养父母的父母也视为拟制血亲，可代位继承外，大多国家的继承理论都认为，收养的效力不及于收养合同以外的其他人，所以养子女不能代养父母继承养父母的尊亲属，或其他血亲的遗产。即养子女与养祖父母间没有拟制的血亲关系，因而不发生代位继承，如《法国民法典》在规定代位继承的条件时要求，代位继承人必须是被代位继承人的嫡出直系血亲卑亲属。也有一些国家法律规定，能够作为代位继承人的，不仅限于被代位继承人的晚辈直系血亲，还包括被代位继承人的晚辈旁系血亲，如《法国民法典》第742条规定：旁系中，死者的兄弟姐妹的子女与直系卑血亲，亦允许代位继承，不论这些人是否与叔、伯、姑、舅、姨共同继承，还是被继承人的兄弟姐妹均已死亡，而遗产转归于这些人的亲等相同或不同的直系卑血亲之情形，代位继承均属于允许之列。在各国的法律中，除按规定收养外，都没有继父母子女为拟制血亲的规定，因此，被继承人的继孙子女、外继孙子女不享有代位继承权。

(四) 被代位继承人必须有法定的继承权

被代位继承人必须具有法定的继承权，如被代位继承人基于法定的事由丧失了继承权，则其直系卑亲属也丧失代位继承权。最高人民法院《关于贯彻执行〈中华人民共和国继承法〉若干问题的意见》第28条规定：继承人丧失继承权的，其晚辈直系血亲不得代位继承。如该代位继承人缺乏劳动能力又没有生活来源，或对被继承人尽赡养义务较多的，可适当分给遗产。

案例分析3—10

[案情] 何某有三个儿子，都已结婚生子。何某长期以来一直与在外地工作的长子何光不和，两人见面就吵。1998年，何某病重，两个弟弟请何光快点回来见父亲一面，何光以工作忙为由进行推托，并专门打电话请两个弟弟照顾父亲，表示如果父亲去世，父亲的遗产他将不继承。谁知几天后，何光因意外死亡，留有一个3岁的儿子。不久何某也因病医治无效去世。何光的妻子找到何光的两个弟弟，请求他们为何光的孩子留一些何某的遗产，但他们不同意，认为何光在生前已明确表示了放弃继承的意思，他的孩子就不能代位继承了。何光的妻子起诉到人民法院要求其子女代位继承何某的遗产。

[分析] 依据最高人民法院《关于贯彻执行〈中华人民共和国继承法〉若干问题的意见》第49条规定：继承人放弃继承的意思表示，应当在继承开始后、遗产分割前作出。本案中的何光在父亲去世前所作的放弃继承的意思表示，因继承尚未开始，因此不具有法律效力。何光的子女有权代位取得何某的遗产。

对于被代位继承人丧失或放弃继承权，代位继承人能否继承被继承人遗产，大多国家持肯定的态度，且以被代位继承人死亡、丧失或放弃继承权作为代位继承发生的条件。如《法国民法典》第744条规定：遗产已为继承人放弃时，他人得代表被继承人。

（五）代位继承只适用于法定继承

代位继承只适用于法定继承，不适用于遗嘱继承。代位继承是法定继承中的一种继承方式，法律对代位继承的发生原因、代位继承人的范围及其应继份等均有直接的规定。由于遗嘱是以遗嘱人死亡作为生效要件的，因此，如果享有遗嘱继承权的人先于被继承人死亡，遗嘱即丧失法律效力，因此在遗嘱继承和遗赠中不发生代位继承。

但是，在有些国家，代位继承同样适用于遗嘱继承和遗赠。如《德国民法典》第2069条规定：如果被继承人指定给其晚辈直系血亲中的一人以馈赠，而后者在立遗嘱之后继承资格消失，倘有疑义，推定该人之晚辈直系血亲按他们在法定继承顺序中取代该人所应得者获得馈赠。

三、代位继承人的应继份

代位继承人是代替被代位继承人继承遗产，因此，其取得的遗产份额应是被代位继承人有权继承的份额。对此我国《继承法》在第11条中作了明确的规定：

代位继承人一般只能继承他的父亲或者母亲有权继承的遗产份额。代位继承作为本位继承的补充，是代位继承人按照被代位继承人的继承顺序参加继承，因此，只能取得被代位继承人有权继承的遗产份额。如果有两个以上的代位继承人，则他们也只能共同分割被代位继承人的应继份，不能与其他处于被代位继承人同一顺序的法定继承人一起平均分割遗产。但最高人民法院在《关于贯彻执行〈中华人民共和国继承法〉若干问题的意见》第27条中规定：代位继承人缺乏劳动能力又没有生活来源，或者对被继承人尽过主要赡养义务的，分配遗产时可以多分。

代位继承人只能继承被代位继承人的应继份，是各国继承立法的通例，无论按房继承或按股继承，其继承的份额均是被代位继承人有权继承的份额。如《法国民法典》第743条规定：在允许代位继承的所有情况下，遗产按房数分配，如同一房亲属有数个分支，遗产在每一分支仍按房数分配；同一分支的成员之间按人头分配遗产。但如果被继承人的处于同一亲等的血亲继承人全部先于被继承人死亡，他们的直系卑亲属的继承份额的分配，有两种不同的立法体例，即按房(股)均分或按人均分。按房(股)继承的国家即使被代位继承人全部先于被继承人死亡或放弃、丧失继承权，其直系卑血亲仍须按房(股)继承。如《法国民法典》第740条规定：不论被继承人的现有子女与先于被继承人去世的子女留下的直系卑血亲是否具有相同的权利，也不论被继承人的所有子女先于该人去世，而这些子女留下的直系卑血亲亲等是否相同，任何情况下，代位继承均得允许之。有些国家实行按人平均分配，如《美国统一继承法典》第2—103条规定，被继承人的直系卑亲属如属同一亲等，可以平等地继承遗产，如亲等不同，较远亲等的继承人可以通过代位继承取得遗产。被继承人的兄弟姐妹均已死亡的情形下，如果他们的直系卑亲属亲等相同，则平等地继承，如果亲等不同，较远亲等的继承人可以通过代位继承取得遗产。祖父母作为被代位时亦同。即当被继承人的子女全部先于被继承人死亡，且应召继承的被继承人的直系卑亲属在同一亲等时，则在各代位继承人间平均分割遗产，即所谓的按血缘分配。

第四节 转继承

一、转继承的概念和特征

(一) 转继承的概念

转继承，又称转归继承或再继承，是指继承人或受遗赠人在继承开始后、遗产分割前死亡，其所应继承的遗产份额，或接受遗赠的权利转由其继承人承受的一项继承制度。本应继承遗产，但在遗产分割前死亡的继承人称为被转继承人，实际接受遗产的人称为转继承人。

转继承在我国继承法中没有作明确的规定，但最高人民法院在《关于贯彻执行〈中华人民共和国继承法〉若干问题的意见》第52条中规定：继承开始后，继承人没有表示放弃继承，并于遗产分割前死亡的，其继承遗产的权利转移给他的合法继承人。该《意见》第53条又规定：继承开始后，受遗赠人表示接受遗赠，并于遗产分割前死亡的，其接受遗赠的权利移转给他的继承人。上述司法解释是我国承认和保护转继承的法律依据。

案例分析3—11

[案情] 石某去世时，房产由他的大女儿石玉、小女儿石英和儿子石威各继承了4间。但石英继承的房产在“文化大革命”期间被国家没收。1976年石英去世。1980年石玉去世。1983年，国家落实政策时，将“文化大革命”期间没收石英的4间房子退还房主。石威以自己是石英的弟弟为由要求继承。但石玉的儿子王庆也提出要求继承遗产。石威认为，王庆是石英的外甥，属旁系血亲，不能代位继承。双方发生争执并起诉到人民法院。

[分析] 依据继承法的规定，继承从被继承人死亡时开始。本案中石英死亡后，其遗产应由石玉和石威继承，石玉去世时，其个人所有的遗产和因继承取得的遗产，应由石玉的法定继承人王庆继承。因此，本案石英的4间房应由石威和王庆各继承2间。

特别提示

与一般意义上的继承不同的是，转继承存在两个继承过程，一是在继承开始后，被转继承人虽未实际取得遗产，但已取得继承遗产的权利。二是在遗产分割时，被转继承人继承遗产的权利，转移给他的合法继承人。由此可以看出，转继承的发生应当具备以下两个条件：第一，继承人必须是在继承开始后、遗产分割前死亡。在继承开始前已死亡，或在遗产分割后死亡的均不发生转继承。第二，继承人必须没有放弃或丧失继承权。继承开始后，继承人已放弃或丧失继承权的，继承人的继承不再享有承受其遗产的权利。

转继承在各国的继承立法上均有明确的规定，如《法国民法典》第781条规定：如应当继承遗产的人死亡，死前并未明示或默示放弃或接受遗产，该人的继承人得以其名义接受或放弃之。再如《瑞士民法典》第452条规定，继承开始后，死亡的继承人的权利转归其继承人。

（二）转继承的法律特征

1. 转继承是继承开始后因继承人死亡而发生的继承制度。

2. 转继承是继承人在实际取得遗产前死亡而发生的继承制度。

3. 转继承人只能承受被转继承人有权继承的遗产份额。

二、转继承与代位继承的区别

转继承与代位继承是法定继承制度中的两种继承方式，两者都存在两次死亡的事实，被继承人的遗产都是由继承人的继承人取得，但作为继承遗产权利转移的方式，两者间存在着很大的差异，主要体现在以下几个方面。

1. 继承人死亡的时间不同。转继承是在继承人后于被继承人死亡的情况下发生的，而代位继承是在被继承人的子女先于被继承人死亡的情况下发生的。

2. 发生的条件不同。引起转继承发生的条件是被继承人的继承人死亡。而引起代位继承发生的条件是被继承人的子女死亡。

3. 继承的主体不同。接受转继承遗产的人是被转继承人的继承人。而代位继承的代位继承人仅限于被代位继承人的直系卑亲属。

4. 继承的性质不同。转继承是继承开始后、遗产分割前死亡的继承人所享有的继承遗产应继份额的权利，转移给他的继承人继承，转继承是两个直接继承的连续，即先由继承人直接继承被继承人遗产的应继份，再由已死亡的继承人的继承人实际取得被继承人的遗产，转继承具有连续继承的性质；而代位继承是代位继承人代替被代位继承人的地位和顺序，一次性地间接继承被继承人的遗产，具有替补继承的性质。

5. 适用的范围不同。转继承和代位继承，均属于法定继承，但转继承不仅适用法定继承，也适用遗嘱继承。但法定继承人、遗嘱继承人放弃、丧失继承权的，不发生转继承。而代位继承则仅适用于法定继承，不适用遗嘱继承。

第五节 法定继承的遗产分配原则

一、法定继承的遗产分配原则

继承开始后，遗产转归继承人，继承按法定的继承顺序进行，在同一继承顺序中，如果只有一个继承人，遗产由其全部继承，不发生确定继承份额、进行遗产分配的问题。如果在同一继承顺序上有两个或两个以上的继承人，就应当依据一定的遗产分配原则确定其各自的继承份额。《继承法》第 13 条规定：同一顺序继承人继承遗产的份额，一般应当均等。对生活有特殊困难的缺乏劳动能力的继承人，分配遗产时，应当予以照顾。对被继承人尽了主要扶养义务或者与被继承人共同生活的继承人，分配遗产时，可以多分。有扶养能力和有扶养条件的继承人，不尽扶养义务的，分配遗产时，应当不分或者少分。继承人协商同意的，也可以不均等。

法定继承的遗产分配原则，是指在依照法定的继承方式继承遗产时，应当遵循的遗产分配原则。根据我国继承法的有关规定，我国法定继承的遗产分配原则如下。

（一）互谅互让、团结和睦的原则

《继承法》第 15 条规定：继承人应当本着互谅互让、和睦团结的精神，协商处理继承问题。遗产分割的时间、办法和份额，由继承人协商确定。协商不成的，可以由人民调解委员会调解或者向人民法院提起诉讼。互谅互让、团结和睦是继承法的基本原则，也是在法定继承人进行遗产分配时首要的和最基本的原则精神，这一原则充分体现了中华民族优良的继承传统和当前的实际国情，有利于促进家庭成员间的和睦团结、家庭关系的稳定及其经济上的相互扶助。

（二）一般情况下均等的原则

《继承法》第 13 条规定：同一顺序继承人继承遗产的份额，一般应当均等。这一原则是指，在没有法律特别规定的情形下，同一顺序的法定继承人应平均分配遗产。适用这一原则必须具备三个条件：一是继承人必须处于同一继承顺序；二是继承人必须位于应召继承的继承顺序上；三是各继承人的相关条件大致相同，包括劳动能力、对被继承人所尽的扶助义务等等。我国继承法实行的均等原则，与世界各国普遍实行的血亲继承人绝对平均的分配原则，以及对配偶实行特别照顾的原则存在着很大的区别。

首先，我国继承法规定的均等原则是有条件的相对均等，随特定条件转移，如出现法律规定的情形，遗产则不平均分割。而国外绝对平均的分配原则，是无条件的平均分割，除被剥夺了继承权外，继承人的应继份不受其他条件和因素的影响。如《德国民法典》第1924条、第1925条规定，第一顺序法定继承人为被继承人的晚辈直系血亲，子女等额继承；第二顺序的法定继承人是被继承人的父母及其晚辈直系血亲，如果继承开始时父母仍生存，由父母单独和等额继承。

其次，我国继承法规定的同一顺序的继承人均等，是包括了在同一顺序上的所有继承人都平均分割遗产，如第一顺序有配偶、父母、子女时，应继份一律按人均等。这与大多数国家按亲系继承的原则不同，绝对均等只是在父母之间、子女之间、亲兄弟姐妹之间按人平均分割。当父母成为继承人时，分父系及母系各半继承，父系或母系的应继份不流入对方，如父或母已死亡，由死亡的父或母的直系血亲卑亲属代位继承，只有在一方没有直系血亲卑亲属的情况下，才能转移给他方或他方的直系血亲卑亲属继承。如《德国民法典》第1925条规定：第二顺序法定继承人是被继承人的父母及其晚辈直系血亲。如果继承开始时父母仍生存，由父母单独和等额继承。如果继承开始时父亲或母亲已经去世，死者由其晚辈直系血亲依照关于第一顺序继承的规定取代。若无晚辈直系血亲，由仍生存的父母一方单独继承。

与我国不同的是，各国在对应继份实行绝对均等的同时，对配偶的继承权给予了特别的照顾，即使是在同一继承顺序上，配偶的应继份与血亲的应继份也不相同。如《日本民法典》第900条规定，同顺位的继承人有数人时，依下列规定确定其应继份：(1) 子女及配偶为继承人时，子女的应继份及配偶的应继份各为1/2；(2) 配偶及直系尊亲属为继承人时，配偶的应继份为2/3，直系尊亲属的应继份为1/3；(3) 配偶及兄弟姐妹为继承人时，配偶的应继份为3/4，兄弟姐妹的应继份为1/4；(4) 子女、直系尊亲属或兄弟姐妹有数人时，其各自的应继份相等。配偶是共同生活的伴侣，继承地位应高于其他继承人，绝大多数的国家都将配偶的继承权置于优先地位，其应继份额一般不少于全部遗产的1/2。但也有少数国家将配偶的继承顺序置后，再通过配偶对遗产享有用益物权的制度来弥补其应继份的不足。

最后，我国继承法规定的均等原则，是指同一继承顺序上的自然血亲与拟制血亲继承人的应继份一律均等，确立了非婚生子女与婚生子女应继份的均等、养子女与生子女应继份的均等、形成扶养教育关系的继子女与生子女应继份的均等，确立了亲兄弟姐妹、养兄弟姐妹、形成扶养教育关系的继兄弟姐妹应继份均等的继承制度。当今世界上绝大多数国家都修改了过去相关的法律，将非婚生子女的法律地位提高到了与婚生子女相同的水平，使非婚生子女与婚生子女拥有同等的继承权。但也有少数国家的立法对非婚生子女的继承权存在一定的限制，如《法国民法典》第756条规定：非婚生亲子关系，仅在其依法确立时，始产生继承权利。《日本民法典》第900条规定：非婚生子女的应继份为婚生子女应继份的1/2。从立法趋势来看,各国都承认养子女与生子女享有同等的继承权。但形成扶养教育关系的继子女与生子女享有同等的继承权是我国继承法所作的特别规定，为各国所没有。我国全血缘和半血缘兄弟姐妹间的继承权没有任何区别，而其他大多数国家在规定兄弟姐妹间的继承权时，全血缘的兄弟姐妹往往优先于半血缘的兄弟姐妹继承遗产，或在应继份上进行区别。如《日本民法典》第900条规定：同父异母或同母异父的兄弟姐妹的应继份为同父同母的兄弟姐妹应继份的1/2。

（三）特殊情况下的不均等原则

我国继承法在规定相对均等原则的同时，从保护和照顾生活有特殊困难的继承人出发，并依据公平的原则，允许法定继承人依据一定的情形，取得不等额的遗产。

1. 对生活有特殊困难的缺乏劳动能力的继承人，分配遗产时，应当予以照顾。所谓"**生活有特殊困难**"，是指继承人没有独立的生活来源，或经济收入难以维持其基本生活的。所谓"**缺乏劳动能力**"，是指继承人尚不具备或已丧失了劳动能力。法律强调的是继承人要有特殊困难而非一般困难，缺乏劳动能力并非是指劳动能力不强，如果在遗产分配时继承人生活虽有特殊困难但有劳动能力，或虽缺乏劳动能力但生活上没有特殊困难的，均不能予以照顾，只有继承人同时具备了这两个条件的，才能在遗产分配时给予照顾，其分配的遗产份额应多于其他继承人。这里法律所体现的是法定继承制度的基本功能，即对家庭成员的扶养功能，保障生活有特殊困难，又缺乏劳动能力继承人的基本生活需要。

2. 对被继承人尽了主要扶养义务，或者与被继承人共同生活的继承人，分配遗产时，可以多分。法律规定可以多分的理由是，对被继承人尽了主要扶养义务，也即向被继承人提供了主要经济来源，或在生活上给予了主要的扶助；与被继承人共同生活，也是依据其与被继承人在物质，或情感的联系会比其他继承人更为密切，因而，为了弘扬中华民族的继承传统和鼓励积极履行家庭成员间的扶养义务，法律特别规定可以在分割遗产时予以照顾。需要指出的是，法律在此规定的是"可以"多分，并非在任何情况下都必须多分，如果在同一顺序的继承人中存在有生活特殊困难，而且缺乏劳动能力的继承人，应当首先对这些继承人在继承份额上予以照顾。

3. 有扶养能力和有扶养条件的继承人，不尽扶养义务的，分配遗产时，应当不分或者少分。继承人与被继承人间存在着法律上的权利和义务关系，法律要求继承人对被继承人应尽扶养义务，而继承人不予履行的，除构成遗弃丧失继承权的外，在遗产分配时，应当不分或少分。在适用本条规定时，法律要求必须同时符合以下两个条件：一是被继承人需要扶养；二是继承人有扶养条件和扶养能力。如果被继承人不需要扶养的，或者继承人没有扶养条件的，又或者继承人没有扶养能力的，均不应以尽义务的多少来确定遗产的继承份额。最高人民法院在《关于贯彻执行〈中华人民共和国继承法〉若干问题的意见》第 33 条和第 34 条中规定：继承人有扶养能力和扶养条件，愿意尽扶养义务，但被继承人因有固定收入和劳动能力，明确表示不要求其扶养的，分配遗产时，一般不应因此而影响其继承份额。有扶养能力和扶养条件的继承人虽然与被继承人共同生活，但对需要扶养的被继承人不尽扶养义务，分配遗产时，可以少分或者不分。

4. 经继承人协商同意的，也可以不均等。继承权是公民个人的财产权，可以依法享有也可以依法放弃。各法定继承人间一般都存在着一定的亲属关系，互助互让有利于促进家庭关系的和睦，这是法律所提倡的，但法律要求不均等分配遗产，必须是建立在全体继承人共同的意思表示，且协商一致同意的基础上的，任何人不得对他人进行欺诈和胁迫。

二、法定继承人之外的遗产取得人

在法定继承中，除法定继承人依法取得遗产外，法律规定具备法定条件的其他人也有权取得一定的遗产。《继承法》第 14 条规定：对继承人以外的依靠被继承人扶养的缺乏劳动能力又没有生活来源的人，或者继承人以外的对被继承人扶养较多的人，可以分给他们适当的遗产。

（一）酌情分得遗产的主体

酌情分得遗产的主体，可以是法定继承人以外的人，也可以是不在法定应召继承顺序上的人。如第二顺序的法定继承人在有第一顺序法定继承人的情况下，由于其具备了法定的条件，则也可以分得适当的遗产，法律在此应作扩大解释。法律赋予他们酌情分得遗产的权利，并非是基于法定的继承权，而是基于其本身的经济状况和对被继承人经济生活的依赖程度所作的特别规定。

1. 继承人以外的依靠被继承人扶养的缺乏劳动能力又无生活来源的人。这里，法律要求必须同时具备以下三个条件：第一，缺乏劳动能力，主要是指老幼病残；第二，无生活来源，主要是指无独立的经济收入或经济收入不能满足基本的生活需要的；第三，在被继承人生前依靠被继承人扶养，主要是指依靠被继承人经济上的供养和生活上的扶助。确定以上三个条件应以被继承人死亡时为准，但如被继承人死亡后，已有稳定的经济生活来源的，或已有劳动能力的，则不能再请求酌情分得遗产。

2. 继承人以外的对被继承人扶养较多的人。这里所说的"扶养较多"，是指对被继承人进行了较多的经济上的供养，或生活上的扶助，包括数量较多及时间较长，如仅给予过被继承人临时，或偶尔的经济帮助，不能视为扶养较多。

案例分析3—12

[案情] 1954 年，李某夫妇结婚，婚后无子女，晚年一直由李的侄子李立供养和照顾他们的饮食起居。1999 年 1 月，李某夫妇因车祸身亡，留有房屋两间。李某夫妇死后，李的单位认为，李某夫妇无子女，也无第二顺序的继承人，故向人民法院申报李某的两间房屋为无主财产。在公告期内，李立向法院提出申请，要求酌情分得遗产。

[分析] 本案中的李立虽然不是法定的继承人，但其确在两个被继承人生前尽了较多的扶养义务，符合《继承法》第 14 条的规定，因此应当取得被继承人所遗留的一间房屋。被继承人所遗留的另一间房屋，如果在公告期内仍无其他权利人主张权利，则由人民法院依法判决该房为无主财产，收归国家所有。

（二）酌情分得遗产的法律特征

1. 酌情分得遗产仅适用于法定继承，不适用于遗嘱继承。如被继承人留有遗嘱，继承则应按遗嘱指定的遗产分配方法由继承人或受遗赠人继承遗产，其他人不得继承。

2. 酌情分得遗产的人只能是继承人以外的，或是在应召继承人以外的人，凡在应召继承顺序上的法定继承人，应依继承法的规定取得遗产的应继份，不再享有适当分得遗产的权利。

3. 酌情分得遗产的份额，应根据具体情况而定，不适用《继承法》第 13 条对法定继承人遗产分配的规定。一般而言，对于缺乏劳动能力又没有生活来源的人，应以被继承人生前扶养的情况而定，以满足其基本的生活需要为限；对于对被继承人扶养较多的人，应以其对被继承人扶养的情况而定，其继承份额既可少于、也可多于或等于法定继承人的继承份额。对此，最高人民法院在《关于贯彻执行〈中华人民共和国继承法〉若干问题的意见》第 31 条中作了明确的规定：依继承法第十四条规定可以分给适当遗产的人，分给他们遗产时，按具体情况可多于或少于继承人。

（三）酌情分得遗产的法律保护

可酌情分得遗产的人分得适当的遗产，是一项独立的权利并受法律保护。最高人民法院在《关于贯彻执行〈中华人民共和国继承法〉若干问题的意见》第32条中规定：依继承法第十四条规定可以分给适当遗产的人，在其依法取得被继承人遗产的权利受到侵犯时，本人有权以独立的诉讼主体的资格向人民法院提起诉讼。但在遗产分割时，明知而未提出请求的，一般不予受理；不知而未提出请求，在二年以内起诉的，应予受理。由此可见，依法分得适当遗产的人具有独立的诉讼地位，可以单独主张实体权利，同时法律也指出，其诉讼请求权受时效的限制

本章小结

本章主要介绍的是法定继承、代位继承和转继承制度。

法定继承，是指由法律直接规定继承人的范围、继承顺序，以及遗产分配原则的一种继承方式。严格建立在人身关系基础上，由法律直接规定、具有强制性，其适用受遗嘱继承的限制是三个法定继承的特征。

法定继承人的范围，是指在适用法定的继承方式时，法律规定了哪些人可以作为继承人继承被继承人的遗产。法定继承人的顺序，又称继承顺序，是指法律规定的法定继承人继承遗产的先后次序。法律规定，在有前一顺序继承人时，后一顺序的继承人不能继承，只有在没有前一顺序继承人，或前一顺序继承人全部放弃，或丧失继承权时，后一顺序的继承人始得继承遗产。《继承法》第 10 条规定了遗产的继承顺序。

代位继承，又称间接继承，是指被继承人的子女先于被继承人死亡时，由被继承人子女的晚辈直系血亲代位继承被继承人遗产的一项法定的继承制度。代位继承仅限于血亲继承。根据继承法律的规定及相关的司法解释，我国的代位继承必须具备六个条件。

转继承，是指继承人或受遗赠人在继承开始后、遗产分割前死亡，其所应继承的遗产份额，或接受遗赠的权利转由其继承人承受的一项制度。转继承与代位

继承是法定继承制度中的两种继承方式，两者既有共同点，又存在差异。

根据我国继承法的有关规定，法定继承人的遗产分配应遵循互谅互让、团结和睦，一般情况下均等，特殊情况下不均等三个原则。在法定继承中，除法定继承人依法取得遗产外，法律规定具备法定条件的其他人也有权取得一定的遗产。

思考题

1. 简述法定继承的概念。
2. 简述法定继承的基本特征。
3. 简述法定继承的适用。
4. 简述法定继承的继承顺序和特点。
5. 简述代位继承的概念和法律特征。
6. 简述代位继承适用的条件。
7. 简述转继承的概念和法律特征。
8. 简述酌情分得遗产的法律特征。
9. 试述转继承和代位继承的区别。
10. 试述法定继承中的遗产分配原则。
11. 试述法定继承人之外的遗产取得人应具备哪些条件。

第四章 遗嘱继承

学习目标

- 主要了解遗嘱继承的概念、特征及其法律适用。
- 重点掌握遗嘱的形式和内容，以及遗嘱的变更、撤销和执行。
- 理解掌握有关共同遗嘱、后位继承和补充继承中的相关问题。

第一节 遗嘱继承概述

一、遗嘱的概念和法律特征

遗嘱有广义和狭义之分，**广义上的遗嘱**涵盖死者生前对其死后一切事务所作的预先处置和安排，包括政治、身份、财产、情感、道德等方面的内容。而专指**狭义上的遗嘱，法律意义上的遗嘱**，是指公民生前按照法律的规定处分自己的财产和财产权利，并在死后发生法律效力的单方的民事行为。遗嘱，具有以下法律特征。

1. 遗嘱是遗嘱人以其死后发生法律效力为目的的法律行为。遗嘱是被继承人生前所为的法律行为，但在其死后才发生法律效力。遗嘱是公民生前以遗嘱方式对其财产所作的预先处分，但遗嘱在遗嘱人生前并不发生法律效力，遗嘱继承人不能在遗嘱人生存时要求按照遗嘱继承遗产。在民事法律体系中，遗嘱归属于法律事实，是一种符合民事法律规范的，能够引起民事主体的民事权利义务关系产生、变更和消灭的客观现象。但遗嘱这一法律事实并不能独立产生法律效力，其必须与遗嘱人死亡这一法律事实相结合，形成一个完整的法律事实，才能使遗嘱产生相应的法律后果。没有遗嘱人死亡的法律事实的出现，遗嘱则不具有法律意义。

2. 遗嘱人必须具有遗嘱能力。**遗嘱人的民事行为能力**，即遗嘱能力，是指公民具有设立遗嘱的能力和资格。《继承法》第 22 条规定：无行为能力人或者限制行为能力人所设立的遗嘱无效。依此规定，只有完全民事行为能力人才有遗嘱能力，其所立遗嘱才具有法律效力。除此之外，无民事行为能力人、限制行为能力人都不具有遗嘱能力，所立的遗嘱都不具有法律效力。这里要特别强调的是，公民设立遗嘱的行为不得由他人代理，无行为能力人、限制行为能力人的法定代理人可以代理其进行其他的民事活动，但无权代理其订立遗嘱。

3. 遗嘱必须是遗嘱人真实的意思表示。所谓**真实意思表示**，是指遗嘱人所立的遗嘱必须由遗嘱人亲自完成。这是因为遗嘱是遗嘱人对自己财产所作的处分，具有严格的人身专属性，只能由遗嘱人独立地作出意思表示，他人不得代为表示，即遗嘱不适用民法上有关民事代理的规定。由代理人代理的遗嘱不具有法律效力。《继承法》第 22 条规定：遗嘱必须表示遗嘱人的真实意思，受胁迫、欺骗所立的遗嘱无效。伪造的遗嘱无效。遗嘱被篡改的，篡改的内容无效。

4. 遗嘱是单方的法律行为。所谓**单方的法律行为**，是指基于一方当事人的意思表示即可成立的民事法律行为。遗嘱是典型的单方法律行为，遗嘱人无须征求遗嘱继承人、受遗赠人的意见，完全可以凭借自己的意志，用遗嘱的方式处分遗产。因此，遗嘱生效前，遗嘱人可以随时以自己的意愿变更或撤销遗嘱。至于遗嘱继承人或受遗赠人是否接受遗产，并不影响遗嘱的成立和效力。

5. 遗嘱是要式的法律行为。**要式法律行为**，是指只有符合法律规定的法定形式， 才具有法律效力。所谓遗嘱是要式的法律行为，是指合法有效的遗嘱必须符合法律规定的形式，即缺少形式要件的遗嘱，不发生遗嘱人预期的法律后果。由于遗嘱事关继承人的继承权，因此法律对遗嘱规定了严格的形式要件，只有符合这些形式要件，遗嘱才具有法律效力，才能受到法律的保护。

二、遗嘱继承的概念和法律特征

（一）遗嘱继承的概念

遗嘱继承，是指继承人依照被继承人的遗嘱继承被继承人遗产的一种继承方式。遗嘱继承是继承制度中的重要组成部分，是与法定继承相对应的一种继承方式。《继承法》第 16 条规定：公民可以立遗嘱将个人财产指定由法定继承人的一人或者数人继承。公民可以立遗嘱将个人财产赠给国家、集体或者法定继承人以外的人。公民依照自己的意愿立遗嘱处分其个人财产，不仅体现了国家对公民个人合法财产所有权的充分保护，而且也有利于家庭职能的实现。

在遗嘱继承中，立有遗嘱的被继承人称为**遗嘱人**，享有继承权并依照遗嘱取得遗产的人称为**遗嘱继承人**。有关遗嘱继承人的范围，世界各国主要有三种立法例：一是遗嘱继承人只能是自然人，国家、社会组织或社会团体不能成为遗嘱继承人，而自然人既可以是法定继承人，也可以是法定继承人之外的人；二是遗嘱继承人不受任何的限制，既可以是自然人，也可以是国家、社会组织或社会团体；三是遗嘱继承人只能是法定继承人范围之内的人，法定继承人之外的人为受遗赠人。我国采取的是第三种立法例。

（二）遗嘱继承和法定继承的联系与区别

1. 遗嘱继承与法定继承的相同点。

（1）遗嘱继承人和法定继承人，都是在被继承人死亡后才能取得继承被继承人遗产的既得权利。

（2）遗嘱继承人和法定继承人的主体范围是相同的，即遗嘱继承人是遗嘱人在法定继承人范围指定的继承人。

2. 遗嘱继承与法定继承的不同点。

(1) 两者的效力不同，遗嘱继承的效力高于法定继承。在继承开始后，有遗嘱的，应先按照遗嘱继承处理。

(2) 继承的顺序不同，在法定继承中，法律规定顺序在先的继承人先继承，有前一顺序继承人时，后一顺序的继承人不继承。在遗嘱继承中，虽然遗嘱继承人都是法定继承人范围之内的人，却不受顺序的限制，按照遗嘱的指定，继承遗产的可以是第一顺序的继承人，也可以是第二顺序的继承人。

(3) 继承份额确定的方式不同。法定继承人的继承份额，是由法律直接规定的。但遗嘱继承人的继承份额，完全由遗嘱人决定，遗嘱人对遗嘱继承人继承的遗产范围、数量等都在遗嘱中作明确的指定。

(三) 遗嘱继承的法律特征

1. 遗嘱继承是依据遗嘱指定的继承，因此，遗嘱继承是以被继承人生前留有合法有效的遗嘱为成立条件的。

2. 遗嘱继承是在法定继承人范围内指定继承人的继承。

3. 遗嘱继承体现的是被继承人的意志。遗嘱继承是被继承人按照自己的意志，依法用遗嘱的方式指定遗产的继承人及其继承份额。遗嘱继承直接体现被继承人的意志，充分尊重被继承人行使财产权的意愿。

4. 遗嘱继承的效力优先于法定继承。继承开始后，被继承人留有遗嘱的，应先按照遗嘱进行继承，不受法定继承的范围、顺序和遗产分配原则的限制。遗嘱继承的法律效力高于法定继承。

■ 三、遗嘱继承的适用

1. 被继承人立有合法有效的遗嘱。被继承人生前没有立遗嘱的，或者虽然立有遗嘱，但经人民法院确认该遗嘱无效的，不能实行遗嘱继承。

2. 遗嘱继承人未放弃或丧失继承权。无论是法定继承人，还是遗嘱继承人都必须具有继承的资格，遗嘱继承人因具有丧失继承权的法定事由，或是遗嘱继承人明确表示放弃继承权的，则不发生遗嘱继承。被继承人在遗嘱中指定的、由丧失或放弃继承权的继承人继承的遗产，应当依法定继承处理。

3. 遗嘱继承不得妨碍遗赠扶养协议的执行。遗嘱继承的效力高于法定继承，但遗嘱继承的效力不能对抗遗赠扶养协议，如果被继承人所立的遗嘱与其生前所签订的遗赠扶养协议的内容相抵触，必须执行遗赠扶养协议。这是因为遗赠扶养协议是遗赠人与扶养人签订的，由扶养人负担遗赠人生养死葬的义务，并按照协议取得遗赠人遗产的权利的契约。《继承法》第5条规定：继承开始后，按照法定继承办理；有遗嘱的，按照遗嘱继承或者遗赠办理；有遗赠扶养协议的，按照协议办理。由此可见，遗嘱继承的效力高于法定继承，遗赠扶养协议的效力高于遗嘱继承。

特别提示

遗嘱继承人如果先于被继承人死亡的，该遗嘱继承人的子女不能代位取得被继承人在遗嘱中指定的遗产。这是因为，代位继承只适用于法定继承，其目的是为了保护先于被继承人死亡的子女的晚辈直系血亲的合法权益，因此，该制度不适用于遗嘱继承。在遗嘱继承中，能够继承被继承人遗产的人，只能是被继承人指定的人，而先于被继承人死亡的遗嘱继承人的晚辈直系血亲并不是被继承人指定的人，因而他们不能代位继承被继承人的遗产。况且，被继承人所立的遗嘱在被继承人死亡时才发生法律效力，如果遗嘱中指定的继承人先于被继承人死亡，那么，其作为继承人的资格随之丧失，也就无法取得被继承人遗产的继承权，其晚辈直系血亲也无从代位。但是，如果被继承人在死亡前对遗嘱进行修改，将该遗嘱继承人的晚辈直系血亲作为遗嘱继承人，该人将成为遗嘱继承人，但这不是代位继承，而是遗嘱继承人的变更。

当然，如果遗嘱继承人是被继承人的子女并先于被继承人死亡，被继承人在遗嘱指定由其继承的遗产，按照法定继承处理，先于被继承人死亡的子女的晚辈直系血亲仍然可以代位继承被继承人的遗产。

案例分析4—1

[案情] 甲有两个孩子，为了死后子女不必为遗产发生矛盾，甲立有一份遗嘱，将6万元存款平均留给两个孩子，每人3万元。在立遗嘱后，甲的长子因意外身亡，甲为此一病不起，不久也因病去世。对于遗产如何处理，甲的次子认为，既然哥哥已经去世，父亲的遗产就应当由自己全部继承。但甲的长子的子女却认为，爷爷生前所做的遗嘱中，有由他们父亲继承的3万元，他们对这3万元有代位继承的权利。

[分析] 上述的两种主张都是不正确的。首先，代位继承是法定继承制度中的一项规定，其目的是为了保护被继承人的子女的晚辈直系血亲的合

法权益，但只适用于法定继承中。因为，遗嘱继承人是遗嘱人特别指定的人，而遗嘱继承人的继承人不是遗嘱人特别指定的人，所以他们不能继承被继承人的遗产。而且，遗嘱是在遗嘱人死亡时才发生法律效力，遗嘱继承人先于被继承人死亡的，遗嘱人指定的由其继承的部分丧失法律效力。在本案中，遗嘱继承人甲的长子在继承开始前已经死亡，其死亡时遗嘱并没有发生法律效力，所以，遗嘱人指定的由其继承遗产的意思表示已不具有法律效力，是不能由其子女代位取得的。本案中甲的长子的子女不能代位继承甲的3万元遗产。其次，甲的次子认为遗产应当由他一个人继承的观点也是错误的，因为，甲的遗嘱指定其继承遗产的一半3万元，那么他就只能依照遗嘱继承3万元，另外原本由甲的长子继承的3万元，应当按照法定继承处理，即由甲的次子和甲的长子的子女共同继承。

四、遗嘱自由原则

法定继承和遗嘱继承都是私有制的产物，其中，遗嘱继承因能直接体现财产所有者对遗产处分的愿望，因而是人类早期的主要继承方式之一。遗嘱继承制度源于罗马法，《十二铜表法》第5表明确规定：关于金钱和对于自己财产的保护，均依照遗嘱办理。死者未立遗嘱又无当然继承人，其遗产由最近的亲族继承。由于古罗马法规定的继承是集继承死者的身份、地位和财产于一身的身份继承，遗嘱的效力及于全部遗产，因此，遗嘱继承是罗马人主要的继承方式。罗马法的遗嘱继承方式繁多，包括：议会遗嘱、战事遗嘱、公证遗嘱、御存遗嘱、特别遗嘱等。但古代法的遗嘱继承，是以家庭财产不致分散，而特别指定继承人的一种方式，其中以承袭死者的基业、身份等为主要内容。至公元前200年，遗嘱在罗马已为普通人所使用，按照当时的无遗嘱继承制度的规定，一个公民死亡时，如果没有遗嘱，或者没有有效的遗嘱，他的“未解放”之子可以成为他的继承人，而其解放之子则不能享有继承权，这种把解放之子看做血缘关系之外的人，不仅同家长的自然感情不相符，也与古代社会借以结合在一起的那种天性不一致。特别是如果死者没有直系卑亲属，就由宗亲继承，家族中所有其他支系都被排斥在继承之外。而宗亲又是出于同姓人都来自同一祖先的假定，其结果必然存在这样的危险，即如果这个家长死亡没有子嗣，他的家族就会完全丧失财产权。所以，罗马人长期对无遗嘱死亡怀有特殊的恐惧，把死而无遗嘱作为最恶毒的咒语，把丧失遗嘱特权看做一种比任何灾难更为沉重的天罚。[①] 只有到了近代，

① 参见刘素萍主编：《继承法教程》，248页，北京，中国人民大学出版社，1988。

遗嘱才能真正充分体现被继承人的意愿。

在现代，遗嘱自由已成为各国继承法上的一项基本原则，目的是要充分地保护公民个人财产的所有权，防止被继承人死亡后，家庭成员为争夺遗产而产生纠纷。

（一）遗嘱自由的社会意义

1. 遗嘱自由是对公民个人财产所有权的彻底保护。

2. 遗嘱自由有利于发挥家庭职能的作用。

3. 遗嘱自由有利于预防和减少纠纷。

4. 遗嘱自由有利于社会福利事业的发展。

（二）各国对遗嘱自由的限制

任何制度的存在，都有其消极的一面。遗嘱继承有利于被继承人按自己的意志处分遗产，但有时会因个人的好恶、偏爱、一时感情冲动等滥用遗嘱自由原则而显失公平。世界上对待遗嘱的态度，早期曾有两种不同的主张。一种观点是，强调保护遗嘱人的自由意志，使其享有自由处分财产的绝对权，即绝对的遗嘱自由主义。它的理由是，既然遗嘱人生前可以自由处分自己的财产，那么死后也同样可以处分，法律不应加以干涉，这种主张主要来自英美法系国家。另一种观点是，财产所有人处分财产，应当符合公平原则，因而，遗嘱人处分的遗产只能是遗产的一部分，而不能是全部，否则法律应当予以干涉，即相对的遗嘱自由主义，这种主张主要来自大陆法系国家。

事实上，各国都从来没有过绝对意义上的遗嘱自由，继承制度是建立在家庭制度之上的法律制度，法律在承认所有人处分自己财产的同时，必须考虑家庭的稳定和家庭职能的正常行使，考虑被继承人对家庭其他成员的责任。所以，遗嘱自由自古至今，一直都受家庭制度和伦理道德的限制。尤其到了20世纪，资本主义发展到了垄断阶段，反映在继承问题上，是从个人本位发展到了团体本位，尽量避免财产分配上的过分悬殊。从世界继承的立法趋势上看，由于遗嘱自由的任意性很大，极容易导致社会财富分配的不公平，因此，遗嘱自由在任何国家都受到了一定的限制。即使是主张遗嘱绝对自由的国家，也趋向通过立法手段，直接作出某些限制性的规定，或授予法官更大的权力酌情变更遗嘱。

在英美的普通法上，早期就有寡妇产和鳏夫产制度。所谓**寡妇产**，是指生存的妻子对已亡丈夫的不动产的1/3享有终身用益权。所谓**鳏夫产**，是指丈夫对已亡妻子的全部不动产享有终身用益权。寡妇产和鳏夫产存在于婚姻关系存续期间配偶拥有的一切财产，对于寡妇产和鳏夫产，配偶一方不仅不得用遗嘱处分，甚至在生前不经对方同意也不得处分。近几十年，英国和美国都对遗嘱自由作了更为严格的限制。如英国 1938 年颁布的《家庭供养条例》规定，被继承人对家庭成员负有不可推卸的扶养义务，如果被继承人以遗嘱方式来逃避这一法定义务，有关当事人可以请求法院予以变更，法官可以违背遗嘱人的意愿，判决从遗产收益中，甚至从本金中支付扶养费给生存的配偶、未婚的女儿、未成年的儿子，以及因身体、精神上有疾病不能养活自己的儿女。1958 年的《婚姻诉讼条例》中，此项原则扩展到被继承人生前已离婚的配偶。在美国，生存配偶的继承权是不能完全被剥夺的。

在大陆法系国家，遗嘱自由自古就受到限制。在罗马法上，继承首先是身份的继承，遗产继承最初不是用来进行财产转移的，而是用来转移罗马家庭的最高权力的。因此，罗马人将遗嘱处分视为神圣的权利，遗嘱继承的目的是为了防止家财的分散，维持家族财产的完整，因而家父用遗嘱的方式指定继承人。在当时，遗嘱是用以表示家父权转移的工具。正如梅因指出的那样，原始的遗嘱或遗命是一种手段，或者是一种程序，而家族的转移就是根据了这个规定而进行的。[①]古罗马的遗嘱在于确保家族的利益，用遗嘱将家族的代表权转移给指定的继承人，避免财产从家族中分离出去，遗嘱是一种保护亲权的一种手段。后来由于出现了家父滥用遗嘱自由的权利，取消或减少其法定继承人的继承权或继承份额，将家财遗留给家族之外的人，因此，为了在继承中贯彻以宗亲为主的原则，保障法定继承人应得的利益，在万民法和市民法统一后，罗马法开始规定应继份，即凡以遗嘱指定继承人的，必须对血亲中的直系卑亲、直系尊亲以及同父的兄弟姐妹各保留一份遗产。在罗马帝国时期，法定继承人的应继份，一般是全部遗产的 1/4。如果上述三种血亲未得到应继份时，得提起“疏忽的遗嘱之诉”，请求撤销遗嘱，恢复其法定应继份。但这种诉讼须由继承人中居最先顺序的继承人提起，兄弟姐妹被排除继承时，只有在被继承人指定“不名誉人”为继承人时，方可提出诉讼。如果遗嘱人仅未留足“特留份”，法定继承人可以提起“特留份补充之诉”请求补充特留份，而不发生撤销遗嘱的效力。罗马法的“遗嘱逆伦之诉”是古罗马创造的限制遗嘱自由的一种制度，被继承人没有正当理由而取消子孙的继承权被认为是违背人伦的，可宣告遗嘱无效。在公元前 40 年通过的发尔其第法规定，遗嘱人遗赠的遗产，不得超过全部遗产的 3/4。这一规定，后来发展成为大陆法系国家的“特留份”制度。在日耳曼法上，家产制度根深蒂固，为使家族

① 参见梅因：《古代法》，109 页，北京，商务印书馆，1959。

得以延续，家族中的主要财产须保留在法定继承人中，因而，家父的财产处分权被卑亲属的继承期待权所制约，家父不得立遗嘱处分遗产。后因教会鼓励施舍的原因，日耳曼法才开始承认用遗嘱处分遗产。但日耳曼法上的“特留份”，只是扣除主要财产后剩余的部分，而且，非继承人不得请求“特留份”。

在欧洲中世纪，遗嘱具有宗教的意义，教会为使人人施舍，宣扬家财为家长个人的财产，鼓励信徒施舍财产给教会，后甚至将无遗嘱人视为未忏悔，禁止为未敬虔遗赠的死者埋葬，使“为家之遗嘱”变为“为个人之遗嘱”。到了资本主义社会，遗嘱从身份、人格的继承上分离出来，才使以个人财产权利为基础的遗嘱得以发展，成为个人对自己财产处分的一种方式，并接受了罗马法后期的思想，为保护法定继承人的利益，对遗嘱自由进行必要的限制，在法律上直接体现的就是确认法定继承人的“特留份”不得被遗嘱剥夺。

所谓“**特留份**”是指法律规定的遗嘱人不得以遗嘱取消的由特定的法定继承人继承的遗产份额。为防止滥用剥夺继承权的立法体例有两种：一种是法国体例，在实行法国体例的国家，遗嘱自由受到严格的限制，按《法国民法典》的规定，遗嘱人不能剥夺法定继承人的继承权。被继承人的遗产分两部分，一部分是可以自由处分的，一部分是不能自由处分的，不能自由处分的部分在法律上称为“特留份”。“特留份”是法律规定给予法定继承人的，不能用遗嘱形式剥夺。“特留份”的数额是按照在世的当然的继承人的数目和亲等远近程度来规定的，《法国民法典》第 913 条规定：如果被继承人死后只留下 1 个合法子女，那么他的生前赠与和死后的遗赠就不得超过遗产的半数。如果留下 2 个合法子女，那么他的生前赠与和死后遗赠，就不得超过遗产的 1/3。如果留下 3 个或 3 个以上的合法子女，处分的遗产就不得超过 1/4。如果财产所有人去世后没有子女，但父母健在，那么他就只能处分自己财产总数的 1/2。另一种是德国体例。在实行德国体例的国家，“特留份”是为继承人保留法定继承财产的半数，这半数不是遗产的半数，而是遗产价值的半数，可以不分割，不给实物。超过部分的遗嘱处分是无效的。《德国民法典》第 2303 条规定：如果被继承人的一个晚辈直系血亲被死因处分排除于继承顺序之外，则他可以向继承人要求特留份额。特留份为法定继承份额价值的半数。被继承人的父母和配偶若被死因处分排除于继承顺序之外，同样享有上述权利。再如《日本民法典》第 1028 条规定，兄弟姐妹以外的继承人，可按下列规定获得“特留份”：（1）只有直系尊亲属为继承人时，为被继承人财产的 1/3；（2）于其他情形，为被继承人财产的 1/2。该法典计算特留份的基数，是以被继承人于继承开始时所有财产的价值数额加上其赠与财产的价值，再减去债务全额，以其余额为基础而算定的。

世界上，多数国家的继承立法都不同程度地吸收了“特留份”制度，凡与被继承人存在一定的亲属关系，即可依法得到不等的遗产特留份额，主要是为被继承人的配偶、近亲属或者依靠被继承人生活的人，在被继承人死亡后能够得到一定数量的遗产，从而保障他们的基本生活，同时也可减轻国家的负担。实际上，各国也一直在通过对遗嘱自由的适当限制，寻求实现被继承人处分自己财产的自由和家庭成员正当权益保护之间的平衡。从法律的规定看，大陆法系国家获得“特留份”的权利人，是由其身份决定的，只要是属于享有特留份权利的继承人，不论其是否需要被继承人扶养，都当然享有“特留份”。这一立法的目的在于保护家族的利益，尽量防止遗产分散。而英美法系国家限制遗嘱自由的规定，主要是根据继承人的需要决定的，如未成年人或残疾人，由此可见，英美法系的立法目的在于保护需要受扶养的家庭成员的利益。

（三）我国对遗嘱自由的限制

我国对遗嘱自由有以下限制：

（1）遗嘱自由受宪法和法律的限制。凡遗嘱人所立的遗嘱违反了国家的宪法和法律的，该遗嘱不具有法律效力。

（2）遗嘱自由不得违背社会道德和公序良俗。由于遗嘱具有改变继承人范围、继承顺序和继承份额等效力，关系到继承人实际继承遗产权利的取得或丧失，因而，继承法一方面赋予了公民处分自己遗产的自由权，另一方面又要求公民在处分遗产时必须符合社会公共利益，如果遗嘱的内容违反了社会公共利益或善良风俗的，则该遗嘱无效。

（3）遗嘱自由不得剥夺缺乏劳动能力又没有生活来源的继承人的必要遗产份额。《继承法》第 19 条规定：遗嘱应当对缺乏劳动能力，又没有生活来源的继承人保留必要的遗产份额。

在我国古代法上，遗嘱有着不同的称谓，如遗命、遗令、遗言、遗诏、遗表等，其含义较现代民法上遗嘱要广义得多，凡死者在生前就处理后事所作的意思表示，都称为遗嘱。如唐《丧葬令》中规定：诸身丧户绝者，所有部曲、客女、奴婢、店宅、资财，并令近亲（亲依本服，不以出降）转易货卖，将营丧事及量营功德之外，余财并与女（户虽同，资财先别者亦准此）。无女均入次近亲，无亲戚者官为检校。若亡人在日，自有遗嘱处分，证验分明者，不用此令。

自中华人民共和国成立以来，我国在司法实践中一直承认和保护公民私有财产的处分权。1956 年，司法部在《关于遗嘱、继承问题的综合批复》中指出：

遗嘱人在不违反国家政策、法律法令与公共利益的情况下可以用遗嘱将他个人财产的一部或全部指定法定继承人中之一人或数人继承，也可以遗赠给国家、合作社、公共团体或其他人。1979 年，最高人民法院《关于贯彻执行民事政策法律的意见》中规定：遗嘱继承应当承认。后在 1984 年最高人民法院《关于贯彻执行民事政策法律若干问题的意见》中又再次强调，公民依法用遗嘱处分自己的财产，应予承认和保护。1985 年，《继承法》第 16 条明确规定了：公民可以依照本法规定立遗嘱处分个人财产，并可以指定遗嘱执行人。在我国，遗嘱自由的意义在于，充分尊重公民对自己私有财产的处分权，进而对公民个人财产所有权予以彻底保护。但是，我国的遗嘱自由不是绝对的、无条件的，最高人民法院《关于贯彻执行〈中华人民共和国继承法〉若干问题的意见》第 37 条规定：遗嘱未保留缺乏劳动能力又没有生活来源的继承人的遗产份额，遗产处理时，应当为该继承人留下必要的遗产，所剩余的部分才可参照遗嘱确定的分配原则处理。由此可以看出，我国继承法贯彻个人利益与社会利益相结合的原则，一方面承认遗嘱自由，另一方面也对遗嘱自由予以一定的限制，以便有利于稳定家庭关系，促进家庭成员间的团结和睦。

为缺乏劳动能力又没有生活来源的继承人保留“必留份”的社会意义是：(1) 为防止遗嘱人对遗嘱自由的滥用，法律有必要对遗嘱自由进行限制。(2) 为稳定家庭关系、保障缺乏劳动能力又无生活来源的继承人的合法权益，防止遗嘱自由的绝对化。(3) 可减轻国家的负担，防止被继承人将个人对家庭成员间的抚养、扶助责任转给社会。

目前我国生产力发展水平还不高，物质资源还不够丰富，国家为缺乏劳动能力又没有生活来源的人提供的物质保障和社会福利的措施还不够完善，因而，家庭还在承担着养老育幼、照顾病残者的重要职能，法律所以要求遗嘱人必须为缺乏劳动能力又无生活来源的继承人保留必要的遗产份额，是因为遗嘱人生前对缺乏劳动能力又无生活来源的继承人负有法律上的抚养、赡养和扶助的义务。而这些人在遗嘱人生前一般都在一定程度上依靠被继承人的财产维持生活，如果被继承人死亡后，不为他们保留必要的遗产份额，那么他们有可能会因被继承人的死亡而造成基本生活困难，不得不由社会承担起他们的基本生活。继承法对遗嘱人处分自己的财产进行了必要限制，是继承法对缺乏劳动能力又无生活来源的继承人的特殊保护，这是我国现阶段家庭职能的需要，也是法制和道德规范的基本要求。

依法享有“必留份”的继承人，应当是缺乏劳动能力又没有生活来源的继承人，其须符合以下两个条件：第一，必须是被继承人的法定继承人，即依法对被继承人的遗产享有继承权的人。第二，必须是缺乏劳动能力又没有生活来源的人，对此，主要是从两方面看："**缺乏劳动能力**"，是指在被继承人死亡时，继承人不具备或尚不完全具备劳动能力，如未成年人或丧失劳动能力的老年人、残疾人等；"**没有生活来源**"是指继承人不具有独立维持最低物质生活的条件。这里并不是指一般意义上的生活困难，而是指该继承人在被继承人生前是靠被继承人的供养来维持生活的，被继承人死亡后，其生活处于没有生活来源的状态。缺乏劳动能力又没有生活来源须同时具备，如果继承人缺乏劳动能力但有生活来源，或者没有生活来源但有劳动能力的，均不属于为其保留必留份的继承人。

继承人是否是缺乏劳动能力又没有生活来源的继承人，应当以继承开始时的情况来确定，对此，最高人民法院《关于贯彻执行〈中华人民共和国继承法〉若干问题的意见》第37条的规定：继承人是否是缺乏劳动能力又没有生活来源的，应按遗嘱生效时该继承人的具体情况确定。依此规定，人民法院在确定遗产是否保留"必留份"时，不能根据被继承人立遗嘱时的状况，或者根据遗产分割时的情形确认，而应根据被继承人死亡时的情形确定。从"缺乏劳动能力"方面来讲，如果遗嘱人立遗嘱时该继承人尚无劳动能力，但在遗嘱人死亡时，其已经具备了劳动能力，其不应作为缺乏劳动能力的继承人。反之，如果遗嘱人立遗嘱时，该继承人有劳动能力，但遗嘱人死亡时其丧失了劳动能力的，则应认定其为缺乏劳动能力的继承人。从"没有生活来源"方面讲，如果遗嘱人立遗嘱时，该继承人没有生活来源，但遗嘱人死亡时，其已经有了一定的收入，或基本的生活来源，则不应认定其为没有生活来源的人。反之，如果遗嘱人立遗嘱时，该继承人有生活来源，但遗嘱人死亡时，其丧失了基本的生活来源的，应确认其"没有生活来源"。

遗嘱人应当为缺乏劳动能力又没有生活来源的继承人保留必要的遗产份额，这是法律强制性的规定，如果遗嘱人未为缺乏劳动能力又没有生活来源的继承人保留必留份，其所立遗嘱的法律效力就将受到影响，人民法院应当确认该遗嘱部分无效。也就是说，"必留份"在我国是受法律保护的一定范围的法定继承人继承被继承人的一部分遗产，同时，"必留份"也是一定范围内的法定继承人，在继承开始后所享有的权利，这种权利受法律保护，任何人都不得侵害。

对被继承人在遗嘱中未给缺乏劳动能力又没有生活来源的继承人保留必要的遗产份额的，最高人民法院在《关于贯彻执行〈中华人民共和国继承法〉若干问题的意见》第37条中规定：遗嘱人未保留缺乏劳动能力又没有生活来源的继承人的遗产份额，遗产处理时，应当为该继承人留下必要的遗产，所剩余的部分，才可参照遗嘱确定的分配原则处理。在司法实践中主要有以下几种处理方式：

(1) 如果遗嘱人未为缺乏劳动能力又没有生活来源的继承人保留必要的遗产份额，在处理时，为缺乏劳动能力又没有生活来源的继承人保留出“必留份”后，遗产剩余的部分，才按照遗嘱确定的分配原则处理；

(2) 遗嘱已为缺乏劳动能力又没有生活来源的继承人保留了“必留份”，但未达到必要的份额时，可从遗产中补足“必留份”的不足部分，然后再按照遗嘱的分配原则处理。

特别提示

如果遗嘱人在遗嘱中未为缺乏劳动能力又没有生活来源的继承人保留必要的遗产份额，但其用遗嘱处分的只是部分遗产，人民法院应首先在遗嘱未处分的遗产中为缺乏劳动能力又没有生活来源的继承人保留必要的遗产份额，不足部分再从遗嘱处分的遗产中扣除。如果遗嘱人在立遗嘱时，明知继承人中有缺乏劳动能力又没有生活来源的继承人，但其却故意将遗产全部留给其他的继承人，那么遗嘱是否有效呢？有学者认为，因该遗嘱从根本上违反了《继承法》第19条的规定，因此应确认该遗嘱全部无效。笔者认为，无论遗嘱人在遗嘱中处分的是遗产的一部分还是全部，人民法院在确认遗嘱的效力时，都应承认遗嘱是有效的，至于人民法院最终需要为缺乏劳动能力又没有生活来源的继承人保留多少份额，都不能以此作为遗嘱无效的理由。当人民法院在保留了缺乏劳动能力又没有生活来源的继承人的份额后，遗嘱指定的遗产有剩余的，仍应当按照遗嘱指定的原则处理。如果人民法院为缺乏劳动能力又没有生活来源的继承人保留的遗产份额不足时，遗嘱应作为不能执行处理。我们知道，继承人是否缺乏劳动能力又没有生活来源，应按遗嘱生效时该继承人的具体情况确定。但遗嘱人立遗嘱距死亡有一段时间，让遗嘱人在立遗嘱时有这样的预见是不现实的，因此，当继承开始时，继承人对遗嘱有争议的，人民法院依据《继承法》第19条进行确认，凡遗嘱人未为缺乏劳动能力又没有生活来源的继承人保留必要的遗产份额的，人民法院为其保留必要的份额，遗嘱人的遗嘱仍然是部分有效的。正是由于继承人是否是缺乏劳动能力又没有生活来源的继承人，应当以继承开始时的情况来确定，因而，一般情况下，不存在因未给缺乏劳动能力又没有生活来源的继承人保留“必留份”而导致遗嘱全部无效的问题。

为缺乏劳动能力又没有生活来源的继承人保留“必留份”，必须是缺乏劳动能力又没有生活来源的继承人未丧失或放弃继承权。依法享有继承权，是享有“必留份”的前提，“必留份”是继承权的延伸，因此，缺乏劳动能力又没有生活来源的继承人，只有在享有继承权时，才享有为其保留“必留份”的权利，如果该缺乏劳动能力又没有生活来源的继承人已经丧失继承权，或者已经放弃继承权的，那么，其所享有的为其保留“必留份”的权利也随之消灭。

特别提示

依法享有“必留份”的法定继承人在继承顺序上是有限制的，当第一顺序的继承人和第二顺序的继承人中，均有缺乏劳动能力又没有生活来源的继承人时，只有第一顺序的缺乏劳动能力又没有生活来源的继承人具有享有“必留份”的权利，第二顺序的缺乏劳动能力又没有生活来源的继承人无权请求为其保留“必留份”。只有在第一顺序继承人中没有缺乏劳动能力又没有生活来源的人时，第二顺序的缺乏劳动能力又没有生活来源的继承人，才具有依法享有“必留份”的权利。这是因为，我国继承法规定的“必留份”是为法定继承人保留的份额，而在法定继承的适用中，当有第一顺序继承人时，第二顺序的继承人不得主张参与继承，因而，为缺乏劳动能力又没有生活来源的继承人保留“必留份”时，也需要按照法定继承的顺序主张权利。这里要指出的是，如果代位继承人是缺乏劳动能力又没有生活来源的人，那么，代位继承人就具有享有“必留份”的权利，成为“必留份”的权利人。遗嘱人用遗嘱处分遗产的，缺乏劳动能力又没有生活来源的代位继承人可以请求人民法院为其保留“必留份”。

案例分析4—2

[案情]　甲有一儿一女，均已成年，甲的儿子已经结婚，并有一个3岁的孩子。由于甲与儿子的感情不好，因此，甲在生前立有一份公证遗嘱，将自己的全部财产在其死后遗留给女儿所有。2001年3月，甲的儿子因财产纠纷被人杀害，甲听说后突发脑溢血死亡。甲的女儿提出父亲的遗产应当按照公证遗嘱处理。

[分析]　我们认为，本案应根据《继承法》第19条的规定处理。即遗嘱应当为缺乏劳动能力又没有生活来源的继承人保留必要的遗产份额。本案

中甲所订立的遗嘱是合法有效的，如果甲的儿子不先于甲死亡，甲的儿子依据遗嘱是不能继承甲的遗产的，但本案甲去世时，事情已发生了变化，即因甲的儿子去世，甲的孙子已成为甲的第一顺序继承人，这样，甲的遗嘱实际上是取消了甲的孙子的继承权，而甲的孙子在本案中属于缺乏劳动能力又没有生活来源的继承人。因此，依照上述规定，人民法院应当在甲的遗产中为甲的孙子留下必要的遗产份额，其余的遗产才能按照公证遗嘱的指定处理。本案的处理所体现的就是我国继承法对遗嘱自由的限制。

为缺乏劳动能力又没有生活来源的继承人保留多少必留份额，应根据具体情况而定，即人民法院在确定遗产的“必留份”时，应根据实际的需要确定遗产“必留份”的具体份额。在一般情况下，“必留份”应保障缺乏劳动能力又没有生活来源的继承人基本的生活需要，在确定具体“必留份”的份额时，既要考虑继承人的生活状况，又要考虑被继承人所遗留的遗产数额。相对于被继承人遗留的遗产来讲，遗产数额较少的，缺乏劳动能力又没有生活来源的继承人的“必留份”相对就较多。被继承人遗产较多的，相对地缺乏劳动能力又没有生活来源的继承人的“必留份”较少。在司法实践中，为缺乏劳动能力又没有生活来源的继承人保留的“必留份”，一般应以法定继承人的应继份作为保留“必留份”的参照标准，原则上相当于其作为法定继承人能取得的应继份，也就是说，为缺乏劳动能力又没有生活来源的继承人保留的 “必留份”，有可能高于、等于或者低于某一遗嘱继承人取得的份额，但不宜将全部遗产都为缺乏劳动能力又没有生活来源的继承人保留。这是因为，法律在维护“必留份”权利人利益的同时，也还要维护遗嘱继承人的利益，尊重被继承人的意愿。

对于遗嘱人在生前为规避“必留份”而实施的赠与行为，我国法律没有作限制性的规定，但很多国家对被继承人的生前赠与都予以严格的限制，并将被继承人生前一定时间内的某些赠与，计入遗产当中。如《日本民法典》第1030条规定：赠与，以于继承开始前一年间所进行者为限，依前条规定算入其价格。但是，当事人双方知有害于特留份权利人而实行的赠与，虽系一年前所进行者，亦同。

第二节　遗嘱的形式和内容

一、遗嘱的有效条件

遗嘱的有效条件，是指遗嘱须符合法律规定的哪些条件才具有法律效力。在遗嘱继承中，遗嘱的效力是至关重要的，其直接影响到遗嘱人的意志能否实现，以及遗嘱继承人能否依照遗嘱取得遗产的问题。作为遗嘱人实施的法律行为，遗嘱的有效条件如下。

（一）遗嘱人必须具有遗嘱能力

遗嘱能力，是指公民具有设立遗嘱、按照自己意愿处分财产的能力和资格。遗嘱是一种民事法律行为，设立遗嘱须具有相应的民事行为能力。订立遗嘱是重要的处分财产的民事活动，因而，根据《继承法》第 22 条的规定，只有完全的民事行为能力人所立的遗嘱，才具有法律效力。无行为能力人、限制行为能力人没有遗嘱能力，不能从事设立遗嘱这种重大的民事活动。根据《民法通则》的规定，无行为能力人、限制行为能力人可以由其法定代理人代理其从事民事活动，但设立遗嘱的行为，与其身份密不可分，法律特别规定遗嘱行为不得由其法定代理人代为行使。

从各国的民事立法上看，都把遗嘱能力作为遗嘱有效的重要条件之一。但各国对遗嘱能力的规定又不相同，一般都将完全的民事行为能力人作为有遗嘱能力的人，但限制行为能力人是否具有遗嘱能力，各国的规定不一，有些国家限制行为能力人在一定条件下也具有遗嘱能力，如《法国民法典》第 904 条规定，满 16 岁而没有解除亲权的未成年人可以立遗嘱。《德国民法典》第 2229 条规定：(1) 未成年人只在年满 16 周岁之后方得立遗嘱。(2) 未成年人立遗嘱无须其法定代理人同意。但允许未成年人订立遗嘱的国家，往往对未成年人处分的财产范围或订立遗嘱的方式上，设置一定的限制。如《法国民法典》规定，年满 16 岁的未成年人仅得以遗嘱处分其财产，且其处分的限度仅为法律许可成年人处分限度的半数。有的国家还对未成年人设立遗嘱的方式进行了限制，如《奥地利民法典》第 569 条规定：未满 18 岁的未成年人订立遗嘱，必须在法院以口头形式为之，法院作成笔录才能有效。但也有一些国家规定，遗嘱能力与民事行为能力相一致，有民事行为能力的人有遗嘱能力，无完全民事行为能力的人没有遗嘱能力，如在英国法上，21 岁为成年人，具有遗嘱能力。在美国法上，18 岁为成年人，《美国统一继承法》规定：一切年满 18 岁心神健康的人，具有遗嘱能力。从《继承法》的规定看，我国不允许未成年人设立遗嘱，但依据《民法通则》第 11 条规定：16 岁周岁以上不满 18 周岁公民，以自己的劳动收入为主要生活来源，视为完全民事行为能力人。据此，16 岁周岁以上不满 18 周岁公民，以自己的劳动收入为主要生活来源，视为完全民事行为能力人，他们具有遗嘱能力，而且，法律对他们所作的遗嘱没有作限制性的规定。换句话说，16 岁周岁以上不满 18 周岁的公民，以自己的劳动收入为主要生活来源的人所立的遗嘱，处分的财产范围以及采取的遗嘱方式，与完全民事行为能力的遗嘱人相同，不受任何的特殊限制。这是因为，16 岁周岁以上不满 18 周岁的公民，以自己的劳动收入为主要生活来源，有固定经济收入的人，他们对自己的行为及后果有明确的认识能力，且能够独立承担民事责任，因此，他们享有对自己劳动所得的财产进行处分的权利，只要他们所立的遗嘱符合遗嘱的形式要件，内容合法，就应具有法律效力并受到法律的保护。

有些国家的民法还规定，下列人员不具有遗嘱能力：(1) 有盲、聋、哑等生理障碍的人。古罗马法规定，聋哑人不得立遗嘱，盲人只能按特别的方式立遗嘱。但近现代，大多数国家的民法都不否认盲、聋、哑等生理障碍的人有遗嘱能力。但也有例外，如德国法律在解释和判例中，不识字同时又为盲、哑或者其他生理障碍不能言语的人，不得为遗嘱。再如《法国民法典》第 978 条、第 979 条规定：不会或不能阅读的人，不得以密封遗嘱形式处分财产。在遗嘱人不能说话、但可以写字的情况下，仍得订立密封遗嘱；但遗嘱必须由其本人书写并签字，或者由他人代写、其本人签字；立遗嘱人将其遗嘱交给公证人与证人，并且有公证人与证人在场时，于登记证书上写明其所交文书系其遗嘱并予以签名。我国《继承法》未取消盲、聋、哑等生理有障碍的人的遗嘱能力。如果仅患聋、哑、盲等生理疾病的成年人，没有其他影响其意志能力的情况，应为完全的民事行为能力人，当然具有遗嘱能力，但在实际生活中，为保障残疾人的合法权益，保障遗嘱的真实性和可靠性，应在遗嘱的形式上有所限制，如聋哑人不能设立口头遗嘱和录音遗嘱，聋哑人、盲人是文盲的，则不应设立代书遗嘱。(2) 受禁治产宣告的人。所谓“**禁治产人**”是指心神丧失或精神衰弱不能处理自己事务的人。受禁治产宣告的人主要是精神病人、痴呆人或浪费人。《德国民法典》第 6 条规定，因挥霍浪费致自己或其家属有可能陷入贫困的人，以及因酗酒成癖或吸毒不能处理自己事务、或致自己或其家属有可能陷入于贫困、或危及他人安全的人，均被宣告为禁治产人。凡被宣告为禁治产人或准禁治产的人，均无遗嘱能力。我国民法无禁治产宣告这一规定，但在司法实践中，患有老年痴呆症、神志不清的人，因不具备完全的民事行为能力而无遗嘱能力。

遗嘱人有无遗嘱能力，直接关系到遗嘱的法律效力，通常各国民法均以遗嘱人立遗嘱时是否具有遗嘱能力作为衡量标准，也就是说，遗嘱人立遗嘱时必须具有遗嘱能力，否则该遗嘱无效。遗嘱人立遗嘱时具有遗嘱能力，但立遗嘱后丧失了遗嘱能力的，不影响遗嘱的效力。对于确定是否有遗嘱能力的时间，各国一般都有明确的规定。如《日本民法典》第963条规定：遗嘱人于立遗嘱时，应有其能力。最高人民法院《关于贯彻执行〈中华人民共和国继承法〉若干问题的意见》第41条规定：遗嘱人立遗嘱时必须有行为能力。无行为能力人所立的遗嘱，即使其本人后来有了行为能力，仍属无效遗嘱。遗嘱人立遗嘱时有行为能力，后来丧失了行为能力，不影响遗嘱的效力。由此可以看出，遗嘱人的遗嘱能力，应当以设立遗嘱时为准。例如，间歇性精神病人在其精神正常、神志清醒时所立的遗嘱，应被确认为有效。反之，如果间歇性精神病人在发病期间所立的遗嘱因其不具有遗嘱能力，而导致所立的遗嘱无效。在国外，间歇性精神病人被称为禁治产人，一些国家，如德国、法国的民法明确规定，禁治产人不得为遗嘱，即使精神恢复正常，只要对他的禁治产的宣告未撤销，其所立的遗嘱应当无效。但也有的国家认为，间歇性精神病人精神恢复正常时，即使对他的禁治产宣告未撤销，其所立的遗嘱仍然有效，但必须有充分的证据能够证明其精神已恢复正常。如《日本民法典》第973条规定：(1)禁治产人于心神恢复时立遗嘱，应有二人以上医师临场。(2)临场的医师，应于遗嘱上附记遗嘱人立遗嘱时未处于心神丧失状态的意旨，并签名盖章。但是，以密封证书立遗嘱时，应于其封纸上进行上述记载，并签名盖章。在我国的司法实践中，间歇性精神病人立遗嘱时其精神是否已经恢复正常，应由司法鉴定机关出具鉴定。

（二）遗嘱必须是遗嘱人的真实意思表示

真实意思表示，是指遗嘱人的意思表示是根据其内心的真实意愿作出的，反映其内心的意思。《民法通则》第58条规定：凡以欺诈、胁迫的手段或者乘人之危，使行为人在违背真实意思的情况下所为民事行为的，是无效民事行为。《继承法》第22条规定：遗嘱必须表示遗嘱人的真实意思，受胁迫、欺骗所立的遗嘱无效，伪造的遗嘱无效。在民法上，胁迫是指一方当事人以恐吓、威胁、逼迫等手段预示要对另一方当事人或者其亲属的生命、健康、财产的安全或名誉等施加某种现实的或将来的危害，使对方当事人产生恐惧心理，陷入意志不自由状态，从而作出违背自己真实意思的表示。欺诈是指一方当事人故意告知对方虚假情况，或者故意隐瞒真实情况，诱使对方当事人作出错误的意思表示。订立遗嘱是法律赋予公民行使财产自由处分的权利。任何公民、组织用威胁、强迫行为迫使遗嘱人设立的遗嘱，或者用制造虚假事实、掩盖事实真相的手段欺骗遗嘱人所订立的遗嘱，都是对遗嘱人自由处分遗产权利的侵害，遗嘱人因此所立的遗嘱无效。伪造的遗嘱，是冒用他人的名义所订立的遗嘱，因而是无效的。认定遗嘱是否意思表示真实，应从以下四个方面确认：第一，遗嘱人在立遗嘱时必须处于意志自由状态，没有在身体上、精神上受到任何外来的强制。第二，遗嘱人立遗嘱时必须神志清醒，能够了解自己行为的性质和后果。第三，遗嘱人立遗嘱时必须是完全自愿的。第四，遗嘱人在遗嘱中所表达的意思是清晰的。

（三）遗嘱不得取消缺乏劳动能力又没有生活来源的继承人必要的遗产份额

必要的遗产份额是保障缺乏劳动能力又没有生活来源的继承人的基本生活需要，最高人民法院《关于贯彻执行〈中华人民共和国继承法〉若干问题的意见》第 37 条规定：遗嘱人未保留缺乏劳动能力又没有生活来源的继承人的遗产份额，遗产处理时，应当为该继承人留下必要的遗产，所剩余的部分，才可参照遗嘱确定的分配原则处理。继承人是否缺乏劳动能力又没有生活来源，应按遗嘱生效时该继承人的具体情况确定。

（四）遗产必须是遗嘱人的个人合法财产

公民所立遗嘱处分的只能是自己的财产，遗嘱中有关处分他人财产的部分无效。最高人民法院《关于贯彻执行〈中华人民共和国继承法〉若干问题的意见》第 38 条规定：遗嘱人以遗嘱处分了属于国家、集体或他人所有的财产，遗嘱的这部分，应认定无效。例如，甲立遗嘱将承租单位的公房指定由其儿子继承，由于甲承租的公房不属于甲所有，其无权处分，因而其所立的遗嘱不具有法律效力。

（五）遗嘱的内容必须合法

法律赋予公民自由处分遗产的权利，但这种处分权并非不受任何的限制，如果遗嘱人所立的遗嘱违反了法律或侵犯他人合法权益的，该遗嘱不具有法律效力。判断遗嘱的内容是否合法，应以遗嘱发生法律效力，即遗嘱人死亡时为准。凡违反了法律强制性的规定，或违反了社会公共道德，损害了社会公共利益的遗嘱无效。

（六）遗嘱必须符合法定的形式要件

遗嘱是要式的法律行为，必须符合法定的形式。设立遗嘱是重大的民事法律行为，只有遗嘱的形式符合法律的规定，遗嘱才具有法律效力，不合形式要件的遗嘱，即使遗嘱的内容合法，也不具有法律效力。最高人民法院《关于贯彻执行〈中华人民共和国继承法〉若干问题的意见》第35条规定：继承法实施前订立的，形式上稍有欠缺的遗嘱，如内容合法，又有充分证据证明确为遗嘱人真实意思表示的，可以认定遗嘱有效。换句话说，1985年10月1日《继承法》施行后订立的遗嘱，形式上有欠缺的，不再具有法律效力。

遗嘱无效，是指遗嘱因不具备法定的实质要件或形式要件，而不发生法律效力。遗嘱无效分为全部无效和部分无效两种。**全部无效**是指遗嘱的内容全部不发生法律效力；部分无效是指遗嘱的内容部分无效，部分有效。遗嘱被确认为全部无效时，遗嘱中涉及的遗产按法定继承处理。遗嘱被确认为部分无效的，无效部分如属于他人所有的财产，该财产仍为他人所有，如果无效部分财产属于被继承人遗产的，该部分遗产按法定继承处理。遗嘱有效部分仍然有效，由遗嘱指定的继承人或受遗赠人取得。

特别提示

遗嘱不生效主要表现在：(1) 继承开始后，作为遗嘱继承的标的已经不存在，或者财产的所有权已经发生变更；(2) 遗嘱所指定的遗嘱继承人或受遗赠人已经先于遗嘱人死亡，或被人民法院宣告死亡；(3) 遗嘱继承人已丧失继承权；(4) 附有解除条件的遗嘱，在继承开始前，条件已经成就，遗嘱的效力归于消灭；(5) 附有延缓条件的遗嘱，在条件成就时遗嘱继承人、受遗赠人已经死亡，致使遗嘱不生效。

二、遗嘱的形式

遗嘱的形式，是指遗嘱人处分自己遗产的几种方式。因遗嘱体现的是被继承人的意愿，并对法定继承人的继承权产生直接的影响，所以，各国在继承立法中，对遗嘱的设立及对遗嘱形式上的审查，都规定有极为严格的程序。根据我国《继承法》第17条的规定，我国遗嘱的法定形式有以下五种。

（一）公证遗嘱

从历史沿革上看，遗嘱源于罗马法，在罗马帝国时期遗嘱的形式中有法院笔录的遗嘱和由皇帝提出的遗嘱。这种遗嘱形式在中世纪的西欧发展起来，寺院法的遗嘱方式要求在寺院执事和二名证人面前订立遗嘱。13世纪，意大利将这种寺院法的遗嘱方式世俗化，以公证人代替寺院执事，由此近现代民法上的公证遗嘱制度便正式确定下来。公证遗嘱与其他遗嘱方式相比较，其内容真实，证据力强。因此，各国法律普遍规定了公证遗嘱这种方式，而且，对公证遗嘱的程序都作了较为严格的规定，如《日本民法典》第969条规定：以公证证书立遗嘱者，应依下列方式进行：(1)有二人以上的证人临场；(2)遗嘱人向公证人口授遗嘱意旨；(3)公证人笔录遗嘱人口授，并向遗嘱人及证人朗读笔录；(4)遗嘱人及证人承认笔录无误后，分别于笔录上签名盖章，但是，遗嘱人不能签名时，公证人可以附记其事由，代其签名；(5)公证人应附记其证书系依前四项所载方式制成的意旨，并签名盖章。《法国民法典》第971条规定：以公证书作成的遗嘱，应由两名公证人，或者由一名公证人在两名证人的协助下作成。

公证遗嘱是经过国家公证机关公证的遗嘱。所谓**公证**，是国家公证机关根据当事人的申请，依法对法律行为、有法律意义的文书，以及事实的真实性、合法性给予的认可和证明。为确保遗嘱内容的真实性，避免继承纠纷的发生，有条件的尽可能办理公证遗嘱。这是一种特殊形式的书面遗嘱，由于公证遗嘱是经公证机关对遗嘱内容进行审查，并出具公证证书对遗嘱的内容的真实性和合法性予以证实的，因此，公证遗嘱的效力大于其他形式的遗嘱。公证遗嘱更能保障遗嘱人意思表示的真实性，可以有效地防止他人欺骗、伪造，避免继承遗产的纠纷。公证遗嘱有较强的证明性，根据《中华人民共和国民事诉讼法》(简称《民事诉讼法》)的规定，在没有相反证据足以推翻公证遗嘱所证明的事实时，人民法院可以将公证遗嘱直接作为认定事实的根据。

《继承法》第17条规定，公证遗嘱由遗嘱人经公证机关办理。遗嘱人办理公证遗嘱的程序如下：

(1)遗嘱人必须亲自到公证机关办理公证。办理公证时须携带有关的身份证明到其户口所在地、住所地或主要财产所在地公证机关，以口头或书面的形式提出遗嘱公证的申请。如果立遗嘱人因重病行动不便或其他原因不能亲自到公证机关办理的，可以要求公证机关派公证员前往遗嘱人处办理遗嘱公证事项。公证遗嘱须由遗嘱人亲自申请办理公证，遗嘱人要自己表达遗嘱的内容，不得委托他人代理。

(2)为保证遗嘱的真实性，有关法律要求公证人员不得办理其本人、配偶，及本人、配偶近亲属的遗嘱公证事务，也不得办理与本人、配偶有利害关系的遗嘱公证。凡出现上述情况，公证人员应自觉回避，未主动回避者，遗嘱人有权申请其回避。

(3)公证人员依法作出公证。公证人员应对遗嘱的真实性和合法性进行审查，审查的内容主要包括：申请人是否是遗嘱人本人；遗嘱人是否有遗嘱能力；遗嘱人意思表示是否真实；遗嘱内容是否违反法律或公序良俗等。经审查认定遗嘱合法有效的，由公证员办理公证文书，即遗嘱公证书。公证机关对不真实、不合法的遗嘱应拒绝公证。遗嘱人向公证机关提出遗嘱公证后，应填写书面公证申请表，在进行申请时，除向公证机关提交身份证明外，还应提交遗嘱涉及财产的所有权证明及公证机关要求的其他证明材料，以便公证机关审查。

(4) 立遗嘱人必须在公证员面前亲笔书写遗嘱全文，并在遗嘱上签名，注明年、月、日。遗嘱人不识字或者因特殊原因不能书写的，也可以口述遗嘱内容，由公证员代为书写，公证人员在记录后，应向遗嘱人宣读，经遗嘱人确认无误后，由在场的公证人员和遗嘱人共同签名，并注明年、月、日。

公证遗嘱制作完成并审查合格后，按照统一的格式制作遗嘱公证书。遗嘱人和公证人在公证书上签名盖章，公证书上加盖公证机关的印章。遗嘱公证书一式两份，由公证机关和遗嘱人各自保存一份。在遗嘱开启前，公证机关有为遗嘱人保守遗嘱秘密的义务。

公证机关对不真实、不合法的遗嘱应当拒绝公证。公证机关拒绝为遗嘱人办理公证时，应当向遗嘱人书面说明拒绝公证的理由，并告之其申诉的程序。遗嘱人对拒绝公证不服的，可向公证机关所在地的司法行政机关，或上级司法行政机关申诉，由受理机关做出裁定。

公证遗嘱一经订立，便具有法律效力，遗嘱人不得擅自变更或者撤销公证遗嘱。如果遗嘱人要变更或者撤销公证遗嘱，应到原公证机关办理变更或撤销手续。同其他形式的遗嘱相比，公证遗嘱具有最高的法律效力。《继承法》第 20 条规定：自书、代书、录音、口头遗嘱，不得撤销、变更公证遗嘱。最高人民法院《关于贯彻执行〈中华人民共和国继承法〉若干问题的意见》第 42 条规定：遗嘱人以不同形式立有数份内容相抵触的遗嘱，其中有公证遗嘱的，以最后所立的公证遗嘱为准；没有公证遗嘱的，以最后所立的遗嘱为准。

公证遗嘱有较强的法律效力，但并非公证遗嘱一经订立便具有法律上的执行力，从公证遗嘱的订立到遗嘱的执行，通常要经过一段时间，在这段时间里，遗嘱中指定的遗嘱继承人或受遗赠人以及财产都有可能产生变化。因此，遗嘱人死亡后，公证遗嘱能否执行，是否有效或者部分有效，要视遗嘱人死亡时的具体情况而定。如遗嘱人生前立下公证遗嘱，将其遗产全部遗赠给朋友，但遗嘱人死亡时，其法定继承人中出现了缺乏劳动能力又没有生活来源的继承人的，其所立的公证遗嘱只能部分有效、部分无效。在处理遗产时，应首先为缺乏劳动能力又没有生活来源的继承人保留必要的遗产份额，剩余部分才能参照公证遗嘱确定的分配原则处理。需要强调的是，公证遗嘱的法律效力较高，但在处理遗产时，不应不视遗嘱生效时的具体情况而盲目地执行公证遗嘱。

（二）自书遗嘱

自书遗嘱是遗嘱人亲自书写的遗嘱。自书遗嘱具有简便易行、修改容易、便于保密等特点，《继承法》第 17 条规定，自书遗嘱由遗嘱人亲笔书写，签名，注明年、月、日。设立自书遗嘱应当具备的条件是：

（1）自书遗嘱须由遗嘱人亲自书写遗嘱全文。订立自书遗嘱要求遗嘱人有书写能力，应由遗嘱人亲笔书写，不能由他人代笔。如果遗嘱人委托他人代写，或用各种印刷形式、电子邮件等，都不能认定是自书遗嘱。遗嘱人的日记、信函等，即使记载了被继承人关于死后财产处理的意思，也不能视为自书遗嘱。法律要求自书遗嘱是遗嘱人专门制作的遗嘱文书，如果被继承人生前在日记或者给他人的书信中有关于其死后财产处理的想法和打算，一般不作为自书遗嘱对待。因为，遗嘱人在遗嘱中对财产的处理应该是明确的、具体的，而日记、书信中的意思表示只能是其想法，并不意味着就是其对死后财产的最终处分的意思表示。死者的遗书，经认定为被继承人真实意思表示的，可确认为遗嘱。最高人民法院《关于贯彻执行〈中华人民共和国继承法〉若干问题的意见》第 40 条规定：公民在遗书中涉及死后个人财产处分的内容，确为死者真实意思的表示，有本人签名并注明了年、月、日，又无相反证据的，可按自书遗嘱对待。

（2）自书遗嘱须由遗嘱人亲笔签名。自书遗嘱必须由遗嘱人本人签字才能发生法律效力，加盖印章或按指印不能代替亲笔签名。

（3）遗嘱人须在遗嘱上注明年、月、日。遗嘱人在遗嘱上记载的日期是非常重要的，这是确认遗嘱人有无遗嘱能力的证明，同时也是遗嘱人在立有数份遗嘱而内容相抵触时，确认遗嘱是否具有法律效力的依据。

自书遗嘱既可由遗嘱人自己保存，也可由遗嘱继承人在内的其他任何公民或者组织保存。遗嘱人在继承开始前，对自书遗嘱可以进行变更和修改。为保证自书遗嘱的真实性，防止他人篡改遗嘱，遗嘱人在修改遗嘱时最好能在修改内容旁注明修改的字数和时间，并签名。

（三）代书遗嘱

代书遗嘱是遗嘱人口述遗嘱内容，由他人代为书写的遗嘱。遗嘱是遗嘱人对其个人财产或其他事项所作的处理，应当由其个人完成，但有些遗嘱人因不识字或书写有困难，可以委托他人代为书写遗嘱。《继承法》第 17 条规定，代书遗嘱应当有两个以上见证人在场见证，由其中一人代书，注明年、月、日，并由代书人、其他见证人和遗嘱人签名。设立代书遗嘱，应当具备的条件是：

(1) 代书遗嘱须由遗嘱人口述遗嘱内容，由代书人如实记录，对遗嘱的内容，代书人不能作任何的变更和改动，也不得按照自己的意思设立遗嘱。代书遗嘱不是由他人代理遗嘱，而是由他人代为书写遗嘱的内容，因此代书人不能代为决定遗嘱的内容。

(2) 代书遗嘱须有两个或两个以上的见证人在场见证，并由其中一人代书。代书人应客观地记录遗嘱人口述的内容，不得擅自变更遗嘱人意思。代书人在完成代书后，应将遗嘱向遗嘱人宣读代书遗嘱的内容。遗嘱人有阅读能力的，应由遗嘱人阅读，以确保遗嘱内容的真实性。遗嘱的见证人应由个人担任，任何人都不得以组织的名义担任见证人。

(3) 代书遗嘱须有遗嘱人、见证人的签名，并注明年、月、日。特殊情况下，遗嘱人如不能书写或书写有困难的，应允许遗嘱人以指印替代签名。

在代书遗嘱中，法律对见证人的要求极为严格。

案例分析4—3

[案情] 李某夫妇婚后生育有3个儿子。在李某的长子18岁那年，李的妻子因病去世。同年，李某将妻子的遗产给3个孩子分割后，即与王某同居。不久李某生病住院，在其长子探病时，李某让其长子代为书写了一份遗嘱。遗嘱的内容是，李某死后，将其个人所有的财产全部都留给王某所有。遗嘱写完后，李又在医院里找了2个医生在遗嘱上签名作证。3个月后，李某病逝。王某提起诉讼，要求按照遗嘱的指定取得李的遗产。

[分析] 我们认为，本案在处理时不应支持王某的诉讼请求。理由是：第一，法律规定代书遗嘱必须有2个见证人在场见证。遗嘱的见证人必须是继承人、受遗赠人之外的无利害关系人。本案中的遗嘱，是由被继承人的长子代为书写的，又找了2个当时不在场的医生签名作证，这是不符合法律对代书遗嘱形式要件的规定的。第二，《继承法》第19条规定：遗嘱应当对缺乏劳动能力又没有生活来源的继承人保留必要的遗产份额。本案中的被继承人有2个未成年人子女，遗嘱没有给他们留下必要的遗产份额。综上所述，本案中的代书遗嘱从形式到内容都不符合法律对代书遗嘱的规定，因此，王某不能按遗嘱取得遗产。

（四）录音遗嘱

录音遗嘱是遗嘱人以录音的方式立下的遗嘱。录音遗嘱是现代科学技术发展的产物，这种形式的遗嘱，能够直接、完整地反映遗嘱人的意思表示，在一定程度上方便于遗嘱人，因此，《继承法》第 17 条规定，以录音形式立的遗嘱，应当有两个以上见证人在场见证。见证人在见证录音遗嘱完成后，最好能将录音遗嘱的载体封存并签名。

遗嘱人制作的录音遗嘱可不限于录音磁带，凡可将声音记录下来的录音带、录像带、软盘、光盘等均可作为录音遗嘱。我们注意到，由于录音遗嘱的内容很容易被人剪辑、模仿，所以，录音遗嘱被人篡改和删减的可能性很大，加上录音磁带不容易长期保存等原因，世界各国很少采用录音遗嘱的形式。现我国《继承法》对录音遗嘱形式要件的规定是：

(1) 录音遗嘱须是以遗嘱人口述，以录音的方式制作的遗嘱。

(2) 录音遗嘱须有两个以上见证人在场见证。

由于继承法对录音遗嘱没有作特别的规定，因此，录音遗嘱在制作过程中，应当注意的是，录音开始时，遗嘱人应说明自己的姓名等个人情况，之后应叙述遗嘱的具体内容，一是遗产的名称、数量、具体的存放地点等，二是指明遗产由谁获得，要说明继承人或受遗赠人的姓名等内容。如果遗嘱人对遗产取得附有义务，也应将所附义务说明。遗嘱人在将遗嘱的全部内容叙述完毕后，还应在最后说明遗嘱制作的时间以及遗嘱见证人的姓名。录音遗嘱制作完毕后，应将录音遗嘱密封保存。

(五) 口头遗嘱

口头遗嘱是遗嘱人在危机情况下用口头表述的遗嘱。口头遗嘱形式简便，是遗嘱人在紧急情况下不能以其他方式订立遗嘱的唯一可行的遗嘱形式，但口头遗嘱具有不固定性，极易被篡改、编造，因而，世界各国对口头遗嘱的设立都非常谨慎，在国外亦称“略式的口述遗嘱”或“特别方式的遗嘱”。有些国家的法律不承认口头遗嘱的有效性，如加拿大继承法规定：遗嘱采用书面形式方可有效。在英美法系国家承认口头遗嘱，但对形式要求很严，如英国法规定，只有军人和水手才能订立口头遗嘱。在大陆法系国家，主要是采取列举的立法例，即规定在几种情况下可以订立口头遗嘱，如《日本民法典》规定，生命危急者、因传染病流行而被隔离者、船上人、船舶遇难人得口头订立口头遗嘱。我国继承法采取的是概括的立法例，即规定在危急情况下可以订立口头遗嘱。

由于口头遗嘱极易引起纠纷，因此，口头遗嘱适用的条件是极为严格的，《继承法》第 17 条规定，遗嘱人在危急的情况下，可以立口头遗嘱。口头遗嘱应当有两个以上见证人在场见证。危急情况解除后，遗嘱人能够用书面或者录音形式立遗嘱的，所立的口头遗嘱无效。设立口头遗嘱，应当具备的条件是：

（1）口头遗嘱必须是遗嘱人处于危急的情况下，不能以其他方式设立遗嘱时才能采用的遗嘱方式。所谓**危急情况**，继承法没有作进一步的解释，在司法实践中，凡遗嘱人处于生命垂危、意外灾害发生等情况时，可认定为危急情况。尽管口头遗嘱有简便易行的特点，但由于口头遗嘱在执行时，是由他人转述遗嘱的内容，因而口头遗嘱的随意性较强，容易被他人篡改。所以在一般情况下，法律不允许设立口头遗嘱，实践中，公民用口头处分财产的情况很多。但法律要求必须是在危急情况下才能设立口头遗嘱。

案例分析4—4

[案情] 甲已70多岁，十分热心公益事业，尤其对本地的教育特别关心，曾多次向有关单位的领导表示，其死后要将个人所有的5间私房捐献给当地的小学，并曾在该小学的开学典礼上向全校师生表示了这一想法。一日甲在外出时，不幸遇车祸身亡。甲去世后，小学的领导找到甲的儿子，提出甲在生前留下了口头遗嘱，已将其5间房屋遗赠给了学校，有多人可以证明，现愿意接受甲的遗赠，但学校遭到了甲的儿子的拒绝，他认为，甲生前虽有遗赠的意思表示，但并没有留下遗嘱，甲生前所说的话不应有效。

[分析] 本案甲遗赠的意思表示不是在其危机的情况下作出的，不符合口头遗嘱的形式要件，因此，口头遗嘱不成立，学校不能要求甲的儿子交付遗赠。

（2）口头遗嘱须有两个见证人在场见证。设立口头遗嘱时，须有两个见证人在场，见证人对遗嘱人口述的内容最好在事后记录下来，并签名，注明年、月、日。由于口头遗嘱是在危急情况下设立的，因而法律在此并不强调见证人在场记录，或向遗嘱人复述核实遗嘱的内容，口头遗嘱只以见证人的记忆为准。在有条件的情况下，见证人应当在事后对口头遗嘱的内容做记录，有记录的，记录人应当在记录上签名，并注明年、月、日。

在有些国家，法律专门规定了口头遗嘱的确认制度，即口头遗嘱须经法院确认才能发生法律效力，凡不经确认的口头遗嘱一律无效。如《日本民法典》第976条规定，因疾病或其他事由致生命垂危者所立的遗嘱，除非由一名证人或利害关系人于自立遗嘱日起20日内提交家庭法院并经其确认，否则为无效。我国继承法对此未作规定。

口头遗嘱在被继承人的危急情况解除后，丧失法律效力。危机情况解除后，遗嘱人能够用书面或者其他形式立遗嘱的，所立的口头遗嘱无效。

案例分析4—5

[案情] 甲有两个孩子，均已成年。在妻子去世后的第二年，甲认识了乙，很快两人结婚。婚后乙对甲的生活给予了极大的帮助，让甲十分感动。一次甲病危，急需抢救，在进手术室之前，甲当着子女、乙及众多医护人员的面，留下口头遗嘱，如果自己死亡，则将自己的全部财产都留给乙继承。甲的这次手术非常的成功，治疗一段时间后，甲康复出院。甲出院一个月后，因突发心脏病，经抢救无效死亡。甲的子女认为，父亲的遗产应当按照法定继承处理。但甲的妻子却认为，甲留下了口头遗嘱，遗产应当按照口头遗嘱由自己继承。

[分析] 按照《继承法》第17条的规定，本案甲在病危的情况下设立的口头遗嘱是有效的，但甲后来恢复了健康，是可以用其他的形式设立遗嘱的，因此，甲在危急情况下所设立的口头遗嘱已经作废。本案应当按照法定继承处理，遗产由甲的子女与乙共同继承。

从上述案例可以看出，我国《继承法》应对口头遗嘱的有效期做进一步明确的规定。现行法律的规定，将口头遗嘱的有效期限制在遗嘱人危急解除后，至遗嘱人能够用其他形式订立遗嘱的时间内，这意味着遗嘱人在脱离危险后即要另立其他形式的遗嘱，这显然不合情理，也是脱离现实的。在《德国民法典》中的第2252条规定，设立的口头遗嘱，在自设立之时起已逾3个月而被继承人仍然生存的情况下，视为未设立。而《法国民法典》、《日本民法典》均将口头遗嘱的有效期规定为6个月，《瑞士民法典》规定口头遗嘱的有效期仅为14天。

三、遗嘱见证人

遗嘱见证人，是指为遗嘱人设立遗嘱，并可对遗嘱的真实性做出证明的第三人。按照《继承法》第17条的规定，代书遗嘱、录音遗嘱、口头遗嘱都须有两个以上的见证人在场见证，一人当见证人的遗嘱无效。由于遗嘱见证人直接证明遗嘱的真实性，且关系到遗嘱的法律效力，因此，法律对遗嘱的见证人也提出了明确的要求，根据《继承法》的第18条的规定，下列人员不得担任遗嘱见证人：

(1) 无行为能力人、限制行为能力人。按照《民法通则》的规定，无民事行为能力人、限制行为能力人只能从事与其年龄、智力相适应的法律行为。遗嘱的见证人直接关系到能否客观、真实地见证遗嘱内容，对能否真正按照遗嘱人的意愿执行遗嘱有着直接的影响。因此，无民事行为能力人、限制行为能力人不能当他人法律行为的见证人。如果遗嘱见证人中有无民事行为能力人、限制行为能力人当见证人的，该份遗嘱无效。遗嘱见证人的行为能力，应以其参与遗嘱的见证时为准，如果在作遗嘱见证时是有行为能力的，之后丧失了行为能力，则其作证的遗嘱是有效的；如果作遗嘱见证时是无行为能力人，而后具有了行为能力的，其所作见证的遗嘱不具有法律效力。

案例分析4—6

[案情] 甲有2个孩子，都在外地工作，平时很少回家，甲的晚年生活一直都由邻居乙照顾。甲在临终前将5个平时关系不错的村民找来，提出要订立一份遗嘱。由于甲和几个村民都不认识字，就又将村里的一个13岁的孩子丙找来帮助写遗嘱。这份遗嘱是由甲口述，丙记录，再由丙念给甲和大家听，最后，由丙签字，甲和在场的5个村民盖了指印，并注明了年、月、日。

[分析] 我们认为，这份遗嘱是无效的。这是一份代书遗嘱，代书遗嘱的要求是由遗嘱人口述遗嘱内容，由2个或2个以上的见证人在场见证，由其中一人代书。导致本案代书遗嘱无效的原因有两个：第一，遗嘱见证人应当是具有完全民事行为能力的成年人。本案的代书人是13岁的未成年人，属于无行为能力人，其不具有民事行为能力，不能担任见证人。第二，遗嘱的见证人应当是能够理解遗嘱内容、并了解遗嘱文字内容的人。有些人虽然是成年人，但仍没有从事遗嘱见证的能力，例如，文盲、双目失明的人或者聋哑人，不能作代书遗嘱的见证人。本案中的5位村民，因不识字，所以，不能作代书遗嘱的见证人。本案中甲所设立的代书遗嘱无效，甲的遗产应按照法定继承处理。邻居乙只能依《继承法》第14条的规定，请求分得适当的遗产。

（2）继承人、受遗赠人。继承人是指依照法律规定有权继承遗产的人，既包括第一顺序的法定继承人，也包括第二顺序的法定继承人。受遗赠人是指按照遗嘱的指定接受遗产的法定继承人之外的人。继承人、受遗赠人不能作遗嘱见证人，因为他们是继承法律关系的主体，是直接的受益人，如果允许他们做见证人，则有可能会使遗嘱的内容有利于自己，造成不必要的纠纷。

(3) 与继承人、受遗赠人有利害关系的人。与继承人、受遗赠人有利害关系的人，主要是指继承人、受遗赠人的近亲属，最高人民法院《关于贯彻执行〈中华人民共和国继承法〉若干问题的意见》第36条规定：继承人、受遗赠人的债权人、债务人，共同经营的合伙人，也应当视为与继承人、受遗赠人有利害关系的人，不能作为遗嘱的见证人。这一立法的目的是如果允许与继承人、受遗赠人有利害关系的人参与遗嘱见证，难以保证遗嘱见证的客观性和公正性，容易引起争议。

案例分析4—7

[案情] 甲的妻子已去世多年，两个子女也长大成人，结婚另过。甲经人介绍认识了乙，双方相处十分融洽，不久两人登记结婚。甲有一些积蓄。一日，看甲十分高兴，乙将其两个弟弟请来，让甲口述，由自己的两个弟弟代笔，甲立下一份代书遗嘱。遗嘱称，甲愿意在死后将其个人的全部财产都给乙，任何人不得干涉。几年后，甲去世，乙拿出了甲的遗嘱，要求继承全部遗产。甲的两个子女对遗嘱的真实性表示怀疑，起诉到人民法院。

[分析] 我们认为，根据《继承法》第18条的规定，应认定该遗嘱的见证人是与继承人有利害关系的人，该遗嘱无效。按照《继承法》第27条的规定，对无效遗嘱所涉及的遗产，按照法定继承办理。本案中甲的遗产由乙和甲的两个子女平均分割。

需要注意的是，遗嘱见证人应当是了解遗嘱内容的人，因此，盲人、文盲、聋哑人不能作为代书遗嘱的见证人。聋哑人不能作为录音遗嘱、口头遗嘱的见证人。

各国对遗嘱见证人的资格都有所规定，《法国民法典》第980条规定：在订立遗嘱时作为证人在场的人，应当是成年的法国人，会书写并且享有民事权利；证人不分性别，但夫与妻不得作为同一遗嘱的证人。根据《日本民法典》第974条的规定，下列人不得为遗嘱的证人或临场人：(1) 未成年人；(2) 禁治产人及准禁治产人；(3) 推定继承人、受遗赠人及其配偶、直系血亲；(4) 公证人的配偶、四亲等内的亲属、书记员及受雇人。《美国统一继承法》第2—505条规定：任何具有作证的一般资格的人均可以作为遗嘱见证人。遗产受益人也可以作为遗嘱见证人，其在遗嘱中签名，并不使遗嘱的全部或部分内容归于无效。这里所称的**"具有作证一般资格的人"**主要是指未成年人、禁治产人以外的人。英国法律规定，遗嘱见证人必须是足以信赖的人，当见证人或见证人的配偶是遗嘱继承人或受遗赠人时，此等人不足以信赖，因而不能作为遗嘱见证人。

四、遗嘱的内容

遗嘱的内容，是指遗嘱人在遗嘱中所作的处分遗产及处理其他事务的意思表示。由于订立遗嘱是一项民事法律行为，因此，遗嘱的内容和形式都不得违反法律和社会公共利益，不得侵害他人的合法权益。

我国继承法 未对遗嘱应包括哪些内容作出明确的规定，公民在不违反法律的前提下，根据自己的意愿和需要设立遗嘱，遗嘱的具体内容应由遗嘱人自己决定，但遗嘱是对遗产或其他事务的处分和安置，所以遗嘱的内容应当具体、明确，以便遗嘱的执行。根据法律的规定和司法实践的经验，遗嘱的内容，一般应当包括以下几个方面。

1. 遗嘱应当指明遗产的范围、名称和具体数量。遗嘱人最好能列一个遗产清单，并说明遗产的名称、数量和存放地点。

2. 遗嘱应当指定继承人、受遗赠人。即遗嘱应当写明遗产由谁取得，即遗嘱继承人、受遗赠人的姓名，如果受遗赠人是国家、集体或社会组织的，也应写明具体的单位和名称。

3. 遗嘱应当指定遗产的分配方案或具体份额。即遗嘱人应当在遗嘱中指定各继承人、受遗赠人各自所得的具体份额和数量，如果遗嘱人未在遗嘱中规定所列遗产的分配方案和具体数额的，应推定各继承人及受遗赠人平均分配该遗产。

4. 遗嘱人可以在遗嘱中对遗嘱继承人或受遗赠人附加一定的义务，作为遗嘱继承人或受遗赠人继承或受遗赠的前提条件。例如，甲设立遗嘱将其财产遗留给朋友乙，但条件是乙必须抚养其未成年的儿子。但遗嘱所附义务必须符合三个条件：一是履行义务所需的费用，不能超过其依遗嘱可以获得的财产的总额；二是所附义务应当是能够履行的；三是所附义务不得违反法律和公序良俗。在附义务的遗嘱继承或遗赠中，遗嘱继承人或受遗赠人不能只享有继承权利，而不承担继承义务。如果他们没有正当理由而不履行遗嘱所附义务的，就失去了接受遗产的权利。最高人民法院《关于贯彻执行〈中华人民共和国继承法〉若干问题的意见》第43条规定：附义务的遗嘱继承或遗赠，如义务能够履行，而继承人、受遗赠人无正当理由不履行，经受益人或其他继承人请求，人民法院可以取消他接受附义务那部分遗产的权利。

5. 遗嘱人可以在遗嘱中指定遗嘱执行人。所谓**遗嘱执行人**，是指继承开始后负责实施遗嘱内容的人。由于遗嘱是在遗嘱人死亡后生效，遗嘱人不能亲自执行遗嘱，因此《继承法》第16条规定，公民可以指定遗嘱执行人。继承法对指定的遗嘱执行人没有作强制性的规定，遗嘱执行人可以是法定继承人，也可以是法定继承人之外的人，甚至可以是国家机构、集体组织或社会团体。指定遗嘱执行人不是遗嘱的必须内容，遗嘱中没有指定遗嘱执行人的,并不影响遗嘱的效力。

第三节 遗嘱的变更、撤销和执行

一、遗嘱的变更和撤销

遗嘱的变更，是指遗嘱人在立遗嘱后对遗嘱的内容进行修改或变动。如变更继承人、受遗赠人或者变更继承人、受遗赠人的份额。**遗嘱的撤销**，是指遗嘱人在立遗嘱后对所立遗嘱予以废除。如另立一份新遗嘱或者销毁原遗嘱。遗嘱变更与撤销的区别主要在于遗嘱人对遗嘱的内容改变的程度不同。变更只是遗嘱人部分地改变了原遗嘱的意思表示，也就是对遗嘱的部分撤销；而撤销遗嘱是遗嘱人变更原遗嘱的全部内容，也就是对原遗嘱的意思表示进行全部的变更。

特别提示

遗嘱的变更或撤销，与一般的民事行为的变更或撤销是不同的。一般民事法律行为的变更或撤销，须有法定的变更或撤销民事行为的事由，或者须征得对方当事人的同意。另外，有撤销权的一方须在法定的期间内行使撤销权，在法定的除斥期间届满后，撤销权即消灭，当事人不得以单方的意思表示变更或撤销民事行为。而遗嘱的变更或撤销不受上述限制。遗嘱制度设立的目的，就是为了尊重遗嘱人的意志，让遗嘱人能够充分行使对其个人财产的处分权。遗嘱是单方的法律行为，其在生前所立的遗嘱可在死亡前随时予以变更和撤销，无须征得其他任何人的同意，也无须有任何的事由。《继承法》第 20 条规定：遗嘱人可以变更、撤销自己所立遗嘱。

（一）遗嘱变更或撤销的条件

遗嘱的变更和撤销与设立遗嘱一样，须要具备一定的条件才能发生遗嘱变更或者遗嘱撤销的法律效力。遗嘱变更或撤销的条件如下：

1. 变更或撤销遗嘱时遗嘱人必须具有遗嘱能力。只有完全民事行为能力人可以设立遗嘱，也只有完全民事行为能力人才可以变更或撤销遗嘱。如果遗嘱人立遗嘱时具有遗嘱能力，但立遗嘱后丧失了民事行为能力，则不能变更或撤销遗嘱。

2. 变更或撤销遗嘱必须是遗嘱人真实的意思表示。遗嘱人撤销或变更其所立的遗嘱，取决于遗嘱人个人的意愿，至于其动机或目的，法律不予干涉。但如果遗嘱人是在他人胁迫、欺骗之下变更或撤销了遗嘱的，原遗嘱依然有效。

（二）遗嘱变更或撤销的情形

为保证遗嘱的真实性，遗嘱的变更或撤销必须由遗嘱人亲自为之，不得由他人代理。遗嘱属于要式的法律行为，因此遗嘱的变更和撤销，必须采取法律所规定的方式，即遗嘱人应当用书面或其他形式变更或撤销遗嘱。在实际生活中，遗嘱的变更或撤销，主要有两种形式，一种是明示的变更或撤销，一种是推定的变更或撤销。所谓**明示的变更或撤销遗嘱**，是指遗嘱人以明确的意思表示变更或撤销遗嘱。遗嘱人以明示的方式变更或撤销遗嘱的，须按照继承法规定的程序和要求进行，不具备遗嘱法定形式的变更或撤销遗嘱的意思表示，不发生遗嘱变更或撤销的效力。《继承法》第20条规定：自书、代书、录音、口头遗嘱，不得变更、撤销公证遗嘱。所谓**推定的变更或撤销**，是指遗嘱人变更和撤销遗嘱的意思并未明确表示出来，但法律可依其行为推定遗嘱人对遗嘱作了变更和撤销。一旦人民法院推定遗嘱人遗嘱已经变更或者撤销，原有遗嘱即被变更或撤销，有关继承人或受遗赠人不得再依原遗嘱主张权利。

遗嘱的变更或撤销，主要有以下几种情形：

（1）遗嘱人另立遗嘱。这里需要注意以下几种情形：第一，遗嘱人为了变更或撤销原有的遗嘱，订立了新的遗嘱。根据《继承法》第20条的规定，遗嘱人可以撤销、变更自己所立的遗嘱。第二，遗嘱人立有数份遗嘱，其内容相互抵触的，推定变更或撤销了先订立的遗嘱。《继承法》第20条的规定，立有数份遗嘱，内容相抵触的，以最后的遗嘱为准。遗嘱人如果在同一天立有数份遗嘱，遗嘱的内容相互抵触，且不能推定先后顺序的，应推定抵触的部分已被撤销。例如，同一天遗嘱人就同一套房屋立有两份遗嘱，分别指定给两个不同的人继承，如果不能证明立遗嘱的先后时间，则该份遗嘱被视为撤销，房屋按法定继承处理。第三，根据《继承法》第20条的规定，自书、代书、录音、口头遗嘱，不得撤销、变更公证遗嘱。换句话说，公证遗嘱的变更和撤销，应当以公证的形式进行，才具有变更和撤销的法律效力。而其他形式的遗嘱可以相互变更或撤销。

案例分析4—8

[案情] 甲立了一份遗嘱，称其死后的4间房屋由长子继承2间北房，次子继承2间西厢房。后长子出国定居，甲又立了一份遗嘱，遗嘱指定其死后由女儿继承2间北房。

[分析] 在本案中，被继承人甲留有两份遗嘱，依法甲对2间北房的处理应以第二份遗嘱为有效。由于第二份遗嘱中对2间西厢房没有提及，因此，第一份遗嘱中对2间西厢房的处理仍然有效。但如果本案中的甲第一份遗嘱是公证遗嘱，第二份遗嘱是以自书遗嘱、代书遗嘱、录音遗嘱或口头遗嘱的形式订立的，按照法律的规定，这些形式的遗嘱都不能推翻公证遗嘱，那么，本案就应以公证遗嘱的指定分割遗产。

(2) 遗嘱人在生前将遗嘱进行涂改、销毁的，应推定遗嘱被变更或撤销。如果遗嘱人在原遗嘱上涂改了部分内容，应视为遗嘱人对遗嘱的变更，如果遗嘱人损毁遗嘱，或在遗嘱上注明该遗嘱作废，应视该遗嘱被撤销。但如果原遗嘱人所立遗嘱是公证遗嘱，则不因遗嘱人单方的销毁而丧失法律效力，公证遗嘱的变更和撤销必须经过公证机关。

(3) 遗嘱人生前的行为已致使遗嘱部分或全部不能执行的，推定遗嘱已被部分或全部撤销。例如，甲立有遗嘱将5万元存款和1间房屋遗留给女儿，后却因治病将5万元花费掉了，那么，甲的遗嘱应推定作了部分变更，但遗嘱中对房屋的处理没有变。如果甲在生前又将房屋赠与他人，则推定原遗嘱撤销。最高人民法院《关于贯彻执行〈中华人民共和国继承法〉若干问题的意见》第39条规定：遗嘱人生前的行为与遗嘱的意思表示相反，而使遗嘱处分的财产在继承开始前灭失、部分灭失或所有权转移、部分转移的，遗嘱视为被撤销或部分被撤销。由于遗嘱人在订立遗嘱后所为的行为与遗嘱内容相抵触，已经从根本上否定了原来的遗嘱，就意味着遗嘱人对原遗嘱作了撤销或变更的意思表示。但这种与遗嘱相抵触的行为必须是遗嘱人亲自所为的行为，如果是其他人作了与遗嘱相抵触的行为，不能视遗嘱被撤销或变更。例如，甲立遗嘱将自己的5万元送给朋友，但后来因精神失常送医院治疗，甲的父亲为给其看病，将5万元花掉了，该行为虽然与遗嘱相抵触，但这不是遗嘱人本人所为，因此，这种情况不能视为遗嘱被撤销，而应视为遗嘱无法执行。

特别提示

对于遗嘱人的行为与遗嘱的内容相抵触的，还应当注意以下三个问题：

第一，遗嘱人在立遗嘱前的行为与遗嘱相抵触的，不是变更或撤销遗嘱的问题，而是遗嘱无效。例如，甲在生前将自己的房屋全部出卖给他人，但随后又立遗嘱将房屋指定由其子女继承。这里遗嘱人出卖房屋是在立遗嘱之前，遗嘱人立遗嘱时已不再具有房屋的所有权，因此，该遗嘱属于无效遗嘱。

第二，遗嘱人在遗嘱后的行为，如果仅是限制财产所有权的行使，其遗嘱不视为被撤销。例如，甲立遗嘱将价值20万元的房产遗留给女儿，但立遗嘱后，甲因急需用钱，将该房产典当给了乙。典当房屋的行为，不视为遗嘱的撤销，甲去世后，遗嘱仍然有效，甲的女儿对典当的房屋有回赎的权利。

第三，遗嘱人在立遗嘱后的行为与遗嘱部分内容相抵触的，其抵触的部分视为被撤销，其余部分依然有效。例如，甲在遗嘱中将其所有的房屋和一辆轿车指定死后由其女儿继承，但甲在去世前，又将车送给了朋友，在这种情况下，遗嘱中指定由其女儿继承车的部分视为被撤销，但遗嘱中指定由其女儿继承房屋的部分依然有效，房屋仍然由其女儿继承。

各国立法对遗嘱人变更或者撤销遗嘱都采取允许的态度，且以方便适用为原则。《法国民法典》第1035条规定：遗嘱，仅得以日后重新订立的遗嘱，或者以在公证人前作成的载明改变意愿之声明的文书，全部或部分取消之。该法第1036条规定：日后重新订立的遗嘱如未明确取消以前订立的遗嘱，以前订立的遗嘱仅有与新遗嘱不符合或相抵触的条款无效。《德国民法典》第2253条规定：被继承人可以随时撤销遗嘱及遗嘱中所包含的个别处分。有关撤销的方式，该法第2254规定：撤销以遗嘱为之。该法第2255条规定：撤销遗嘱也可以以如下方式为之，即被继承人出于撤销该遗嘱之意图而将遗嘱证书销毁，或者以通常用于表明撤销一项书面意思表示之意愿的涂改方式进行涂改，如果被继承人将遗嘱证书销毁或以上述方式涂改，则推定其为有意撤销遗嘱。但该法在第2256条的规定中对公证遗嘱的撤销规定了特别的方式。

关于遗嘱变更或撤销的效力问题，有的国家在法律上还规定了遗嘱人可以对遗嘱再撤销，即取消对遗嘱撤销的法律效力，使遗嘱的效力恢复到原有遗嘱上来。例如，遗嘱人订立一份遗嘱后，又订立了第二份遗嘱，按照法律的规定，第一份遗嘱即被第二份遗嘱所否定，但遗嘱人随后又订立了第三份遗嘱，其内容是撤销第二份遗嘱，在此情况下，对于遗嘱人所立的第一份遗嘱的法律效力是否恢复的问题，各国立法例不尽相同。从各国的立法上看，主要有两种主张：一种观点是，遗嘱的效力自然恢复，其理由是，第一份遗嘱的无效，是因为遗嘱人订立了第二份遗嘱，因而，遗嘱人在撤销第二份遗嘱时，就是为了恢复第一份遗嘱的效力，否则其不必撤销第二份遗嘱，为尊重遗嘱人的意愿，应当恢复第一份遗嘱的效力。如《德国民法典》第 2257 条规定：如果以遗嘱所为之对一项终意处分的撤销又被撤销倘有疑义，则前项处分仍如同未被撤销一样有效。该法第 2258 条规定：(1) 如果嗣后所立之遗嘱与以前所立之遗嘱相抵触，则嗣后所立遗嘱撤销以前所立遗嘱。(2) 如果嗣后所立遗嘱被撤销，倘有疑义，则以前的遗嘱仍如同未被撤销一样有效。另一种观点是，遗嘱的效力不自然恢复。其理由是，遗嘱人撤销第二份遗嘱，并不意味着其一定含有恢复第一份遗嘱的意思，因此，第一份遗嘱的效力并不因第二份遗嘱被第三份遗嘱撤销而自然恢复。如《日本民法典》第 1025 条规定：依前三条规定撤销的遗嘱，虽于其撤销行为被撤销或至不发生效力时，亦不恢复其效力。但是，撤销行为系被欺诈、胁迫而实施者时，不在此限。《美国统一继承法》第 2—509 条规定：如被继承人所立的在其死亡之时生效并全部或部分撤销第一份遗嘱的第二份遗嘱又被第三个遗嘱所撤销，除第三个遗嘱的内容表明遗嘱人意图使第一个遗嘱恢复效力外，第一个遗嘱的全部或部分内容仍被撤销。

我国继承法对此没有作明确的规定。笔者认为，遗嘱人如果订立一份遗嘱后，又另行设立第二份遗嘱，那么就意味着其撤销了第一份遗嘱，只要第二份遗嘱是遗嘱人依其意愿订立的，那么，即使其后来撤销了第二份遗嘱，第一份遗嘱也不自动恢复其法律效力，应视遗嘱人未设立遗嘱。这是因为，遗嘱一旦被撤销，即丧失了法律效力，即使遗嘱人对第二份遗嘱予以撤销，也不意味着其对第一份遗嘱的重新肯定。例如，甲立遗嘱将其个人所有的房屋指定由其女儿继承，但随后甲又设立一份遗嘱将该房屋留给其母亲。在甲去世前，其撤销了第二份遗嘱，这时甲的遗产应按法定继承处理，其所设立的第一份遗嘱并不恢复其法律效力。但是，如果第二份遗嘱的设立是由于受他人的欺诈、胁迫而作出的，那么，第二份遗嘱被确认为无效后，遗嘱人所立的第一份遗嘱自动恢复其法律效力。

（三）遗嘱变更和撤销的效力

遗嘱变更和撤销的效力，是指遗嘱被变更和撤销所引起的法律后果。

1. 遗嘱变更的效力，是指被遗嘱人变更的遗嘱内容不发生法律效力。

2. 遗嘱撤销的效力，是指被遗嘱人撤销的遗嘱不发生法律效力。

遗嘱人撤销遗嘱后，应视为遗嘱人未立遗嘱，其遗产按法定继承处理。

二、遗嘱的执行

遗嘱的执行，是指遗嘱生效后，实现遗嘱内容的各种事项所必要的行为和程序。遗嘱的执行是至关重要的，继承开始后，如果不执行遗嘱或不正确执行被继承人生前所立的遗嘱，则不仅会违背被继承人的意愿，而且也会侵害遗嘱继承人的继承权。但遗嘱中违反法律或者社会公共利益的部分不得执行。

（一）遗嘱执行人

遗嘱执行人，是指有权按照遗嘱人的意志执行遗嘱的人。《继承法》第16条规定：公民可以依照本法规定立遗嘱处分个人财产，并可以指定遗嘱执行人。遗嘱执行人确定的方式，继承法没有作限制性的规定，遗嘱执行人的确定主要是三种形式：

（1）遗嘱人指定的遗嘱执行人。遗嘱人可以用口头在生前指定遗嘱执行人，也可以用书面（自书、代书）、录音、公证等形式指定一人或数人担任遗嘱执行人。被指定的遗嘱执行人，可以是法定继承人，也可以是其他的公民或组织。遗嘱人指定遗嘱执行人是单方的法律行为，即遗嘱人无须征得被指定人的同意，只要遗嘱人一经指定即发生法律效力。

（2）法定继承人担任遗嘱执行人。如果遗嘱中没有指定遗嘱执行人，或者遗嘱指定的遗嘱执行人因各种原因不能担任遗嘱的执行或拒绝担任遗嘱执行人时，遗嘱执行人应当由法定继承人的全体或协商后指定其中的一人或数人担任，如果法定继承人对遗嘱执行人的确定协商不成，可以诉请人民法院裁决。

（3）遗嘱人生前所在单位或者继承开始地的基层社会组织担任遗嘱执行人。如果遗嘱人没有指定遗嘱执行人，也没有法定继承人担任遗嘱执行人，遗嘱应由遗嘱人生前所在的单位、基层组织，如居民委员会、村民委员会担任遗嘱执行人。

遗嘱人指定遗嘱执行人，是单方的法律行为，其无须征得被其指定的人的同意。但被指定的遗嘱执行人是否同意，也完全取决于被指定的遗嘱执行人的意思表示，其可以接受指定担任遗嘱执行人，也可以拒绝担任遗嘱执行人，即遗嘱执行人接受或不接受指定也是单方的法律行为，不受遗嘱指定的限制。

（二）遗嘱执行人的权利和义务

1. 遗嘱执行人的权利。

（1）遗产管理权。遗嘱人死亡后，遗嘱执行人有权对遗嘱所涉及的遗产进行管理。如果遗产被他人占有，遗嘱执行人可要求其交出或妥善保管遗产。如果遗产有孳息，遗嘱执行人有权代为收取。

（2）有限处分权。在有两个或两个以上的遗嘱继承人或受遗赠人时，有依照遗嘱分配遗产的权利，有用遗产清偿债务的权利。

（3）排除妨害权。遗嘱执行人在执行遗嘱时，任何人不得妨碍和干涉遗嘱执行人的工作，如遇到法定继承人、遗嘱继承人、受遗赠人或其他人干扰或妨碍时，遗嘱执行人有权请求人民法院保护其执行遗嘱的权利。例如，继承人擅自处分遗产，或他人非法侵占遗产的，遗嘱执行人有权请求人民法院责令不法行为人停止侵害。

（4）参诉权。在执行遗嘱的过程中，如果因遗产所有权发生纠纷，遗嘱执行人有权要求参与诉讼。

（5）报酬求偿权。遗嘱执行人为管理和执行遗嘱所支付的费用和应得的报酬，应当在遗产中扣除或者由遗嘱继承人、受遗赠人承担。如果遗嘱继承人或受遗赠人拒不偿付的，遗嘱执行人有权诉请法院要求变卖遗产，从中得到补偿。

2. 遗嘱执行人的义务。

（1）审查遗嘱。遗嘱执行人在执行遗嘱前，应当对遗嘱进行审查，只有经过审查符合法律要求的遗嘱，才可以执行。审查的内容主要是：第一，遗嘱人是否具有遗嘱能力；第二，遗嘱是否是遗嘱人的真实意思表示；第三，遗嘱的内容是否合法；第四，遗嘱的形式是否合法；第五，遗嘱是否被他人伪造、篡改、变更；第六，遗嘱有无为缺乏劳动能力又没有生活来源的继承人保留必要的遗产份额；等等。

（2）清理遗产。由于遗嘱人立遗嘱到遗嘱的执行，通常已经过了一段时间，在此期间，遗嘱人所立的遗产范围可能会有一些变化。从另一方面来讲，也要防止遗产占有人隐匿、转移遗产，因此，遗嘱执行人在执行遗嘱前需要清理遗产，制作遗产清单，明确遗产的范围。遗产清单主要包括：第一，遗产的名称、数量、价值；第二，遗产的债权、债务；第三，遗嘱中是否有附加义务；等等。

（3）管理遗产。在遗产分割前，遗嘱执行人应当妥善地保管遗产，以防止遗产的毁损、灭失。如果遗嘱人对遗产的管理有特别要求的，遗嘱执行人应当按照遗嘱的要求管理遗产。如果因遗嘱执行人的故意或过失，给继承人、受遗赠人造成损失的，应负责赔偿。

（4）遵照遗嘱分配遗产。遗嘱执行人在继承开始后，应召集遗嘱继承人、受遗赠人，公开遗嘱的内容，对遗产的情况进行说明，并按照遗嘱分配遗产。遗嘱执行人有将遗嘱处分的遗产转交给有关人的权利和义务。遗嘱人在遗嘱中遗赠的遗产，应由遗嘱执行人交付受遗赠人。

遗嘱执行人虽然是以自己的名义执行遗嘱，但是，遗嘱执行人必须严格按照法律的要求和遗嘱的指定忠实地履行自己的职责，如果遗嘱继承人或受遗赠人发现遗嘱执行人不能正确履行自己职责，或不及时、不正确地清理遗产，或不按照遗嘱处分遗产，或侵占遗产，遗嘱继承人、受遗赠人有权诉请人民法院撤销遗嘱执行人的资格，并可要求遗嘱执行人停止侵害、返还遗产、赔偿损失。

（三）遗嘱执行人的法律地位

在罗马法上，遗嘱执行人原则上为承继遗嘱人人格的继承人，只在例外的情形下，依死后委任的方式委托继承人以外的人为遗嘱执行人。在欧洲中世纪，遗嘱执行人则只作为遗嘱人的中介人或受托人。遗嘱执行人是近现代民法上规定的制度，有关遗嘱执行人的法律地位，国外立法有两种观点：一是**固有说**。认为遗嘱执行人执行遗嘱是基于其本身固有的权利，如《瑞士民法典》第518条规定：(1) 遗嘱执行人与官方管理人有相同的权利和义务。但被继承人另有指示的，不在此限。(2) 遗嘱执行人代表被继承人的意思，并作为受任人管理遗产，清偿被继承人的债务，交付遗赠以及根据被继承人的指示或依法律的有关规定分割遗产。(3) 如果指定的遗嘱执行人为数人，只要被继承人无另行指示，则其共同行使前款的权利。二是**代理说**。认为遗嘱执行人是代理人或代表人，但对遗嘱执行人是代理谁，这里又分两种观点。一种观点是，遗嘱执行人是遗嘱人的代理人或代表人，理由是遗嘱执行人的行为，是为了实现遗嘱人的意思，因而受制于遗嘱人意思的约束。法国立法采此观点，遗嘱人仅限于遗嘱的指定，不承认法院有选任遗嘱执行人的司法权。在英美法系国家，大多也都采此观点，将遗嘱执行人视为遗嘱人的代表人，因受托而管理遗产、清算并执行遗嘱。另一种观点是，遗嘱执行人是继承人的代理人或代表人，理由是继承人应是遗嘱执行人，继承开始后，遗产已转化为继承人所有，遗嘱执行人的行为是为了保障继承人的利益，因而遗嘱执行人是继承人的代理人或代表人。如《日本民法典》第1015条规定：遗嘱执行人视为继承人的代理人。我国继承法对遗嘱执行人的法律地位没有作明确的规定，笔者认为，从遗嘱执行人的职责和任务来看，遗嘱执行人是依据其固有的权利来执行遗嘱，保护继承人和其他遗产受益人的合法权益，其既不是被继承人的代理人，也不是继承人的代理人。

第四节　共同遗嘱、后位继承和补充继承

一、共同遗嘱

共同遗嘱，又称合立遗嘱，是指两个或两个以上的遗嘱人共同订立的一份遗嘱。共同遗嘱分形式意义上的共同遗嘱和实质意义上的共同遗嘱。所谓**形式意义上的共同遗嘱**，是指记载于同一遗嘱文书上的，内容各自独立的两个或两个以上的遗嘱。这种共同遗嘱只是在形式上具有同一性，但在内容上各遗嘱人进行独立的意思表示，相互间不存在制约和牵连，一个遗嘱人的遗嘱生效，并不影响其他遗嘱的内容和法律效力。**实质意义上的共同遗嘱**，是指两个或两个以上的遗嘱人依据共同的意思表示订立的处分其共有财产的遗嘱。严格意义上的共同遗嘱，是指实质意义上的遗嘱，而形式意义上的共同遗嘱，只是属于不同遗嘱人的独立遗嘱，与实质意义上的共同遗嘱有着本质的区别。我国继承法对共同遗嘱未作明确的规定，但这种遗嘱在实际生活中很多，尤其以夫妻共立遗嘱的情况尤为常见。

（一）共同遗嘱的基本特征

1. 共同遗嘱必须是两个或两个以上的遗嘱人有共同的意思表示。并非所有合立的遗嘱都是共同遗嘱，如果在一份遗嘱中，两个遗嘱人所作的各自独立的意思表示，应为同一份遗嘱上的两份相对独立的遗嘱。

2. 共同遗嘱必须是遗嘱人处分共同共有的财产。如果遗嘱人的财产是各自独立的，那么他们就不具有设立共同遗嘱的条件，其所立的遗嘱应作为遗嘱人对各自财产的处分，这不是共同遗嘱而是两份遗嘱。例如，夫妻离婚后，共同所立的一份遗嘱，应视为是两份遗嘱。

3. 共同遗嘱的内容和形式要件必须符合法律的规定。

（二）共同遗嘱的三种形式

1. 遗嘱人相互指定对方为自己的遗产继承人。设立这种遗嘱的目的，一般是为了取消子女的继承权，可以使配偶的生活不会因一方的死亡而受到大的影响。实际上，这种共同遗嘱与一般的遗嘱没有太大的区别，是两份独立的遗嘱，只是夫妻先后死亡的时间不能确定，被继承人和继承人暂时不能确定而已。

2. 遗嘱人共同指定第三人为遗产的继承人或受遗赠人。这种共同遗嘱在一方死亡后并不生效，只有在共同遗嘱人均死亡时，遗嘱才发生法律效力。

3. 遗嘱人相互继承遗产后，再指定由他们共同的继承人继承或遗赠给第三人。例如，夫妻在设立的共同遗嘱中，指明一方死亡，由另一方继承遗产，另一方死亡后，遗产全部由他们的儿子继承。

（三）共同遗嘱的生效时间

遗嘱人死亡的时间是遗嘱的生效时间，但共同遗嘱的生效时间与一般遗嘱生效的时间有所不同，由于共同遗嘱是两个或两个以上的遗嘱人共同订立的，而共同遗嘱人死亡的时间又是不同的，而且，共同遗嘱的生效时间对继承人而言是至关重要的，因此，笔者认为，共同遗嘱的生效时间，不应一概而论，应根据遗嘱的具体情况来定。

1. 夫妻在共同遗嘱中相互指定对方为自己遗产继承人的，遗嘱人一方死亡共同遗嘱即发生法律效力。

2. 遗嘱人共同指定第三人为遗产的继承人或受遗赠人的，夫妻任何一方死亡，遗嘱都不发生法律效力，只有在共同遗嘱人都死亡后，遗嘱才生效。但是，如果共同遗嘱人中一人死亡后，另一方要变更或撤销遗嘱时，则先死亡一方的遗产可先予执行。例如，夫妻设立共同遗嘱，将财产全部由儿子继承。男方去世后，女方与儿子、儿媳的关系恶化，女方变更遗嘱，将遗产留给自己的弟弟。这时，共同遗嘱中属于男方的遗产可以按照遗嘱执行，即夫妻共同财产的一半全部由儿子继承，另一半在女方死后由女方的弟弟继承。这里要强调的是，遗嘱是单方的法律行为，即使在共同遗嘱中，共同遗嘱人已经明确一方死亡后，另一方不得变更或撤销遗嘱，但生存的一方在死亡前仍有随时变更或撤销所立遗嘱的权利。这是因为，如果不允许生存的一方变更或撤销遗嘱，不仅不符合遗嘱的性质，而且也不利于维护遗嘱人的合法权益。但需要说明的是，生存的一方只能变更或撤销属于自己所有的财产，对已经死亡的一方仍应按照死者遗嘱中的意愿执行。

3. 夫妻双方在遗嘱中相互指定对方为遗嘱继承人，并约定后死的人将遗产遗留给共同指定的继承人或受遗赠人的，一方死亡后，遗嘱部分发生法律效力，但整个遗嘱的效力尚未发生，只有共同遗嘱人全部死亡后，共同遗嘱才发生法律效力。

（四）共同遗嘱的变更和撤销

在一般遗嘱中，遗嘱人生前可依据其意愿随时变更或撤销遗嘱，但在共同遗嘱中，有两个或两个以上的遗嘱人，因此，共同遗嘱一经订立，共同遗嘱中的任何一方能否擅自变更或撤销共同遗嘱的内容，共同遗嘱的变更和撤销是否须共同遗嘱人协商一致，特别是共同遗嘱人一方死亡后，其他共同遗嘱人能否变更或撤销遗嘱，是需要探讨的问题，共同遗嘱变更或撤销主要分两种情况：

(1) 共同遗嘱人在遗嘱中指定双方去世后，他们的遗产留给共同指定的人。在这种情况下，由于共同遗嘱人相互之间不发生继承的问题，因此，在一方死亡后，生存的一方如果变更或撤销遗嘱，那么死亡一方的遗嘱就发生法律效力，生存的一方只能变更或撤销属于自己财产的部分。也就是说，这种共同遗嘱无论变更或撤销，都仅限于自己有权处分的部分，而无权变更或撤销对方的遗嘱内容。

(2) 共同遗嘱在遗嘱中相互指定对方为自己的继承人，并约定共同遗嘱人的后死亡者将遗产留给共同指定的人。在这种共同遗嘱中，共同财产最终是由共同指定的第三人承受，这是共同遗嘱人共同的意愿。当一方死亡后，如果允许生存的一方变更或撤销共同遗嘱，则势必违背了已经死亡一方共同遗嘱人的意愿，同时也侵害了共同遗嘱所指定的承受遗产的第三人的合法权益。从理论上讲，当共同遗嘱人一方死亡后，按照共同遗嘱生存的一方就继承了死亡一方的遗产，也就取得了该遗产的所有权，其依法享有对该遗产的处分权，因此，其有权对共同遗嘱进行变更或撤销。但我们必须看到，共同遗嘱的共同遗嘱人，在订立遗嘱时的意思表示是相互关联的，相互制约的，互相继承是以对方的遗嘱的最终指定为条件的，当共同遗嘱人一方死亡后，另一方如果要变更或撤销共同遗嘱的，就应当先将死亡一方的遗产,交由共同遗嘱指定的第三人承受，而生存一方的共同遗嘱人只能将属于自己部分的财产进行处理。换句话说，当生存的共同遗嘱人要变更或撤销共同遗嘱时，原共同遗嘱中已经死亡一方原有的将遗产交由其继承的意思也就失去了法律效力，不再由共同遗嘱人中生存的一方继承，而直接交由其在共同遗嘱中指定的继承人或受遗赠人取得。要强调的是，这并不意味着该共同遗嘱人的遗产按法定继承处理，因为，这种共同遗嘱在设立时，共同遗嘱人相互指定对方为自己的继承人只是一个过渡，而最终的目的是要将遗产交由共同指定的继承人或受遗赠人获得,如果因生存一方的遗嘱人变更或撤销遗嘱的行为而导致整个共同遗嘱无效，势必违背死亡者的遗愿，而且也侵害了遗嘱继承人或受遗赠人的合法权利。例如，夫妻在共同遗嘱中指定对方是自己遗产的继承人，当双方均死亡后，全部遗产由儿子继承。如果妻子死亡后，丈夫想变更共同遗嘱，将遗产遗留给其再婚的妻子，那么，原共同遗嘱中原妻子指定先由丈夫继承的部分应视为被撤销，对此，不能视共同遗嘱无效，妻子的遗产更不能按法定继承处理，应当将妻子的遗产按照其意愿由其儿子继承，其中原遗嘱中所作的先由丈夫继承的意愿作废。

世界各国对共同遗嘱的效力规定是不同的，一些国家承认共同遗嘱，如《德国民法典》第2265条规定，只能由夫妻共同设立共同遗嘱。共同遗嘱因双方离婚、生前撤销行为而无效，撤销权随另一方死亡而消灭。但是，生存配偶如果拒绝接受死亡一方的遗产，即可撤销其在共同遗嘱中所作的处分。即使接受死者的遗产，生存配偶可因终意接受继承者犯过错，甚至谋杀、虐待、遗弃被继承人或其配偶，对被继承人或其配偶犯有犯罪行为或严重违反行为，乃至“该晚辈直系血亲违背被继承人的意愿以不名誉或不道德的方式生活”等，而撤销与其配偶所立的共同遗嘱，剥夺终意接受遗产人的继承权。该法第2269条规定：(1) 如果夫妻双方在以共同遗嘱相互指定为继承人的共同遗嘱中确定，在生存的一方死亡后，双方的遗产应归属于第三人，在发生疑问时应推定，被指定的第三人对全部遗产作为较晚死亡的夫妻一方的继承人。(2) 夫妻双方在上述遗嘱中指示应在生存的夫妻的一方死亡后始归属于受遗赠者，在发生疑问时应推定，该项遗赠应于生存的夫妻一方死亡后始归属于受遗赠人。在英美法系国家，法院对共同遗嘱也采支持的态度。但在英国法上，“共同遗嘱”一般是指形式意义上的遗嘱，即指两个以上的当事人遵照普通遗嘱的法定形式，将他们各自的意思表示写入同一书面文件中，并不作为一个遗嘱，而是作为各遗嘱人的单个遗嘱。英国法上称的“相互遗嘱”是真正意义上的共同遗嘱，即实质意义上的共同遗嘱。**相互遗嘱**是指，两个以上的当事人在相同条件下，相互授予对方利益的书面文书，并且在遗嘱人之间还订有不得撤销的合同。这种相互遗嘱，不仅是共同遗嘱，而且具有继承契约的法律特征。但有些国家的立法不承认共同遗嘱的效力，如《法国民法典》第968条规定：二人或数人不得以同一文书订立遗嘱，为第三人之利益或者相互处分财产。《日本民法典》第975条规定：二人以上者，不得以同一证书立遗嘱。

在我国，夫妻共同遗嘱较为常见，原因是：

(1) 共同遗嘱适合我国家庭共同共有财产的性质。我国《婚姻法》规定，夫妻在婚姻关系存续期间所得的财产，归夫妻双方共同所有。因而在实际生活中，大多数家庭中的夫妻财产都为共同共有。夫妻任何一方对共同共有的财产都只享有一半的权利，并无确定具体各自财产的范围，合立遗嘱无须对共同财产进行分割，这使共同处理财产成为可能，也为夫妻设立共同遗嘱提供了客观的物质基础。

(2) 按照我国传统的继承习惯，父母一方死亡后，子女并不急于分割父母的遗产，通常子女在父母双亡后，才处理父母遗产的问题。

(3) 共同遗嘱有利于保护配偶的继承权，夫妻在年迈时，合立遗嘱的目的是为了保障共同财产的稳定性，不致出现一方死亡后，另一方因继承而使生活陷入困境。

鉴于此，共同遗嘱是较为符合中国传统和生活习惯的，而且共同遗嘱也符合遗嘱自由的精神，因此，我国继承法对共同遗嘱没有做限制性的规定。但我们也可以看到，共同遗嘱在实践中存在许多的隐患，不仅在生效时间上要受共同遗嘱人死亡的限制，而且当共同遗嘱人变更或撤销共同遗嘱时，还要受到另一方共同遗嘱人意志的限制，特别是当共同遗嘱人一方死亡后，生存一方的共同遗嘱人变更或撤销共同遗嘱时，也极易产生继承纠纷，很难保证共同遗嘱人双方的意愿。从另一方面讲，共同遗嘱与遗嘱的法律特征是相悖的，遗嘱是遗嘱人单方的法律行为，在继承开始前，遗嘱人有权随时变更或撤销遗嘱，不受任何人的限制和干涉，但共同遗嘱一经成立，则受到共同遗嘱人的限制，共同遗嘱的变更或撤销均须经过共同遗嘱人共同进行，这与继承的理论不符。尽管我国继承法对共同遗嘱没有作禁止性的规定，但我们认为，在社会生活中对共同遗嘱不宜鼓励和提倡。

在外国继承法上，除共同遗嘱外，还存在着有关继承契约的规定。所谓**继承契约**，是指家庭成员（或未婚夫妻）之间订立的关于遗产继承及相关问题的协议。继承契约的基本特征是：

(1) 继承契约带有民事合同的特征，是双方的民事法律行为，订立合同的主体是夫妻双方，或未婚夫妻在婚姻契约中与继承契约合订在同一证书中。

(2) 继承契约中的当事人双方的权利义务可以是单务无偿性的，也可以是双务有偿性的，其内容主要包括：第一，指定继承人或受遗赠人；第二，商定遗产分配方式；第三，约定承担扶养义务或支付终身定期金；第四，规定遗嘱负担；第五，约定将来不撤销遗嘱；第六，声明被继承人不立遗嘱或继承人放弃继承权。

(3) 继承契约一经订立，即对双方产生一定的法律拘束力。继承契约的部分内容是在被继承人死亡后才发生法律效力，但继承契约的当事人不得违约，有关承担扶养义务或支付终身定期金的义务只能在被继承人生前积极地履行。继承契约的效力明显高于遗嘱继承和遗赠，并制约着被继承人处分财产的行为。被继承人在订立了继承契约之后，仍然可以对遗产进行处分。但是，如果被继承人的处分与被继承人在继承契约中所承担的义务相冲突，契约继承人和受遗赠人有撤销权。契约继承人和受遗赠人有依照继承契约继承遗产和受遗赠的权利。订约之后，被继承人所为的对遗产处分的行为，如果损害了契约继承人和受遗赠人的权利，得行使撤销权，撤销该行为。[①] 如果契约继承人或受遗赠人在继承开始前死亡，继承契约则应归于消灭。对此，瑞士民法规定继承契约自行失效，被继承人根据契约已取得的利益构成为不当得利，死亡继承人或受遗赠人的继承人有权请求返还，但另有约定者除外。[②]

(4) 继承契约的撤销须契约双方达成协议，或基于法定的事由，由当事人单方解除。

特别提示

共同遗嘱与继承契约的区别主要在于：

第一，共同遗嘱是遗嘱中的一种特殊形式，其不得违背遗嘱的固有特征，仍属于遗嘱人以订立遗嘱的方法处分自己遗产的行为，其在形式上须符合遗嘱的形式要件。而继承契约是契约中的一种特殊形式，其订立的程序与一般的合同的订立基本相同，只是大多国家都要求继承契约须用公证的形式订立。

第二，共同遗嘱的意思表示是共同的，属于共同行为，而继承契约的意思表示是相互对应的，属于契约行为。

第三，共同遗嘱一般仅限于处分遗产，具有无偿性的特点。而继承契约所涉及的内容极为广泛，不仅涉及遗产的处分，而且设立遗嘱的允诺、扶养义务或终身定期金的承担等，带有一定的双务、有偿性的特征。

第四，共同遗嘱的生效时间，必须是在遗嘱人死亡时才发生法律效力，而继承契约则应在成立时即发生法律效力，对双方都具有拘束力。

■ 二、后位继承

后位继承，是指遗嘱人在遗嘱中指定遗产由前位继承人继承，但当遗嘱所指定的某种条件成就或者某一期限到来时，前位继承人将遗产转移给后位继承人的一种继承方式。换句话说，后位继承是遗嘱人在遗嘱中，先指定一人或数人为继承人，再指定另外的人为他们的继承人。先指定的人是**前位继承人**，后指定的人是**后位继承人**。当发生遗嘱所设定的条件或预定的期限到来时，后位继承人即可依遗嘱享有继承权。

---

① 参见张玉敏主编：《继承制度研究》，318页，成都，成都科技大学出版社，1999。

② 参见刘春茂主编：《中国民法学·财产继承》，505页，北京，中国人民公安大学出版社，1990。

在后位继承中，前位继承人通常不是遗产主要的、最终的受益人，其对遗产享有有限的权能，其可以占有、使用和收益，但不享有对遗产的处分权。例如，甲在妻子去世后，与乙结婚。甲再婚时，甲的儿子已经成年，在外地生活和工作。由于甲的身体不好，随时会有生命意外，因此，决定立一份遗嘱。甲在遗嘱中指明，自己去世后，属于自己的房屋由乙继承，但同时又指出，如果乙去世或改嫁，房屋则由儿子继承。按此遗嘱，乙对房屋只享有不完全的产权，即乙不能转卖、赠与、抵押等，该房屋的最终所有权人是甲的儿子。

在有些国家，后位继承是被禁止的，如《法国民法典》第896条规定：约定由受赠与人、指定继承人、受遗赠人负责保管其受赠或继承的财产，并负责将此财产转交第三人的条款，无效；此种条款即使是对受赠与人、指定继承人或受遗赠人订立，亦属无效。但也有些国家是承认后位继承的，如《德国民法典》第2100条规定：被继承人可以通过如下方式指定继承人，即只在另外一人首先成为继承人之后，该人方成为继承人。该法第2103条规定：如果被继承人下令继承人在到达特定时刻或发生特定事件时将遗产交付他人，则推定该他人已被指定为后位继承人。

我国继承法对后位继承没有作明确的或限制性的规定，在理论界有两种意见。一种意见认为，后位继承与民法的所有权理论相悖，遗嘱继承人继承遗产后，就取得了遗产的所有权，可以任意处分财产。如果遗嘱继承人取得遗产却不具有完全的所有权，是违背继承法的基本理论的，而且在实践中也会造成很多的纠纷。另一种意见认为，后位继承是继承的一种特殊的形式，在本质上属于遗嘱人处分遗产的行为，这种形式扩充了遗嘱的内容，赋予了遗嘱人更加充分的遗嘱自由权。笔者认为，后位继承从保障被继承人充分行使财产权的角度来讲是有着积极的意义的，但后位继承对前位继承人所赋予的权利义务与后位继承人的权利义务冲突时，法律上如何处理尚存在空白，后位继承还需要相关配套法律的规定。从目前继承法没有禁止性的规定来看，司法实践应当承认后位继承的法律效力。

三、补充继承

补充继承，是指遗嘱人可以预先指定继承人因放弃、丧失或先于遗嘱人死亡时，其应继承的遗产，转归他人继承。前者为继承人，后者为**补充继承人**。

在通常情况下，遗嘱人在遗嘱中指定由谁继承，或受遗赠，那么遗嘱继承人或受遗赠人在继承开始后可依遗嘱取得遗产。但现实生活中，遗嘱指定的继承人或受遗赠人可能会放弃继承或者丧失继承权，或者因先于被继承人死亡，而导致不能继承或受遗赠。这时，遗嘱指定遗嘱继承人或受遗赠人应当继承的份额按法定继承处理。这样的结果通常会与遗嘱人处分遗产的目的不符。为避免遗嘱最终按法定继承处理的情形发生，遗嘱人可以在遗嘱中指定当遗嘱继承人丧失继承权、放弃继承权,或先于被继承人死亡时，该遗嘱继承人、受遗赠人的遗产份额由另外的人取得。可以看出，补充继承是遗嘱人为了防止指定继承人放弃继承或者先于被继承人死亡等情形发生，致使指定的继承人不能继承时，在遗嘱中补充指定继承人。例如，甲在遗嘱中指定他的遗产由其女儿继承，儿子不得继承，同时又进一步指出，如果女儿不继承，遗产则由其弟弟继承，儿子仍不得继承。

补充继承人，只有在指定继承人空缺的情况下才能实际享有继承权。补充继承，实质上是遗嘱人在立遗嘱时，对于未来预见到的事情所作的事先安排。各国继承法对此一般都有明确的规定，如《德国民法典》第 2096 条规定：被继承人可以针对继承人在继承开始之前或之后继承资格消失的情形，指定由他人作为继承人（候补继承人)。《意大利民法典》第 688 条、第 689 条规定：遗嘱人可以为被指定的继承人设立一名在他不能或者不愿接受继承的情况下，替代他继承的替补人。可以为一名继承人设立数名替补人也可以为数名继承人设立一名替补人，还可以指定共同继承人互为替补人。我国继承法并没有补充继承的相关规定，但从遗嘱自由原则的精神出发，法律应当尊重遗嘱人的意愿，保障遗嘱人享有充分的遗嘱自由权，这对充分保障公民行使财产处分权、保障遗嘱人的意愿具有积极的意义。遗嘱人在遗嘱中指定补充继承人，实际上是遗嘱人行使遗嘱自由权的一个重要方面，应当受到法律的确认和保障。

本章小结

遗嘱继承，是指继承人依照被继承人的遗嘱继承被继承人遗产的一种继承方式。遗嘱继承具有依据遗嘱指定继承、在法定继承人范围内指定继承人继承、体现被继承人的意志、效力优先于法定继承等四个法律特征。遗嘱继承的适用，应具备三个条件。继承开始后，按照法定继承办理；有遗嘱的，按照遗嘱继承或者遗赠办理；有遗赠扶养协议的，按照协议办理。

在我国，遗嘱自由受宪法和法律、社会道德和公序良俗、必须为缺乏劳动能力又没有生活来源的继承人保留必要遗产份额等方面的限制。判断遗嘱是否具有法律效力，要看它是否满足五个有效条件。我国遗嘱有公证遗嘱、自书遗嘱、代书遗嘱、录音遗嘱和口头遗嘱五种法定形式。附义务的遗嘱继承或遗赠，如义务能够履行，而继承人、受遗赠人无正当理由不履行，经受益人或其他继承人请求，人民法院可以取消他接受附义务那部分遗产的权利。

公民可以依照继承法规定，变更、撤销自己所立遗嘱，并可以指定遗嘱执行人。

共同遗嘱，是指两个或两个以上的遗嘱人依据共同的意思表示订立的处分其共有财产的遗嘱。后位继承，是指遗嘱人在遗嘱中指定遗产由前位继承人继承，但当遗嘱所指定的某种条件成就或者某一期限到来时，前位继承人将遗产转移给后位继承人的一种继承。补充继承，是指遗嘱人可以预先指定继承人因放弃、丧失或先于遗嘱人死亡时，其应继承的遗产，转归他人继承。

思考题

1. 简述遗嘱继承的法律特征。
2. 试述遗嘱继承与法定继承的相同点和不同点。
3. 试述遗嘱的有效条件。

第五章 遗赠和遗赠扶养协议

学习目标

- 主要了解遗赠和遗赠扶养协议的基本理论。
- 重点掌握遗赠的概念、特征、有效条件，以及遗赠与遗嘱继承、赠与的区别。
- 深刻体会遗赠的接受和放弃、遗赠的标的和执行，以及遗赠的法律效力等问题。
- 掌握遗赠扶养协议的概念、特征，以及遗赠扶养协议的法律效力。

第一节　遗　赠

一、遗赠的概念和法律特征

（一）遗赠的概念

遗赠制度源于罗马法，早期的遗赠并非单纯对财产的处分，而是作为遗嘱的从属部分存在，在中世纪，遗赠被欧洲各国的教会所利用，鼓励教徒死后将遗产赠与教会。到了近现代，各国民法典为保障遗嘱人对遗产的自由处分权都规定有遗赠制度，遗赠已成为各国继承制度中不可缺少的一部分。

遗赠，是指公民以遗嘱的方式表示在其死后将遗产的一部或全部赠给国家、集体或法定继承人之外的人的法律行为。在遗赠法律关系中，设立遗赠的遗嘱人，被称为**遗赠人**，接受遗赠的人，被称为**受遗赠人**。遗赠所指向的标的，被称为**遗赠物**。

案例分析5—1

[案情]　严东夫妇婚后生育一子严威。严威大学毕业后留在外地工作。2000年，严东的妻子因病去世，严威回来料理后事，由于常年在外工作，无法照顾年迈的父亲，便委托他的堂妹严玲帮忙。由于严玲的悉心照料，让严东十分感动，于是严东死前留下遗嘱，将自己名下的4间房中的2间留给了严威，2间留给了严玲。

[分析]　在本案中，严威是法定继承人，他与严东是继承关系，因此，严威在本案中是遗嘱继承人。严玲是法定继承人之外的人，严东与严玲是遗赠关系，严玲在本案中是受遗赠人。《继承法》第16条规定：公民可以立遗嘱将个人财产赠给国家、集体或者法定继承人以外的人。

根据遗赠是否附有义务，遗赠又分为单纯的遗赠和附条件的遗赠。所谓**单纯的遗赠**，是指遗嘱人仅给付受遗赠人遗产，而不附任何条件和义务的遗赠。所谓**附义务的遗赠**，是指遗嘱中指定受遗赠人接受遗赠附有一定的义务，如果受遗赠人不履行义务，则不能接受遗赠。

案例分析5—2

[案情] 甲丧偶多年，一直与年幼的儿子相依为命。2000年甲身患重病，为了死后孩子能有人照顾，他立下遗嘱，将自己的3间房屋和5万元存款遗赠给朋友乙，但条件是乙必须照顾其8岁的儿子到成年。甲在遗嘱中指定居委会为遗嘱的执行人。2001年1月，甲病逝，乙找到居委会要求接受遗赠，但却不想照管甲的儿子。居委会鉴于此不交付遗赠。乙起诉到人民法院，要求居委会履行交付遗赠的义务。

[分析] 在本案中，甲在遗嘱中对遗赠的财产附有一定的义务，即乙接受遗赠必须以照顾其儿子为前提。《继承法》第21条规定：遗嘱继承或者遗赠附有义务的，继承人或者受遗赠人应当履行义务，没有正当理由不履行义务的，经有关单位或者个人请求，人民法院可以取消他接受遗产的权利。最高人民法院《关于贯彻执行〈中华人民共和国继承法〉若干问题的意见》第43条规定：附义务的遗嘱继承或遗赠，如义务能够履行，而继承人、受遗赠人无正当理由不履行，经受益人或其他继承人请求，人民法院可以取消他接受附义务那部分遗产的权利，由提出请求的继承人或受益人负责按遗嘱人的意愿履行义务，接受遗产。本案中的乙没有正当理由而拒不履行抚养甲子女的义务，人民法院应取消其接受遗产的权利。如果有其他人愿意抚养甲的儿子，人民法院可以根据具体情况考虑由他人接受遗赠。

遗嘱中所附的义务具有附随性，虽然所附的义务不是受遗赠人接受遗赠或者遗嘱继承人继承遗产的对价，但却是附加在遗赠或遗嘱继承之上的条件，受遗赠人或遗嘱继承人履行附加的义务是其取得遗产的前提条件，放弃受遗赠的，或放弃遗嘱继承的，无履行义务的责任。附义务的遗赠须符合以下几个要件：(1)遗嘱中所附的义务必须是合法且能够履行的义务；(2)遗嘱中所附的义务只能附随于遗嘱所给予的权利；(3)遗嘱中所附的义务只能是遗嘱人指定的，法定的义务不能作为遗赠所附的义务；(4)遗嘱中所附的义务不能超过遗赠人所给予的权利。在实际生活中，遗嘱人订立补充遗赠和后位遗赠情况并不少见。所谓补充**遗赠**，是指遗嘱人在遗嘱中明确表示，受遗赠人如果抛弃受遗赠或者先于遗赠人死亡，或者丧失受遗赠权时，将其应取得的财产利益转移给他人的遗赠。这里所说的“他人”就是补充遗赠人。所谓**后位遗赠人**，是指遗赠人在遗嘱中规定，受遗赠人在某一时刻到来之时或某一事件发生时，将其所得的遗赠利益转交给另一受遗赠人的遗赠。在此，前一位受遗赠人为**前位受遗赠人**，后一位受遗赠人为**后**

位受遗赠人。补充遗赠和后位遗赠都是遗赠的特殊形式，在补充遗赠中，遗嘱实质上是有两个遗赠行为，补充遗赠是否生效取决于前一个遗赠能否执行。继承开始后，如果没有发生导致补充遗赠的情形，遗赠行为发生法律效力，遗产归指定的受遗赠人所有，如果发生了导致补充遗赠的情形，遗赠行为不发生法律效力，补充遗赠生效，原受遗赠人应取得的遗产利益，直接归补充受遗赠人所有。补充遗赠的目的和意义在于，能够最大限度地实现遗嘱人的意愿，保证遗赠行为发生效力。在后位遗赠中，前位受遗赠人负有按照遗嘱的指定将遗产移交给后位受遗赠人的义务。这里需要注意的是，后位遗赠中的后位受遗赠人，必须是在移交遗产时生存的人，如果在前位受遗赠人移交遗产时后位受遗赠人已经死亡，遗产归前位受遗赠人所有，前位受遗赠人死亡时，遗赠物由前位受遗赠人的法定继承人继承。目前我国继承法对补充遗赠和后位遗赠均未作禁止性的规定，在司法实践中，如果补充遗赠和后位遗赠不违反我国法律和社会公共利益，应受法律的保护。

（二）遗赠的法律特征

1. 遗赠是要式法律行为。遗赠应以遗嘱的方式进行，由继承法加以规范和调整，遗赠人设立遗赠，以及撤销或变更遗赠的内容，都要必须符合遗嘱的形式要件，否则不发生遗赠的法律效力。

2. 遗赠是单方的法律行为。只要遗赠人用遗嘱的方式表示了遗赠的愿望，受遗赠人是否接受遗赠，并不影响遗赠的法律效力。遗赠人生前有权单方取消或变更遗赠，任何人都不得干涉。如果受遗赠人不接受遗赠，遗赠的财产按照法定的继承方式由法定继承人继承，或作无主财产处理。

3. 遗赠是无偿的法律行为。遗赠是给予受赠人财产利益的行为，这种财产利益必须是无偿的，可以是财产权利的让与，也可以是遗赠人对受赠人义务的免除，如遗赠人可以立遗嘱将其遗产让与给受遗赠人，也可以免除受赠人所欠的债务。但遗赠人只能将财产权利遗赠给受遗赠人，不能将财产义务交由受遗赠人承担。如果遗赠人在遗嘱中对受赠人受赠遗产附加义务的，其所附的义务不得超出受赠人接受的遗赠财产利益的限度。

4. 遗赠是遗赠人将遗产赠与法定继承人以外的国家、集体或个人的法律行为。

5. 遗赠是遗赠人死后生效的法律行为。遗赠人立遗嘱将财产赠与他人的意思表示是在生前作出，但遗嘱只有在遗赠人死亡后才发生法律效力，即遗赠人死亡是受遗赠人取得财产的前提条件。

6. 遗赠是由受遗赠人亲自行使受遗赠权的法律行为。遗赠的受益主体具有特定性和不可替代性，受遗赠权是不能转让的，如果受遗赠的主体是集体组织，其在遗赠生效前已被撤销、解散的，遗赠不发生法律效力。如果受遗赠的主体是自然人，其必须是在遗赠生效时生存的人。如果受赠人在继承开始前死亡，其受赠财产应由遗赠人的法定继承人继承。

案例分析5—3

[案情] 赵某的子女都在外地工作，赵的日常生活一直是由其邻居韩某照顾。赵某生前立下遗嘱，将自己的全部财产都留给韩某。关于遗嘱的内容，赵某的子女和韩某的全家都知道。2002年1月，韩某外出时因交通事故死亡。第二年初，赵某也因病去世。赵某死后，韩的子女要求代位继承赵某的遗产，遭到赵某子女的反对。韩的子女随起诉到人民法院，要求依赵某的遗嘱，代其父亲接受遗赠。

[分析] 在本案中，赵某的遗嘱在订立时是合法有效的，但韩某先于赵某死亡，致使遗嘱因特定权利主体的死亡而不具有法律效力。韩某的子女要求按照遗嘱代位继承受赠财产是没有法律依据的。这是因为，代位继承只适用于法定继承，不适用于遗嘱继承和遗赠。遗赠是遗赠人遗赠给受遗赠人本人的，如果受遗赠人先于被继承人死亡，遗赠则不发生法律效力。《继承法》第27条规定：遗嘱继承人、受遗赠人先于遗嘱人死亡的，遗产中的有关部分按照法定继承办理。本案中赵某的遗产由赵的子女继承。

二、遗赠与遗嘱继承、赠与的区别

（一）遗赠与遗嘱继承的区别

遗赠和遗嘱继承，都是遗嘱人以遗嘱的方式处分自己的财产，并于遗嘱人死后财产所有权发生转移的法律行为。世界各国的继承立法都规定有这两种制度，但在如何区分遗嘱继承和遗赠上却有着不同的标准。有的国家规定，遗赠不能是概括的遗赠，即遗赠的权利义务不能一并转移，如果遗嘱指定某人承受全部权利义务，则该人为指定继承人，无论其是否是法定继承人范围之内的人。有的国家规定，是遗嘱继承还是遗赠应以遗嘱中的指定为准，遗嘱中指定为继承人的，其承受财产为遗嘱继承，遗嘱中如果仅指定将某项财产移交某人而未指定其为继承人的，则为遗赠。有的国家规定，以承受遗产的主体区分遗嘱继承和遗赠，遗嘱人指定法定继承人中的某人承受遗产的，为遗嘱继承，遗嘱中指定法定继承人之外的人承受遗产的，为遗赠。如《法国民法典》规定了三种遗赠方式，即概括遗赠、部分概括遗赠和特定遗赠。**概括遗赠**，是指遗嘱人将其死后留有的财产全部赠与一人或数人的遗嘱处分。**部分概括遗赠**，是指遗嘱人将法律允许其处分的财产之一部分，如可处分财产的一半，或者其中的全部不动产、全部动产，或者动产、不动产中的确定部分，赠与他人的遗赠。**特定遗赠**，也称单纯遗赠，是指遗赠人死亡时，赋予受遗赠人享有遗赠物权利的遗赠。特定遗赠一般不承担按照所受遗赠的比例清偿遗赠人生前债务或税款的责任。《德国民法典》第 2087 条规定：如果被继承人将其财产或将其财产的一部分赠予应得馈赠者，则此种处分视为指定继承人，即使应得馈赠者并未被继承人称作继承人亦如此。如果应得馈赠者只是被赠予个别物品，倘有疑义，不推定其为继承人，即使该人被称作继承人亦如此。此规定是以接受死者遗产的多少而定，遗赠只能针对个别物品，否则就是遗产继承。

在我国，遗嘱继承和遗赠的区别主要是：

(1) 受遗赠人与遗嘱继承人的范围不同。遗嘱继承的主体限于法定继承人范围内的人，既包括第一顺序的继承人，也包括第二顺序的继承人。除此之外，取得代位继承权的晚辈直系血亲，以及对公婆、岳父母尽了主要赡养义务的丧偶儿媳、女婿也可成为遗嘱继承人。而受遗赠人的范围则是国家、集体或者法定继承人之外的人。

(2) 受遗赠权与遗嘱继承权承担的义务不同。遗嘱继承人在享有继承遗产权利的同时，也负有清偿遗嘱人债务的义务。遗嘱继承人清偿遗嘱人的债务和税款，以遗产的实际价值为限。受遗赠人除负担遗赠人附加的义务外，不承担清偿遗赠人所欠债务和税款的义务。但受遗赠人必须在清偿了遗赠人的债务和税款后，才可要求和接受遗赠。在遗赠人的债务和税款超过遗产的实际价值时，受遗赠人不得主张受遗赠权。

(3) 受遗赠人与遗嘱继承人接受遗产的方式不同。遗嘱继承人接受遗嘱继承的时间，法律没有作限制性的规定，只要遗嘱继承人在遗产分割前没有作放弃继承的意思表示，视为接受继承。而若受遗赠人接受遗赠，应当在知道受遗赠的两个月内，作出明确的接受遗赠的意思表示，到期没有表示的，视为放弃受遗赠。

(4) 受遗赠人与遗嘱继承人取得遗产的方式不同。遗嘱继承人有保管和直接参与遗产分配的权利和义务。受遗赠人是法定继承人之外的人或组织，不可以直接参与遗产的分割，其只能从继承人或者遗嘱执行人处取得受遗赠的财产。

（二）遗赠与赠与的区别

赠与，是指当事人通过赠与合同约定，一方将自己所有的财产无偿地转移给另一方所有的民事法律行为。遗赠与赠与都是财产所有者无偿地将财产给予他人的法律行为，但遗赠和赠与是有着本质区别的。

1. 遗赠是单方的法律行为，赠与是双方的法律行为。遗赠和受遗赠都是单方的法律行为，无须征得他人的同意即发生法律效力。遗赠人立遗嘱后，可随时变更和撤销遗赠，受遗赠人无权提出异议和反对。而赠与人与受赠人是一种合同关系，只有在赠与人赠与的意思表示与受赠人接受赠与的意思表示一致时，赠与合同才能成立。赠与人表示赠与，但受赠方拒绝接受赠与的，赠与合同不成立。赠与合同成立后，不得任意变更和撤销，赠与人若要变更或撤销赠与，除依法享有法定变更权外，应当征得受赠人的同意。《合同法》第188条规定：具有救灾、扶贫等社会公益、道德义务性质的赠与合同或者经过公证的赠与合同，赠与人不交付赠与财产的，受赠与人可以要求交付。

2. 遗赠是以遗嘱的方式进行，而赠与是以合同的形式进行。

3. 遗赠是遗赠人死后发生法律效力的行为，而赠与是赠与人生前完成的行为。在继承开始前，遗赠人设立的遗嘱不发生法律效力，受遗赠人不得依据遗嘱要求遗赠人给付遗赠物。赠与在赠与人与受赠人意思表示一致时发生法律效力，赠与物一般在赠与人生前完成交付。

4. 遗赠是遗嘱人处分其遗产的行为，而赠与是赠与人处分其财产的行为。遗赠人处分遗赠财产不得侵害债权人的利益，遗嘱人生前欠有税款或债务的，在清偿其所欠的税款和债务前，不得交付遗赠。此外，法律还规定，遗赠不得剥夺缺乏劳动能力又没有生活来源的继承人必要的遗产份额。赠与是赠与人生前处分其财产的行为，除为了逃避债务而实施的恶意赠与外，赠与人处分自己财产的行为，法律一般不作限制性的规定。

三、遗赠的有效条件

遗赠的效力与遗嘱继承的效力是一致的，遗赠自遗赠人死亡时生效。附延缓条件的遗赠，在条件成就时生效。如果条件成就时，遗赠人仍然生存的，遗赠仍以遗赠人死亡时生效。如果受遗赠人在条件成就前死亡的，遗赠不发生法律效力。如果遗赠人指定受遗赠人的继承人或他人为补充受遗赠的，应当按照遗赠人的指定执行。

1. 遗赠人必须有遗嘱能力。只有完全民事行为能力人才具有遗嘱能力，无民事行为能力人、限制民事行为能力人所立的遗嘱无效。遗赠人有无遗嘱能力应以设立遗嘱时为准，如果设立遗嘱时有遗嘱能力而之后又丧失的，不影响遗嘱的效力。如果设立遗嘱时是无民事行为能力人，但其后来具备了遗嘱能力的，该遗嘱无效。

2. 遗赠必须以遗嘱的方式进行。

3. 遗赠人所立的遗嘱必须符合法律规定的形式。遗赠遗嘱应符合遗嘱的形式要件，凡不符合遗嘱形式要件的遗赠，不发生法律效力。

4. 遗赠人必须为缺乏劳动能力又没有生活来源的继承人保留必要的遗产份额。如果遗赠人死亡时，其法定继承人中有缺乏劳动能力又没有生活来源的人时，应当为缺乏劳动能力又没有生活来源的继承人保留必要的遗产份额，之后受遗赠人才能接受遗赠。

5. 受遗赠人在遗嘱发生法律效力时必须有受遗赠能力。就自然人而言，凡有权利能力的人都有受遗赠能力，受遗赠人已经死亡或被宣告死亡的，遗赠不发生法律效力。就法人而言，遗赠开始时，已经设立尚未终结的都享有受遗赠能力。

6. 受遗赠人必须未丧失受遗赠权。如果受遗赠人实施了侵害被继承人或者其他继承人的利益的行为而丧失受遗赠权的，受遗赠人不得接受遗赠。《继承法》第7条有关继承人丧失继承权的规定，应准用于受遗赠人。

7. 遗赠人所遗赠的遗产范围仅限于其个人所有的财产和财产权利，人身权不能遗赠。遗赠人遗赠第三人的财产给他人的，该遗赠行为无效。遗赠物能否被遗赠应以遗赠人死亡时为准。应当注意的是，遗赠的标的物可分为种类物和特定物，当遗赠物为种类物时，只要遗赠人死亡时种类物存在，遗赠就发生法律效力，当遗赠物为特定物，而特定物在遗赠人死亡时已经灭失或处分的，该遗赠则因标的物的不存在而无效。

四、遗赠的效力和执行

（一）遗赠的接受和放弃

遗赠属于接受或放弃财产的行为，因而作出接受或放弃遗赠的行为能力，应适用《民法通则》有关行为能力的规定。无行为能力或限制行为能力的自然人作为受遗赠人的，接受遗赠的意思表示可以单独完成，他人不能以行为人是无民事行为能力人或限制行为能力人为由主张接受遗赠的行为无效。对于附有义务的遗赠，无行为能力人或限制行为能力人接受遗赠应征得其法定代理人的同意。而对于放弃受遗赠的意思表示，则应由无行为能力人或限制行为能力人的法定代理人代为行使，或征得法定代理人同意后行使。最高人民法院《关于贯彻执行〈中华人民共和国继承法〉若干问题的意见》第 8 条规定：法定代理人代理被代理人行使继承权、受遗赠权，不得损害被代理人的利益。法定代理人一般不能代理被代理人放弃继承权、受遗赠权。明显损害被代理人利益的，应认定其代理行为无效。

《继承法》第 25 条规定：受遗赠人应当在知道受遗赠后的两个月内，作出接受或者放弃遗赠的表示，到期没有表示的，视为放弃受遗赠。这一规定表明，受遗赠人表示接受遗赠是遗赠生效的要件之一，到期没有表示的，视为放弃受遗赠，遗赠的财产只能按法定继承处理。继承开始后，遗嘱执行人或遗嘱人的法定继承人应当将遗嘱指定遗赠给受遗赠人财产的情况告知受遗赠人，受遗赠人接受遗赠的，应当在知道受遗赠的两个月内作出接受遗赠的意思表示。法律规定的两个月时间为除斥期间，期满不行使权利的，则丧失受遗赠的实体权利。

案例分析5—4

[案情] 甲的女儿出嫁到外地，甲一直是由其侄子乙照顾。甲生前立下遗嘱，将自己的全部财产都遗赠给乙，并将遗嘱交给乙保存。2001 年 3 月，甲因病去世。甲的女儿赶回来与乙一起办理了甲的后事。随后，甲的女儿提出与乙平分遗产。乙觉得甲刚刚去世，不宜提遗嘱的事，就推托此事以后再说。半年后，甲的女儿从外地回来，提出要继承全部遗产，乙这时拿出了甲的遗嘱。

[分析] 按照《继承法》第 25 条的规定：受遗赠人应当在知道受遗赠后两个月内，作出接受或者放弃受遗赠的表示。到期没有表示的，视为放弃受遗赠。本案中，乙在被继承人去世后的两个月内没有对继承人表示接受遗赠，因此，法律不再保护其受遗赠权。甲的遗产由其女儿继承，乙只能依据《继承法》第 14条的规定，请求分得适当的遗产。

案例分析5—5

[案情] 方某是一位作家，死前留下遗嘱，将自己一生的藏书留给曾帮助过他的一位朋友王某。方某的子女在父亲去世后，将遗嘱的内容告知了王某，由于王某的文化水平不高，对书籍没有兴趣，不想接受遗赠，但又不好意思明确表示不要，就一直拖着没有给方某的子女答复。半年过去了，方

某的子女在协商处理父亲的遗产时，发现父亲的藏书中，有些是很珍贵的文物，价值很高。王某听说后，马上提出接受遗赠。

[分析] 在本案中，王某表示接受遗赠的时间已经超过了两个月，因此，藏书应由死者的法定继承人继承。需要指出的是，如果受遗赠人是无行为能力人或限制行为能力人的，遗嘱执行人或遗嘱人的法定继承人应将受遗赠的情况一并通知到无行为能力人或限制行为能力人的法定代理人，否则不发生通知的法律效力。

最高人民法院《关于贯彻执行〈中华人民共和国继承法〉若干问题的意见》第53条规定：继承开始后，受遗赠人表示接受遗赠，并于遗产分割前死亡的，其接受遗赠的权利转移给他的继承人。这一规定意味着，如果受遗赠人在遗赠人死亡后，接受遗赠前死亡的，受遗赠人的继承人是可以接受遗赠的。因为遗赠人死亡后，受遗赠人实际已经取得遗赠权，虽然其在生前并未实际取得财产，但是，遗赠物已是受遗赠人的财产，其继承人可以继承。这里要注意一个时间问题，如果受遗赠人在知道受遗赠的两个月内没有明确表示接受遗赠的，其继承人不得继承其受遗赠权。但如果受遗赠人与遗赠人同时死亡，或者受遗赠人是在知道其受遗赠的两个月内，尚未表示其是否接受遗赠时就死亡的，再或是受遗赠人在死前不知道其受遗赠的，其继承人可以继承其受遗赠权。

（二）遗赠的标的

遗赠的标的，是指遗赠人指定无偿给予受遗赠人的对象。遗赠是赠与人给予他人财产利益的行为，这种财产利益既可以是给予财产权利，也可以是免除他人的财产债务，但遗赠人必须给予他人直接的财产利益，而不能给予间接的财产利益。所以遗赠的标的只能是财产利益而不能是人身利益，遗赠人也不能仅将财产义务赠与他人。具体来说，遗赠的标的既可以是债权，也可以是物权；既可以是特定物，也可以是种类物；既可以是所有权，也可以是用益物权。①

从遗嘱人立遗嘱到分割遗产期间，遗赠标的会因遗赠标的物的灭失、毁损、变造或遗赠人丧失对遗赠物的占有等，使遗赠的标的物在形式上已不再是遗赠人在遗嘱中所为的特定物或特定的权利。造成标的物变更的原因很多，有时是因遗嘱人的行为所致，有时是因第三人的行为所致，也可因意外事件所致，发生的时间有的是发生在遗嘱人生前，有的是发生在继承开始之后，而遗赠标的物的变

---

① 参见陈棋炎、黄宗乐、郭振恭：《民法继承新论》，435页，台北，三民书局，2001。

更，将直接影响到标的物的权利归属。对于特定遗赠标的物变更后的权利归属问题，国外立法一般都有相应的规定，如《日本民法典》第999条规定：(1) 遗嘱人因遗赠标的物灭失、变造或占有丧失，而对第三人有请求偿金权利时，该权利推定为遗赠标的。(2) 遗赠标的物与他人物附合或混合，遗嘱人依第234条至第245条的规定成为合成物或混合物的单独所有人或共有人时，其全部所有权或共有权推定为遗赠标的。该法第1001条规定：(1) 以债权为遗赠标的，如遗嘱人已受清偿且受取物尚在继承财产中，则推定该物为遗赠标的。(2) 关于以金钱为标的的债权，继承财产中虽无相当的债权额的金钱，亦推定其金额为遗赠标的。《德国民法典》第2164条规定：被继承人因在指示遗赠后发生物的损坏而享有赔偿减少价值的请求权者，在发生疑问时，遗赠扩及于此项请求权。该法的第216条规定：被继承人享有给付遗赠标的物的请求权者，或该标的物在遗赠后灭失或从被继承人处侵夺致被继承人享有赔偿其价额的请求权者，在发生疑问时，视为已遗赠该请求权。该法第2172条规定：(1) 遗赠物以某种方式与他物附合、混同或融合，致他物的所有权依第946条至第948条的规定扩及该遗赠物或发生共同所有者，或者该遗赠物以某种方式加工或改造，致制造新的物的人依第950条成为所有人者，该遗赠也视为给付不能。(2) 上述的附合、混合或融合系由被继承人之外的人所为，而被继承人因此取得共同所有权者，在发生疑问时，视为遗赠共同所有权。在由被继承人以外的他人为加工或改造的情形，仍适用第2169条第3项的规定。即如果被继承人享有要求给付被遗赠物的请求权或者——在该物于下令遗赠之后灭失或者被从被继承人处没收的情况下——享有要求赔偿其价值的请求权，倘有疑义，该请求权视为被遗赠。

我国《继承法》对遗赠标的物的物上代位的推定没有作明确的规定，但从法律的基本精神上看，物上代位的推定符合遗赠人的意志，应当予以承认。当遗嘱人以特定物为遗赠物时，如果因遗赠物灭失、毁损、变造或占有丧失时，法律推定受遗赠人有物上代位的推定，其具体情形主要有：(1) 遗赠标的物被他人不法行为所损毁的，遗赠人对他人取得的损害赔偿请求权，在遗赠人死亡后，应推定该损害赔偿请求权为遗赠标的。(2) 遗赠人在立遗嘱后，又将遗赠物进行抵押、典当给他人而丧失对该遗赠物的占有时，遗赠人有对该遗赠物赎回的权利，在遗赠人死亡后，应推定该回赎的权利为遗赠标的。(3) 遗赠人在立遗嘱后，又将该遗赠物请人加工，且因加工增加的价值明显超过原遗赠物本身的价值时，致该物因添附而为加工人取得所有权，遗赠人有取得价金的请求权，在遗赠人死亡后，应推定该价金请求权为遗赠标的。(4) 遗赠人将遗赠物投保，因保险事故的发生而丧失对该物的占有，遗赠人有请求保险公司支付保险金额的请求权，在遗赠人死亡后，应推定该请求权为遗赠标的。(5) 遗赠物为不动产的，不动产遗赠物因国家建设需要被征用的，遗赠人丧失对该不动产的占有权，取得对该不动产补偿损失的请求权，在遗赠人死亡后，应推定该权利为遗赠标的。(6) 遗赠人因遗赠物与他物附合或混合，而对附合物或混合物取得权利的，在遗赠人死亡后，应推定该权利为遗赠标的。如果由于遗赠物与他物附合或混合，遗赠人成为该合成物或混合物的单独所有人或共有人，则推定该所有权或共有权为遗赠标的。如果遗赠物与他物附合或混合后，遗赠人丧失了对该遗赠物的所有权，而取得补偿金请求权，应推定该请求权为遗赠标的。[①]

特别提示

如果继承开始后，受遗赠人接受遗赠，其对遗赠标的的权利溯及继承开始之时，那么，无论遗赠标的物发生了怎样的变更，受遗赠人都当然取得遗赠标的变更后所转化的权利。但如果在遗赠人生前遗赠标的物已经发生了变更的，则应根据具体情况判断遗嘱人的真实意愿。如果遗嘱人在立遗嘱前，标的物已经发生了毁损、灭失、变造等情况，而遗嘱人仍以该项财产为遗赠标的物的，应根据遗嘱人是否知情来推定其代位权利是否为遗赠标的。如果遗嘱人在立遗嘱时已经知道该标的物已经发生了毁损、灭失、变造等情况，应推定遗赠无效。如果遗嘱人不知该标的物已经发生了毁损、灭失、变造等情况，应推定以其代位权利为遗赠标的物。如果遗嘱人在立遗嘱后，标的物发生了毁损、灭失、变造等情况，遗嘱人在遗嘱中另有意思表示的，或遗赠人在生前已经行使了因遗赠标的物的变更而获得的权利的，应视为遗赠人将遗赠标的的代位权利进行了与其遗嘱相抵触的处分，即遗赠人撤销了遗赠，除遗赠人将受偿金明确保留在遗产中，并有仍将其作为遗赠物的意思表示外，原遗赠不发生法律效力。

（三）遗赠的法律效力

遗赠的效力是以遗赠人死亡为前提条件的，如果遗赠是附条件或附期限的，则遗赠在条件成就或期限的到来时发生法律效力。如果遗赠人死亡前，遗嘱中所设立的条件已经成就，遗赠也必须在遗赠人死亡时生效。

对于遗赠发生法律效力时，受遗赠人是当然地取得遗赠物，还是有待于遗赠

① 参见杨振山：《民商法实务研究》，173页，太原，山西经济出版社，1993。

标的物的交付或转移登记后才取得该项财产，各国继承立法都有规定。如《德国民法典》第 2175 条规定：被继承人遗赠自己对继承人享有的债权，或遗赠一项由继承人的物或权利所负担的权利，因继承开始，由于权利和债务的混同或由于权利和负担合并而消灭的法律关系，在遗赠时视为不消灭。这就是说，如果受益人依遗嘱应取得遗产的全部或一部，被认为是被继承人的指定。在物权公示原则上，德国采取形式主义的立法例，即物权的变动，动产须有动产交付，不动产须进行不动产登记才发生法律效力。所以，除遗嘱指定继承人或法律视为继承人以外，遗赠仅具有债权的效力。我国继承法对此未作明确的规定。有学者认为，遗赠的效力在性质上属于物权；也有学者认为，遗赠的效力在性质上属于债权；还有学者认为，遗赠的效力，因遗赠标的种类的不同而有所不同，即当遗赠标的为财产权利的给付时，遗赠仅发生债权的效力，只有在清偿了被继承人所欠的债务时，遗赠才能实现。但当遗赠标的为债务免除时，遗赠就产生物权的效力，在被继承人死亡时即发生法律效力，而不必等到被继承人的债务清偿之后。例如，甲在死亡前留有遗嘱，指定在其死后乙不用偿还所欠的 5 万元。甲去世后，甲的家人在清点遗产时发现甲生前欠丙 10 万元，以现有的遗产尚不足以偿还丙的债务，在这种情况下，甲在遗嘱中免除的乙的债务仍然有效。笔者认为，继承权，包括法定继承、遗嘱继承或遗赠，均被认为是独立于物权和债权之外的一种财产权。遗赠作为继承制度的一种，具有独立的法律效力，遗赠经受遗赠人表示接受遗赠后，其效力溯及到继承开始之时，受遗赠人有请求继承人给付的权利，遗嘱执行人或继承人有将遗赠物交付受遗赠人的义务。遗赠的标的无论是财产权利或是免除债务，都应遵守继承法有关规定，我国《继承法》第 34 条明确规定：执行遗赠不得妨碍清偿遗赠人依法应当交纳的税款和债务。这一规定要求，只有在清偿了遗赠人所应当交纳的税款和债务后，才能执行遗赠。

遗赠的效力主要表现在：(1) 当遗赠的标的物为有形财产时，无论该财产为动产或不动产，都因受遗赠人表示接受遗赠而溯及继承开始之时，即被继承人死亡之时受赠财产当然转归受遗赠人享有所有权或其他物权，不以交付或登记为要件。(2) 当遗赠物为无形财产时，该权利也因受遗赠人表示接受遗赠而溯及继承开始之时转移给受遗赠人所有，遗嘱执行人或继承人应将有关权利证书及其他文件交付给受遗赠人。(3) 当遗赠标的物为债务免除时，应在清偿遗赠人依法应当交纳的税款和债务后，才能因受遗赠人的表示接受而溯及地发生债务免除的效力。因为遗赠与清偿遗赠人的债务是两个不同的法律关系，受遗赠人不能因遗赠的法律关系而免除其在另一合同的法律关系中所应履行的义务。另外，从合同担保债的一般担保制度上看，债务人的所有债权人都对债务人享有代位权与撤销权。债权人撤销权是指债权人对于债务人危害债权实现的行为，有请求法院撤销该行为的权利。当被继承人为无偿债务免除时，只要有害于清偿债权人的债权，各债权人及继承人均得先行请求债务人履行债务，只有在满足债权人的债权后，债务人即受遗赠人，才可按照其债务免除额的比例得到遗赠。这里要特别注意的是，遗赠标的为债务的免除与生前债务免除的区别，生前债务的免除是被继承人生前的行为，其效力在被继承人生前已经发生，债务人也就无须再承担清偿的义务了。①

附负担的遗赠与遗赠人在单纯的遗赠中留有债务是不同的。如果遗赠人在遗赠的同时留有债务，无论该债务是否与遗赠标的物有无直接关系，此项债务都是被继承人的债务，与遗赠没有必然的联系，只有在遗赠人所留下的遗产不足清偿其债务时，才会影响到遗赠的执行，受遗赠并不以其负担债务的清偿为前提。最高人民法院《关于贯彻执行〈中华人民共和国继承法〉若干问题的意见》第62条规定：遗产已被分割而未清偿债务时，如有法定继承又有遗嘱继承和遗赠的，首先由法定继承人用其所得遗产清偿债务；不足清偿时，剩余的债务由遗嘱继承人和受遗赠人按比例用所得遗产偿还；如果只有遗嘱继承和遗赠的，由遗嘱继承人和受遗赠人按比例用所得遗产偿还。可见，遗嘱继承人和受遗赠人所处的地位是相同的，所负担的义务也是相同的。

（四）遗赠的执行

遗赠的执行，是指执行遗赠的人在受遗赠人表示接受遗赠后，按照遗嘱的要求将遗赠财产移交给受遗赠人。执行遗赠的人应当是遗嘱指定的遗嘱执行人，如果遗嘱没有指定遗嘱执行人的，应由遗嘱人的法定继承人为遗嘱执行人。如果遗嘱人没有法定继承人，则应由遗嘱人所在的单位或者住所地的居民委员会、村民委员会履行遗嘱执行人的职责。

遗嘱执行人执行遗赠，必须保障受遗赠人依法享有的受遗赠权，不得以任何的借口拒不执行遗嘱的内容，但如果遗赠人生前欠有税款和债务的，应当先用遗产偿还其所欠的税款和债务，剩余部分才能执行遗赠。

① 参见杨振山：《民商法实务研究》，161页，太原，山西经济出版社，1993。

第二节 遗赠扶养协议

一、遗赠扶养协议的概念和法律特征

（一）遗赠扶养协议的概念

遗赠扶养协议，是指由遗赠人与扶养人签订的，由遗赠人立下遗嘱将自己所有的合法财产，指定在其死后转移给扶养人所有，而由扶养人承担遗赠人生养死葬的协议。《继承法》第31条规定：公民可以与扶养人签订遗赠扶养协议。按照协议，扶养人承担该公民的生养死葬的义务，享有受遗赠的权利。公民可以与集体所有制组织签订遗赠扶养协议。按照协议，集体所有制组织承担该公民生养死葬的义务，享有受遗赠的权利。

在国外的继承立法上，有些国家规定有“继承契约”制度，其与遗赠扶养协议一样是以双方的法律行为来处分遗产。所谓“**继承契约**”是指被继承人生前与家庭成员（或未婚夫妻）签订的有关继承或相关事宜的合同。如《德国民法典》第1941条规定：(1) 被继承人可以通过合同指定继承人以及下达遗赠和遗嘱负担的指令。(2) 既可以将订立合同的另一方也可以将第三人指定为继承人或指定为受遗赠人。该法第2286条规定：被继承人以法律行为为生前处分自己财产的权利，不因有继承契约而受限制。由于“继承契约”并不要求受益人一定要承担一定的义务，尤其不要求受益人对被继承人履行扶养义务，因此，继承契约与遗赠扶养协议有着很大的区别。

遗赠扶养协议与继承契约的相同点是：(1) 遗赠扶养协议与继承契约都是继承制度中的一种方式，都是双方的法律行为，两种协议对双方的当事人都具有约束力，任何一方都不得随意变更或撤销。(2) 遗赠扶养协议与继承契约的法律效力都自协议成立时起发生，协议中约定遗赠的遗产都在被继承人死亡时才能实际承受，即受益人受领遗产的法律效力自继承开始时发生。(3) 遗赠扶养协议与继承契约的法律效力都高于遗嘱继承和遗赠。当被继承人生前立有遗嘱和遗赠扶养协议或继承契约时，遗赠扶养协议和继承契约的效力高于遗嘱继承和遗赠。

遗赠扶养协议与继承契约的区别在于：(1) 遗赠扶养协议与继承契约的主体不同。遗赠扶养协议的主体是遗赠人和扶养人，而且扶养人的范围极其广泛，既可以是法定继承人之外的任何公民，也可以是集体组织。而继承契约的主体主要是夫妻或未婚夫妻，其他家庭成员之间也可以订立继承契约，即继承契约主要是

在被继承人和法定继承人或特定身份关系的人之间签订。(2) 遗赠扶养协议与继承契约受益人不同。遗赠扶养协议的遗产受益人是固定的，即对被继承人负有生养死葬义务的扶养人。而继承契约的受益人是契约所指定的继承人或受遗赠人，在夫妻双方订立继承契约时，夫妻双方均可依照契约的规定成为对方遗产的继承人，继承契约所指定的第三人也可成为继承人或受遗赠人。(3) 遗赠扶养协议与继承契约的内容不同。遗赠扶养协议中遗赠人和扶养人双方都享有权利承担义务。遗赠人享有接受扶养人供养的权利，负有死后将遗产遗赠给扶养人的义务。扶养人享有遗赠人死亡后取得遗赠遗产的权利，负有对遗赠人生养死葬的义务。而继承契约一般不给对方或第三人设定义务，继承契约所指定的继承人或受遗赠人一般不承担义务，他们只享有接受遗产的权利。(4) 遗赠扶养协议与继承契约中被继承人所受的限制是不同的。遗赠扶养协议中的遗赠人在签订协议后，一般不得擅自处分遗赠财产。而继承契约对于遗嘱人生前以法律行为处分其财产的权利限制很少，只要其不是出于恶意损害契约继承人的利益，就有充分处分其财产的自由，其处分行为有效。(5) 遗赠扶养协议与继承契约订立的程序和方式不同。我国继承法对订立遗赠扶养协议的方式和程序未作明确的规定，无论书面或口头形式订立的，都具有法律效力。而继承契约的订立，则须按照法律规定的程序和方式订立。如果夫妻或未婚夫妻间订立的继承契约与婚姻契约结合在同一证书中的，继承契约须用公证遗嘱的方式订立始发生法律效力。[①]

虽然继承契约体现的是法律充分保护财产所有人对自己财产的处分权，但同时法律也要保障契约继承人不会因被继承人对财产的随意处分而受影响，因而继承契约订立后，财产所有人在一定程度上丧失了对部分财产的处置权，无疑，这与遗嘱自由的原则是相冲突的，因此一些国家在立法上明文禁止订立继承契约。如《法国民法典》第 1130 条规定，任何人均不得放弃尚未开始的继承，也不得就此种继承订立任何条款，即使取得被继承人同意，亦同。

(二) 遗赠扶养协议的意义

遗赠扶养协议是我国继承立法的一个独创，它是在我国农村“五保”制度的基础上形成和发展起来的一种具有中国特色的法律制度。所谓“五保”是指对于没有亲属扶养，缺乏劳动能力又没有生活来源的村民，由他所在的集体组织负责对其“保吃、保穿、保住、保医、保葬（孤儿保教）”，“五保户”死亡后，其所留的遗产归集体组织所有。有关“五保户”的法律文件最早见于 1956 年 6 月 30

① 参见杨振山：《民商法实务研究》，180 页，太原，山西经济出版社，1993。

日的第一届全国人大第三次会议通过的《高级农业合作社示范章程》，1960年第二届全国人大通过的《1956年到1967年全国农业发展纲要》明确指出：农业合作社对于社内缺乏劳动能力的，生活上没有依靠的鳏寡孤独的社员，应当统一筹划，指定生产小组在生产上予以适当照顾，做到保吃、保穿、保烧（燃烧）、保教（儿童）、保葬。使他们的生养死葬都有指靠。目前，我国正在进行社会保障制度的改革，对于那些缺乏劳动能力又没有生活来源的孤寡老人，国家提供了一定的社会保障措施，给予其生活上的救济和扶助。但由于我国经济发展水平的限制，国家还不可能对所有缺乏劳动能力又没有生活来源的孤寡老人提供无偿的物质生活资料，实施充分的社会保障措施。为了使一些孤寡老人能够通过自身的力量做到"老有所养"，继承法所确立的遗赠扶养协议制度，在一定程度上解决了他们的生养死葬的问题。

遗赠扶养协议的意义在于：

第一，遗赠扶养协议有利于解决农村中对"五保户"的扶养及其遗产的处理问题。在实际生活中，一些"五保户"的扶养问题一直由农村的集体组织供养，但在被扶养人死亡后，其亲属与集体组织常常对死者遗留财产的处理产生纠纷，如果集体组织在被扶养人生前能签订遗赠扶养协议，就可以避免这类纠纷的发生，有利于对"五保户"的扶养和遗产的处理。最高人民法院《关于贯彻执行〈中华人民共和国继承法〉若干问题的意见》第55条规定：集体组织对'五保户'实行'五保'时，双方有扶养协议的，按协议处理；没有扶养协议的，死者有遗嘱继承人或法定继承人要求继承的，按遗嘱继承或法定继承处理，但集体组织有权要求扣回'五保'的费用。

第二，遗赠扶养协议有利于减轻国家和社会的负担，有利于减少继承纠纷，有利于切实保障老年人的合法权益。为使老年人"老有所养"，为保障社会的稳定，在我国社会福利和社会保障制度还不是很完备的情况下，将遗赠与扶养结合起来，在父母子女法定的扶养义务外又增加了一种新型的扶养关系，不仅为孤寡老人提供了一种社会保障，而且也为扶养老年人提供了更多的选择。作为遗产继承中的一项措施，遗赠扶养协议对解决老年人、残疾人的扶养问题起到了一定的积极作用，并具有十分重要的社会意义。

作为中国独特的法律制度，遗赠扶养协议综合了遗赠和扶养两种法律关系的内容。双方当事人依据自愿、协商的原则，将遗赠人的生养死葬与扶养人获得遗产有机地结合起来，使被扶养人从扶养人或集体组织处获得生养死葬的保障，扶养人或集体组织则在履行了扶养义务后，从被扶养人处获得遗赠人赠与的财产。

特别提示

遗赠扶养协议的当事人双方并非纯粹的、等价有偿的权利义务关系，遗赠人所遗赠的财产与扶养人所付出的扶养义务有时并不对等。遗赠扶养协议中所包含的权利义务不能完全用经济价值来衡量，遗赠扶养协议中所体现的是社会成员之间的相互扶助的合作精神。

案例分析5—6

[案情]　王某的女儿出嫁后，平时很少回家，王某的晚年生活一直是靠其侄子照顾。2001年3月，王某和侄子在村干部的主持下，签订了一份协议，协议规定：第一，王某的侄子负责王某的日常生活，包括吃、穿、用等。第二，王某的5间房屋在其死后归王某的侄子所有。2001年5月，王某去世，王某的侄子为其办理了后事。但王某的女儿认为，这份协议是不公平的，并以王某的侄子尽的义务较少，而得到的遗赠过多为由，向人民法院起诉，要求继承其中的3间房屋。

[分析]　我们认为，王某的女儿是王某的唯一继承人，但王某在生前已与他人签订了遗赠扶养协议，按照协议，扶养人已尽了生养死葬的义务，因此，应当享有受遗赠人的权利。在现实生活里，有的遗赠扶养协议中，扶养人受遗赠的财产很多，但其所负的义务很少；但在有的遗赠扶养协议中，遗赠人所赠与的财产非常有限，但扶养人却尽了十几年，甚至是几十年的扶养义务，这其中体现的已不完全是契约关系，而人与人之间的互助合作关系，他人不能以民法上的显失公平而主张撤销。

(三) 遗赠扶养协议的法律特征

遗赠扶养协议的法律特征是：

(1) 遗赠扶养协议是双方的法律行为。遗赠人与扶养人之间是一种合同关系，任何一方在合同成立后，非经法定的事由和程序都不得擅自变更或解除协议，否则就应承担违约责任。

(2) 遗赠扶养协议是双务的法律行为。**双务的法律行为**，是指双方当事人都承担一定义务的法律行为。遗赠扶养协议中的权利义务是相对的，双方当事人既享有权利也承担义务。

（3）遗赠扶养协议是诺成性的法律行为。所谓诺成性的法律行为，是指当事人意思表示一致而成立的法律行为。遗赠扶养协议经双方协商一致，即发生法律效力。

关于遗赠扶养协议的形式问题，继承法没有作明确的规定，但遗赠扶养协议涉及的是公民的扶养和转移遗产的问题，属于重大的民事法律行为，因而，应当采用书面的形式订立，以便作为被扶养人死亡后处理纠纷的依据。

遗赠扶养协议的主体是特定的，协议的遗赠人是没有劳动能力又没有生活来源的老人，而扶养人只能是遗赠人法定继承人之外的公民或集体组织。法定继承人与被继承人之间因存在法定的扶养义务和继承遗产的权利，因此，履行义务和继承遗产不应以遗赠扶养协议的方式进行。

案例分析5—7

[案情] 甲因病瘫痪在床，生活不能自理，由于甲的儿子工作很忙，所以甲的弟弟搬过来与甲一起共同生活，照顾其饮食起居。甲的儿子因为不能亲自照顾父亲，所以就找到乙提出，如果乙照顾其父亲的生活，其愿意放弃对父亲遗产的继承权，父亲死后的财产全部都归乙所有，双方就此签订了一份协议。协议规定，乙照顾甲的生活，甲死后，甲的儿子放弃继承权，遗产全部归乙所有。协议签订后，乙搬到甲的家中照顾甲的生活。两年后，甲去世，甲的儿子再次提出放弃继承权，表示遗产归乙所有。但这时，甲的弟弟提出异议，认为遗赠扶养协议应当由被继承人本人签订，甲的儿子无权代其父亲签订，如果甲的儿子放弃继承权，那么遗产应由自己继承。

[分析] 在这个案件中，我们认为：第一，遗赠扶养协议是遗赠人和扶养人签订的协议，具有极强的人身属性，只有遗赠人自己亲自签订才具有法律效力，其他任何人都不得私自代签。因此，本案中甲的儿子与乙签订的遗赠扶养协议是无效的。第二，子女对父母有赡养扶助的义务，这是法定的义务，法定继承人不得以放弃继承权为由不尽赡养义务。按照有关规定，继承人因放弃继承权，致其不能履行法定义务的，放弃继承权的行为无效。第三，由于甲的儿子在甲死后明确表示了放弃继承权，根据继承法的规定，第一顺序法定继承人放弃继承的，由第二顺序法定继承人继承，即在本案中应由甲的弟弟继承，但鉴于乙承担了甲生养死葬的义务，按照《继承法》第14条的规定，可以分给乙适当的遗产。但这里我们要特别注意的是，如果甲的儿子与乙签订的不是遗赠扶养协议，而签订的是乙代甲的儿子照顾甲的

生活，甲的儿子为此在一定期限内支付一定劳务费的附条件的合同，那么这个合同是合法有效的，受法律保护。在甲去世后，合同所附的条件成就，合同发生法律效力，只要甲的儿子在继承开始后没有做出放弃继承的意思表示，即意味着其接受了继承并取得了遗产的所有权，甲的儿子有权将其所有的财产赠与乙或按照合同支付酬金。但按照《继承法》第 14 条的规定，在甲的遗产中也应当为甲的弟弟分得适当的遗产。

二、遗赠扶养协议的法律效力

1. 遗赠扶养协议的法律效力高于法定继承、遗嘱继承和遗赠。《继承法》第 5 条规定：继承开始后，按照法定继承办理；有遗嘱的，按照遗嘱继承或者遗赠办理；有遗赠扶养协议的，按照遗赠扶养协议办理。由此可见，当遗嘱继承与遗赠扶养协议相抵触时，执行遗赠扶养协议；只有遗赠扶养协议未处分的遗产，才能按照遗嘱继承或法定继承处理。

案例分析5—8

[案情]　杨某无儿无女，晚年一直由朋友甲照顾。1998 年 3 月，杨某立下遗嘱，将其所有的房产留给甲所有。2000 年 5 月，杨某在甲外出打工期间，与同村的郝某签订了遗赠扶养协议，协议约定，郝某负责杨某的生养死葬，杨某的房产在死后归郝某所有。杨某死后，甲与郝某就遗产分割问题产生纠纷。

[分析]　由于遗赠扶养协议的法律效力高于遗赠，因此，本案中杨某的遗产应按遗赠扶养协议执行。

2. 遗赠扶养协议一经签订，双方必须认真遵守协议的各项规定。遗赠扶养协议使扶养人和被扶养人之间形成了约定的权利义务关系，对此双方都应当认真履行。扶养人应当履行自己的扶养义务，按照协议对被扶养人给予生活上的照顾和扶助，以及被扶养人后事的处理。扶养人不认真履行扶养义务的，受扶养的一方有权请求解除协议。受扶养人生前未解除协议的，对不尽扶养义务或者以非法手段夺取遗赠财产的扶养人，经继承人或有关单位的请求，人民法院可以剥夺扶养人的受遗赠权。对于不认真履行扶养义务，致使受扶养人在生活上没有得到妥善照顾的，人民法院也可酌情对扶养人受遗赠的财产数额予以减少。受扶养人应当履行在其死后将其财产遗赠给扶养人的义务，对其在协议中指定遗赠给扶养人的财产，受扶养人在其生前享有占有、使用、收益的权利，但处分遗赠财产则应受到限制，即如受扶养人因擅自处分财产而导致扶养人的受遗赠权无法实现，扶养人有权解除遗赠扶养协议，并有权要求受扶养人补偿已经付出的扶养费。

3. 遗赠扶养协议中途翻悔的法律后果。

（1）扶养人无正当理由不履行协议规定的义务导致协议解除的，不能享受遗赠的权利，其已支付的扶养费用，一般不予补偿。例如，扶养人故意降低扶养标准，或在精神上、物质上虐待被扶养人，致使协议不得不解除的，扶养人不再享有受遗赠的权利，已经支出的扶养费，受扶养人一般不作补偿。

（2）受扶养人无正当理由不履行协议致使协议解除的，则应适当偿还扶养人已支付的费用。例如，受扶养人对已经确定为遗赠的遗产，不得故意毁损或擅自处分、出卖或转让，如果因受扶养人恶意的行为使其财产减少，并影响到扶养人的利益致使协议不得不解除，受扶养人应偿还扶养人已支付的供养费。最高人民法院《关于贯彻执行〈中华人民共和国继承法〉若干问题的意见》第56条规定：扶养人或集体组织与公民订有遗赠扶养协议，扶养人或集体组织无正当理由不履行，致协议解除的，不能享有受遗赠的权利，其支付的供养费一般不予补偿；遗赠人无正当理由不履行，致协议解除的，则应偿还扶养人或集体组织已支付的供养费用。

4. 遗赠扶养协议签订后，遗赠人与其子女、扶养人与其父母间的权利义务关系不解除。

（1）遗赠扶养协议签订后，遗赠人的子女对遗赠人的赡养扶助义务不因遗赠扶养协议而免除，同时，他的子女对遗赠人遗赠之外的财产也仍然享有继承权。

（2）扶养人在与遗赠人签订遗赠扶养协议后，由于不发生收养的效力，因此，对自己的父母仍负有赡养扶助的义务，扶养人不得以与他人订立遗赠扶养协议为由拒绝履行对父母赡养扶助的法定义务。

特别提示

如果遗赠财产遭到意外灭失，按照民法理论，因其所有权尚未发生转移，风险的责任应由遗赠人承担，这意味着，扶养人有权提出解除扶养关系。如果扶养人先于被扶养人死亡的，协议因当事人一方的不存在而自行解除，由于遗赠扶养协议具有特定的人身专属性，因而扶养人的法定继承人不能继承取得原协议的权利义务。如果扶养人的法定继承人愿意接替扶养人，继续扶养被扶养人的，应征得被扶养人的同意，且双方应另签订一份新的协议。

本章小结

遗赠，是指公民以遗嘱的方式表示在其死后将遗产的一部或全部赠给国家、集体或法定继承人之外的人的法律行为。遗赠具有六个方面的法律特征。遗赠与遗嘱继承是有区别的。

判断遗赠是否有效，要看它是否符合七个有效条件。遗赠的接受或放弃属于财产行为，应适用《民法通则》有关行为能力的规定。受遗赠人应当在知道受遗赠后的两个月内，作出接受或者放弃遗赠的表示，到期没有表示的，视为放弃受遗赠。

遗赠的执行，是指执行遗赠的人在受遗赠人表示接受遗赠后，按照遗嘱的要求将遗赠财产移交给受遗赠人。执行遗赠的人应当是遗嘱指定的遗嘱执行人，如果遗嘱没有指定遗嘱执行人的，应由遗嘱人的法定继承人或者遗嘱人所在的单位或住所地的居民委员会、村民委员会为遗嘱执行人。遗嘱执行人执行遗赠，必须保障受遗赠人依法享有的受遗赠权，不得以任何的借口拒不执行遗嘱的内容。

遗产已被分割而未清偿债务时，如有法定继承又有遗嘱继承和遗赠的，首先由法定继承人用其所得遗产清偿债务；不足清偿时，剩余的债务由遗嘱继承人和受遗赠人按比例用所得遗产偿还；如果只有遗嘱继承和遗赠，由遗嘱继承人和受遗赠人按比例用所得遗产偿还。

遗赠扶养协议，是指由遗赠人与扶养人签订的，由遗赠人立下遗嘱将自己所有的合法财产，指定在其死后转移给扶养人所有，而由扶养人承担遗赠人生养死葬的协议。

遗赠扶养协议是双方的、双务的、诺成性的法律行为。公民或集体组织可以与扶养人签订遗赠扶养协议。遗赠扶养协议的法律效力高于法定继承、遗嘱继承和遗赠。

思考题

1. 简述遗赠的法律特征。
2. 简述遗赠的有效条件。
3. 简述遗赠扶养协议的意义。
4. 简述遗赠扶养协议的法律特征。
5. 试述遗赠与遗嘱的联系和区别。
6. 试述遗赠与赠与的区别。
7. 试述遗赠扶养协议的法律效力。

第六章 遗产的处理

学习目标

- 重点掌握继承开始时间的确定、被继承人死亡时间的推定。
- 理解掌握遗产债务的范围、遗产债务的清偿原则和方法、遗产的分割原则，以及如何处理无人继承的遗产。

第一节　继承的开始

一、继承开始的时间和地点

(一) 继承开始的时间

1. 继承开始时间的确定。继承的开始，意味着继承法律关系的发生，依此继承人可以取得被继承人的遗产，受遗赠人可以向遗嘱执行人或继承人表示接受遗赠及索取遗赠物。继承开始的原因是被继承人的死亡，而被继承人死亡的时间，就是继承开始的时间。《继承法》第 2 条规定：继承从被继承人死亡时开始。最高人民法院《关于贯彻执行〈中华人民共和国继承法〉若干问题的意见》第 1 条规定：继承从被继承人生理死亡或被宣告死亡时开始。失踪人被宣告死亡时，以法院判决中确定的失踪人的死亡日期，为继承开始的时间。

(1) 自然死亡。**自然死亡**，也称生理死亡，是指人生命的终结。关于人死亡的标准有多种理论，大体有心脏停跳说、呼吸停止说、脑死亡说等。我国目前在法律上是以心脏停止跳动作为自然人死亡的标准。在司法实践中，确认公民自然死亡的时间依据是：第一，医院出具的死亡证书上所确定的死亡时间。第二，户籍管理登记册上所记载的公民死亡的时间。当医院的死亡证书与户籍登记册记载的死亡时间不一致时，应以医院的死亡证书为准。凡利害关系人对被继承人死亡的时间有争议的，应当诉请人民法院，由人民法院依法裁决被继承人死亡的时间。

(2) 宣告死亡。**宣告死亡**，是指法律对离开自己住所生死不明达到一定期限，人民法院根据利害关系人的申请，并按照民事诉讼法规定的程序宣告失踪人死亡。宣告死亡是人民法院依审判程序推定公民死亡的一种法律制度，其与自然死亡具有相同的法律后果，即宣告死亡同样是继承法律关系发生的根据。根据《民法通则》第 23 条的规定，公民有下列情形之一的，利害关系人可以向人民法院申请宣告他死亡：一是，下落不明满 4 年的；二是，因意外事故下落不明，从事故发生之日起满 2 年的。按最高人民法院司法解释的规定，有权向人民法院申请宣告死亡的利害关系人，是指被宣告死亡人的近亲属，以及与其有某种利害关系的公民或单位。申请宣告死亡的利害关系人的顺序是：配偶→父母、子女→兄弟姐妹、祖父母、外祖父母、孙子女、外孙子女→其他有民事权利义务关系的人。人民法院受理案件后，应当发出寻找下落不明人的公告，宣告死亡的公告期为1年，因意外事故下落不明，并经公安机关或其他单位证明该公民不可能生存的，公告期为3个月。公告期届满，人民法院根据申请宣告死亡的事实是否属实，作出宣告死亡的裁决。根据最高人民法院《关于贯彻执行〈中华人民共和国民法通则〉若干问题的意见（试行）》第36条的规定：被宣告死亡的人判决宣告之日为其死亡的日期。

由于宣告死亡只是法律上的一种推定，因而，当宣告死亡的时间与公民实际死亡的时间不符时，应注意以下几个问题：

（1）被宣告死亡的公民仍然生存的，其所实施的民事法律行为有效。《民法通则》第24条规定：有民事行为能力人在被宣告死亡期间实施的民事法律行为有效。最高人民法院《关于贯彻执行〈中华人民共和国民法通则〉若干问题的意见（试行）》第36条规定：自然死亡前实施的民事法律行为与宣告死亡所引起的法律后果相抵触的，则以其实施的民事法律行为为准。例如，甲离家出走多年，一直杳无音信，其家人以为甲已经死亡，人民法院经其家人的申请对其作出死亡宣告。但事实是甲并没有死亡，那么，甲在被宣告死亡期间所实施的买卖、借贷等行为仍然具有法律效力。

（2）被宣告死亡的时间与该公民自然死亡的时间不一致时，并不影响其被宣告死亡时间的法律效力。即被宣告死亡所引起的法律后果仍然有效。

案例分析6—1

[案情] 甲离家多年，后与家人失去了联系，人民法院经其家人的申请对其作出死亡宣告。在法院对甲作出死亡宣告后，甲的父亲因病去世，甲的女儿以代位继承的身份取得了甲的父亲所遗留的遗产。但几年后，甲的家人从其朋友处得知，甲在父亲去世时仍然活着，甲在最近才刚刚死亡。得知这一消息后，甲的妻子认为，甲后于甲的父亲死亡，因而甲父亲的遗产应发生转继承，即甲的妻子应先得遗产的一半，之后再与甲的女儿共同继承另一半遗产。

[分析] 最高人民法院《关于贯彻执行〈中华人民共和国民法通则〉若干问题的意见（试行）》第36条规定：被宣告死亡和自然死亡的时间不一致时，被宣告死亡所引起的法律后果仍然有效。因此，本案对甲父亲遗产的继承，应以宣告死亡的时间为准，即甲父亲的遗产应由甲的女儿代位继承。

(3) 被宣告死亡的人并未死亡的，人民法院应当根据申请人的申请，撤销对他的死亡宣告。《民法通则》第 24 条、第 25 条规定，被宣告死亡的人重新出现或者确知他没有死亡，经本人或者利害关系人申请，人民法院应当撤销对他的死亡宣告。被撤销死亡宣告的人有权请求返还财产。依照继承法取得财产的公民或组织，应当返还原物；原物不存在的，应给予适当的补偿。最高人民法院《关于贯彻执行〈中华人民共和国民法通则〉若干问题的意见(试行)》第 40 条规定：被撤销死亡宣告的人请求返还财产，其原物已被第三人合法取得的，第三人可不予返还。但依继承法取得原物的公民或者组织，应当返还原物或者给予适当补偿。

特别提示

依照继承法取得被宣告死亡人财产的公民或组织，在不能返还原物时所给予的适当补偿，应根据原物的价值和返还人的补偿能力等因素决定具体的数额。但最高人民法院《关于贯彻执行〈中华人民共和国民法通则〉若干问题的意见 (试行)》第 39 条规定："利害关系人隐瞒事实情况使他人被宣告死亡而取得其财产的，除应返还原物及孳息外，还应当对造成的损失予以赔偿。"

2. 被继承人死亡时间的推定。当两个或两个以上互有继承关系的人在同一事件中死亡，而死亡的先后时间又不能确定的，如何推定他们死亡的先后顺序，是事关继承人切身利益的重大问题，其直接影响着继承人的范围。最高人民法院《关于贯彻执行〈中华人民共和国继承法〉若干问题的意见》第 2 条规定：相互有继承关系的几个人在同一事件中死亡，如不能确定死亡先后时间的，推定没有继承人的人先死亡。死亡人各自都有继承人的，如几个死亡人辈分不同，推定长辈先死亡；几个死亡人辈分相同，推定同时死亡，彼此不发生继承，由他们各自的继承人分别继承。这一规定，无疑是推定被继承人死亡时间所必须遵循的法则。

被继承人死亡时间的推定所适用的条件是：

(1) 两个以上的人在同一事件中死亡。

(2) 这些人相互之间有继承关系。

(3) 各自死亡时间的先后顺序无法认定。

依此，我国对被继承人死亡的先后时间有三种推定：

(1) 数人中有的有继承人，有的没有继承人的，推定没有继承人的人先死亡。例如，夫妻在一起事故中同时死亡，丈夫有一妹妹，妻子没有继承人，这时应推定妻子先死亡，妻子的遗产由丈夫继承，丈夫后死亡，丈夫的遗产加上继承其妻子的遗产，即夫妻二人的共同财产最终是由丈夫的妹妹继承。

(2) 都有继承人而辈分不同的，推定长辈先死。例如，甲乙是兄弟，甲与妻子离婚，儿子由甲抚养。一次事故，甲与儿子同时死亡。这时应推定甲先死亡，甲的遗产由儿子继承，儿子后死亡，儿子继承父亲甲的遗产由儿子的母亲继承，即由甲的前妻继承，乙不能继承。

(3) 都有继承人而辈分相同的，推定同时死亡，彼此不发生继承，其遗产分别由各自的继承人继承。例如，甲乙是夫妻，一次事故，甲与乙同时死亡。甲有父母，乙有兄弟姐妹，这时应推定甲乙同时死亡，彼此不发生继承关系，甲的遗产由其父母继承，乙的遗产由其兄弟姐妹继承。

推定死亡时间的制度，在罗马法时期就已相当完善，世界各国主要采两种立法体例。一种是同时死亡的推定。如《德国失踪法》第11条规定：数人死亡或受死亡宣告，而不能证明其死亡之先后者，推定其为同时死亡。另一种是死亡在后的推定。如《法国民法典》第720条帛第722条规定：互有继承权的数人，如在同一事件中死亡，何人死亡在先无法辨明时，死亡在后的推定，根据事实情况确定。如事实情况不明，根据年龄或性别确定。如同时死亡的人均不足15岁时，年龄最长的人推定为后死亡人。如均在60岁以上时，年龄最小的人推定为后死亡人。如某些人不足15岁，而另一些人超过60岁时，前一种人被推定为后死亡人。如同时死亡的数人，年龄均在15岁以上、60岁以下而年龄相等或相差不超过1岁时，男性者应被定为后死亡人。如同时死亡之数人为同一性别者时，死亡在后的推定，应使继承能按照自然的顺序开始：即年龄较低者被推定为死亡在年龄较长者之后。美国《统一死亡条例》规定，在没有充分证据证明谁人后死的情况下，不分性别、年龄和辈分，推定每一个人都后死于他人，因而每一个人的财产都由他的其他继承人继承，在同一次事故中死亡的人相互之间不继承。这里所称的后死，是指某人后于他人120小时以上死亡。这一立法是为了避免复杂的遗产管理程序，并可以防止遗产转移给被继承人所不中意的继承人继承。

3. 继承开始时间的意义。公民的死亡是引起继承法律关系发生的法律事实，公民死亡的时间，是继承开始的时间，而继承开始时间具有如下法律意义。

(1) 继承开始的时间是确定财产所有权转移的时间。在继承开始前，继承人所享有的是继承期待权，继承期待权仅是一种客观意义上的继承可能性。只有在继承开始后，继承人才享有继承既得权，继承既得权使继承具有了实际取得遗产的现实性。因而继承开始的时间，是继承人的继承期待权转为继承既得权的时间，也是被继承人的财产所有权转移给继承人或受遗赠人的时间。

(2) 继承开始的时间是确定遗产范围的时间。被继承人死亡时遗留的个人所有的财产为遗产，被继承人的遗产范围以其死亡时为准。遗产的范围和数量在被继承人生前是不断变化的，财产的数量以被继承人死亡时为界线，在继承开始时，仍属于被继承人所有的财产为遗产，被继承人死亡前，已经处分或消费的财产不再纳入遗产的范围。需要说明的是，从继承开始后，到遗产分割前，遗产的数量和形态有可能也在不断地变化，如遗产发生毁损、遗产产生孳息等，都会影响到遗产的范围和数量，但这属于遗产的保管、使用和收益的问题，与继承开始时产生的效力没有关系。

(3) 继承开始的时间是确定继承人范围的时间。继承开始时，无须继承人主张继承，被继承人的遗产就当然地转移给继承人，但法律要求继承人在被继承人死亡时必须生存，即在被继承人死亡时继承人已经死亡的继承人不再具有继承能力，学理上将其称之为“同时存在的原则”。换句话说，继承人能否参与继承，必须看其在继承开始时是否生存，只要在继承开始时生存的人，就享有继承被继承人遗产的权利，即使其在遗产分割时已经死亡，其未取得的应继份转由其继承人继承。如果先于被继承人死亡的继承人是被继承人的子女，该继承人的直系卑亲属可代位取得被继承人的遗产。按照法律的规定，配偶是第一顺序的法定继承人，相互享有继承权，在继承开始时，只有与被继承人有婚姻关系的人才享有继承权，即当夫妻一方死亡时，其婚姻关系未解除的，另一方享有继承权。即使生存的一方在遗产分割时已经再婚，其仍然是被继承人的法定继承人，依法享有继承权。如果夫妻一方死亡时，其婚姻关系已经解除的，另一方不再享有继承权，不能以法定继承人的身份继承遗产。另外，继承开始的时间，还是确认继承人是否丧失继承权的时间，继承人遗弃被继承人或虐待被继承人情节严重的，依法丧失继承权，但被继承人在死亡前对其表示宽恕的，该继承人不丧失继承权。

(4) 继承开始的时间是确定继承人应继份额的时间。继承人的应继份以被继承人死亡的时间为准，按照继承法的规定，同一顺序的继承人继承的份额一般应当均等。《继承法》第 13 条规定，在分割遗产时，根据继承人的具体情况，可以多分、少分或不分。其中可以多分、少分或不分的条件根据继承开始时的具体情况而定。从继承开始到遗产分割，被继承人的遗产范围有可能会发生一定的变化，但继承人继承遗产的应继份不会因此改变。

（5）继承开始的时间是确定继承人放弃继承权的时间。《继承法》第49条规定：继承人放弃继承权的意思表示，应当在继承开始以后，遗产分割以前作出。在继承开始前，继承人只享有继承期待权，因此，其作出的放弃继承的意思表示不发生法律效力。《继承法》第51条规定：放弃继承的效力，追溯到继承开始的时间。也就是说，放弃继承的继承人在放弃继承后，意味着其自始不具有继承遗产的任何权利。

（6）继承开始的时间是确定和保护继承权诉讼时效的起算点。《继承法》第8条规定：继承权利的纠纷提出诉讼的期限为两年，自继承人知道或者应当知道其权利被侵犯之日起计算。但是，自继承开始之日起超过二十年的，不得再提起诉讼。可见，继承开始的时间，是继承诉讼时效的起算点。

（7）继承开始的时间是确定遗嘱效力的时间。遗嘱人所立的遗嘱是否具有法律效力，是否符合遗嘱的有效要件，应以继承开始时为界线，遗嘱人在生前立有多份遗嘱的，以遗嘱人死亡时最后所立的遗嘱为准。

（二）继承开始的地点

1. 继承开始地的确定。继承开始的地点，是继承人参与继承法律关系、行使继承权、接受遗产的场所。对继承开始地的确定，主要有以下几种主张：一是主张以被继承人的户籍所在地为继承的开始地，但这一主张的缺陷是容易造成被继承人的户籍与其住所地、财产所在地相分离；二是主张以被继承人住所地为继承的开始地，但这一主张的缺陷是住所地的含义难以界定，特别是当被继承人有多处住所时；三是主张以被继承人遗留的财产所在地为继承开始地，这一主张的缺陷是被继承人如果在多处都放置财产，就会造成法律适用上的困难；四是主张以被继承人的死亡地为继承的开始地，这一主张的缺陷是被继承人的死亡带有很大的偶然性和不可预见性，死亡可能会发生在任何地方，这会使法律无所适从。现各国大多采用上述两种或两种以上的主张决定继承的开始地。如《法国民法典》第110条规定：继承开始之地点，依住所确定。《瑞士民法典》第538条规定：（1）继承对于全部财产而言，在被继承人的最后住所所在地开始。（2）对被继承人遗嘱处分的无效之诉或扣减之诉，以及请求移交或分割财产之诉，均应向被继承人住所地的法院提出。

我国《继承法》对继承的开始地未作规定，但《中华人民共和国民事诉讼法》（简称《民事诉讼法》）第34条规定：因继承遗产纠纷提起的诉讼，由被继承人死亡时住所地或者主要遗产所在地人民法院管辖。这项规定表明，我国继承的开始地应是被继承人死亡时的住所地或主要遗产所在地。《民法通则》第25条规定：公民以他的户籍所在地的居住地为住所，经常居住地与住所不一致的，经常居住地视为住所。最高人民法院《关于贯彻执行〈中华人民共和国民法通则〉若干问题的意见(试行)》第9条规定：公民离开住所地最后连续居住一年以上的地方，为经常居住地。但住医院治病的除外。

2. 继承开始地的法律意义。

(1) 继承的开始地，是继承人或受遗赠人行使继承权或受遗赠权并实际取得遗产的场所。

(2) 继承的开始地，是继承纠纷案件的诉讼地。按照《民事诉讼法》的规定，因继承遗产纠纷提起的诉讼，由被继承人死亡时住所地或者主要遗产所在地人民法院管辖。需要特别说明的是，继承开始的地点，是继承纠纷的诉讼管辖地，所要解决的是继承本身的纠纷问题，限于继承恢复请求权的诉讼以及继承人放弃继承的纠纷，遗嘱有效性的检验，遗产管理人、遗嘱执行人的确定，等等。但涉及遗产所有权的纠纷，或他人主张自己对争议财产正当权利的纠纷，不属于继承纠纷，应按普通程序确定管辖的问题。

(三) 继承开始的法律效力

继承开始的法律效力，是指被继承人死亡产生的法律后果。对于继承开始后，遗产归属的效力问题，各国继承的规定有所不同，主要有两种立法例。

1. 直接继承主义。所谓**直接继承**，是指继承开始后，被继承人的权利和义务直接归属于继承人，其中又分为三种：

(1) 当然的概括继承主义，即继承开始后，被继承人的财产权利和义务当然地整体移转给继承人，继承人如要限制自己的权利，须在法定期限内作出放弃继承或限定继承的意思表示，即必须作出接受继承、放弃继承或限定继承的选择。如果继承人在法定期限内没有行使选择权的，推定其为概括继承。法国、日本、德国等采此种立法。

(2) 当然的限定继承主义，即继承人取得被继承人财产权利的同时，也取得了被继承人遗产债务，继承人在遗产的实际价值内承担被继承人应当交纳的税款和债务，遗产债务超过遗产实际价值的继承人可不负责偿还。我国继承法采此种立法。

(3) 接受要件主义，即继承人接受遗产，必须作出接受继承的意思表示。接受继承的意思表示即可以向公证机关作出接受继承的申请，也可通过实际占有、管理遗产的方式表示接受继承。如果继承人未在规定的期限内接受继承的，推定为放弃继承。苏俄民法典采此种立法。

2. 间接继承主义。所谓**间接继承**，是指国家建立遗产管理人制度，由法院行使监督的职责。在继承开始后，遗产不直接归属于继承人，而是由遗产管理人或遗嘱执行人对遗产进行登记造册，收集债权、清偿债务、交纳遗产税、执行遗赠、分配遗产，在任何情况下，继承人对被继承人的遗产债务均不承担责任。采此种立法的是英美法系的国家。

二、继承的通知和遗产的保管

继承开始后，继承人如果只有一人时，则由该继承人继承全部遗产。如果继承人为数人时，遗产则由数个继承人共同继承，发生共同继承的问题。从世界各国的继承立法对于共同继承的规定上看，主要是采三种立法例：（1）按份共有制。法国、日本等国采此立法例，如《法国民法典》第815条规定：任何人不得被强制维持遗产共有，并得随时要求分割遗产，但经判决和协议缓期分割遗产的情形，不在此限。该法第1220条规定：可分之债，在债权人和债务人间，应视同不可分的债履行。债的可分性仅在债权人和债务人的继承人不止一人时，对于各该继承人发生效力，各该继承人替代债权人或债务人，仅能就其权利的部分请求清偿，或仅须就其负清偿的部分作出清偿。此立法是采个人主义的立法思想，主张继承开始后，各共同继承人就已经个别地继承遗产，在法律上各就其应继份，享有特定的、显在的应有部分；各继承人在遗产分割前可以单独处分其应继份；债权、债务，除标的的不可分外，当然地成为各共同继承人的按份债权或按份债务。也就是说，共同继承遗产应按各继承人应继份，分解为个别领域，而在此领域内，应受个人意思支配。[①]（2）共同共有制。德国、瑞士等国采此立法例，如《德国民法典》第2032条、第2133条规定：被继承人有数名继承人者，其遗产为各继承人的共同共有财产。任何共同继承人均可以处分其对于遗产的份额。一名共同继承人处分其对遗产的份额的合同必须经公证人制作成公证书。一名共同继承人不得处分其在个别遗产物上的份额。该法第2058条规定：多数继承人对共同的遗产债务承担连带责任。此立法是采团体主义的立法思想，主张继承开始后，遗产归属于共同继承人共同共有。各共同继承人就继承财产的全部有其应继份，且其应继份为潜在的、不确定的；相应于各个财产，继承人并无确定的应有

① 参见陈棋炎：《亲属、继承法基本问题》，345页，北京，中国政法大学出版社，2000。

部分；各共同继承人仅得处分继承财产全部的应继份，不得也不能就个别财产的应有部分作出处分；债权债务至分割为至，不可分地（连带性）归属于共同继承人全体。[①] (3) 代表人清算制。英美法系国家采此立法例。实行代表人清算制时，被继承人死亡后，遗产暂归遗产管理人或遗嘱执行人进行清算。清算结束有剩余时，继承人始得请求清算人交付剩余财产。在代表人清算制中，继承人并不是直接承受遗产。因此，继承人之间不发生共同继承问题。但在美国继承遗产的不动产，大部分成立不动产共同，具有共同共有性质。[②]

我国继承法对共同继承的问题没有作明确的规定，但最高人民法院《关于贯彻执行〈中华人民共和国民法通则〉若干问题的意见(试行)》第177条规定：继承开始后继承人没有明确表示放弃继承的，视为接受继承，遗产未分割的，视为共同共有。由此可以看出，在遗产分割前，各共同继承人对遗产是共同共有，共同继承人对全部遗产享有其应继份，但各继承人对具体遗产不能主张应继份。

（一）继承的通知

继承开始的通知，是指将被继承人死亡的消息告知继承人、遗嘱执行人。继承从被继承人死亡时开始，而知道被继承人死亡的人应及时通知继承人或受遗赠人，这对于继承人或受遗赠人实现继承权或受遗赠权，防止遗产被隐瞒、侵吞、毁坏或转移具有十分重要的意义。

《继承法》第23条规定：继承开始后，知道被继承人死亡的继承人应当及时通知其他继承人和遗嘱执行人。继承人中无人知道被继承人死亡或者知道被继承人死亡而不能通知的，由被继承人生前所在单位或者住所地的居民委员会、村民委员会负责通知。这一规定表明，被继承人死亡后，法律要求知道被继承人死亡的继承人应当及时地将这一事实通知到其他继承人或遗嘱执行人，如果被继承人的继承人中无人知道，或其虽然知道但不能通知的，则应由被继承人生前所在的单位或者被继承人住所地的居民委员会、村民委员会履行通知的义务。如负有履行通知义务的人不尽通知义务，由此造成的损失应由其承担民事责任。

对于继承开始的通知，法律没有规定采取何种形式履行通知的义务，在实际生活中，只要负有通知义务的人或单位通过适当的方式及时地履行了通知到被继承人的法定继承人或遗嘱执行人的，无论其使用的是口头的、书面的、电子的或

---

① 参见郭明瑞、房绍坤：《继承法》，201页，北京，法律出版社，1996。

② 参见史尚宽：《继承法论》，166页，北京，中国政法大学出版社，2000。

公告的形式，都可以认定其已履行了通知的义务。

（二）遗产的保管、使用、收益和处分

1. 遗产的保管。继承开始后，当继承人只有一人时，该继承人直接继承全部遗产，不涉及遗产的保管问题。但在继承人为两人和两人以上时，则发生共同继承的问题，在共同继承的情形下，从被继承人死亡到遗产分割，由于遗产的归属尚未确定，因而必须有人对遗产进行保管，以防遗产被毁损、盗窃、转移、私分以至有可能遗产全部灭失和部分灭失。遗产的灭失直接影响到继承人、受遗赠人和债权人的利益，因而，遗产的保管具有极其重要的现实意义。

遗产保管人，是对遗产负责保存和管理的人。各国继承立法对确定遗产管理人的规定是不同的，如《德国民法典》第 2038 条规定：对遗产的管理权由各继承人共同享有。任何共同继承人相对于其他继承人均有义务对为进行规范管理所必需的措施予以协助；任何共同继承人均可以在无其他继承人协助时采取为维护遗产所必需的措施。而《法国民法典》第 812 条规定：继承开始地的民事法院得应利害关系人和国王检察官的请求,指定财产管理人。《日本民法典》第 936 条规定：继承人有数人时，家庭法院应从继承人中选任财产管理人。由此可见，遗产的管理人既可由共同继承人共同管理，也可由国家机关指定遗产管理人管理遗产。

我国《继承法》第 24 条规定：存有遗产的人，应当妥善保管遗产，任何人不得侵吞或者争抢。最高人民法院《关于贯彻执行〈中华人民共和国继承法〉若干问题的意见》第 44 条规定：人民法院在审理继承案件时，如果知道有继承人而无法通知的，分割遗产时，要保留其应继承的遗产，并确定该遗产的保管人或保管单位。从这一规定可以看出，负有保管遗产的人，首先是存有遗产的人，存有遗产的人有可能是继承人、受遗赠人、遗嘱执行人或者继承人之外的其他人。凡占有遗产的人都有义务妥善保管遗产。这一规定与其他国家的立法明显是不同的。对于被继承人生前自己管理的遗产，应由知道被继承人死亡的继承人和遗嘱执行人保管。共同继承人都知道被继承人死亡的，应由共同继承人共同负责遗产的保管，也可从中确定一人和数人进行遗产的保管，或者委托他人作为遗产的保管人。如果没有遗嘱执行人而继承人又均不知道被继承人死亡的，或者知道被继承人死亡的继承人是无行为能力人、限制行为能力人的，遗产应由被继承人生前所在的单位，或者由被继承人的住所地，遗产所在地的居民委员会、村民委员会负责保管。人民法院在审理继承案件时，如果有继承人未通知到，或暂时无法联系的，遗产分配后，应为其确定遗产的管理人或保管单位。遗产的管理人一般应

是继承人或遗嘱执行人，如果确定的是单位保管，一般应指定遗产所在地的居民委员会或村民委员会。对于因遗产的保管而支付的费用，应当从遗产中支付，或者由继承人、受遗赠人分担。

对于遗产管理人有无义务的问题，各国规定不一，有的国家规定遗产管理人有管理权而无管理义务，有的国家规定，遗产管理人既有管理权又有管理义务。我国继承法对此没有规定，但从《继承法》第 24 条的立法精神上看，遗产保管人负有保管遗产的义务。遗产的保管人的义务是，应对死者的遗产进行清理，并编制遗产清单。遗产清单的内容应包括属于被继承人所有的动产和不动产、被继承人的债权和债务，并注明遗产的种类、数量、存放地点等。遗产保管人应负有妥善保管遗产的注意义务，因未尽到责任造成遗产损失的，遗产保管人应承担赔偿的责任。

2. 遗产的使用、收益。在共同继承的情况下，有的家庭在继承开始后，对被继承人的遗产并不立即进行分割，那么，共同继承人对遗产的使用、收益问题，应当作出共同的决定。遗产可由一人或数人实际使用，以发挥遗产的使用价值，但遗产的收益，即通过遗产的利用而获得的经济利益，包括遗产的增值和收益，除继承人有特别约定外，应归属于遗产的范围。

3. 遗产的处分。遗产的处分是指继承人对遗产的处理，包括对遗产的消耗、抛弃或对遗产的出租、出卖、赠与等。在共同继承的情况下，遗产是共同继承人共同共有的财产，任何继承人未经其他继承人的同意，不得擅自处分遗产，但为遗产的保存或管理上的必要除外。

我国继承法对继承人的应继份能否处分的问题，未作明确的规定。但大多数国家的继承立法对此持肯定的态度，如《日本民法典》第 905 条规定：共同继承人的一人，于分割前将其应继份让与第三人，其他共同继承人可以偿还其价格及费用，而受让该应继份。我国理论界对此有不同的认识，主要有四种主张：(1) 任何共同继承人不得单独将其应继份转让他人；(2) 共同继承人中的一人，可将其应继份让与其他共同继承人，如让与继承人之外的人，则其他继承人有回赎的权利；(3) 共同继承人经全体共同继承人同意可以转让应继份，但不得转让个别的继承财产；(4) 共同继承人可将其应继份转让给其他继承人，在征得全体继承人同意后，也可将应继份转让给第三人。[①] 笔者认为，继承遗产首先应当清偿被继承人生前所欠的债务和税款，在清偿了被继承人生前所欠的债务和税款后，各共同继承人可以将其应继份转让给其他继承人，但不能将其应继份转让给继承人

① 参见郭明瑞、房绍坤：《继承法》，209 页，北京，法律出版社，1996。

以外的第三人，更不能将具体的遗产转让给他人。理由是，在共同继承中，遗产并未实际分割，因而，各共同继承人对遗产是共同共有而非按份共有的关系，各个继承人在遗产中所占有的应继份额是不确定的，将不确定的应继份转让给第三人,有可能会侵犯到其他共同继承人利益，甚至可能会损害到第三人的利益，且共同继承人之一人或数人将遗产的应继份转让给第三人，无疑将影响到共同继承人对遗产共同共有关系的性质。按照最高人民法院《关于贯彻执行〈中华人民共和国民法通则〉若干问题的意见（试行)》第88条的规定：共同共有人对共同财产享有共有的权利，承担共同的义务。在共同共有关系存续期间，部分共有人擅自处分共有财产的，一般认定无效。但第三人善意、有偿取得该财产的，应当维护第三人的合法权益，对其他共有人的损失，由擅自处分共有财产的人赔偿。依此规定，如果共同继承人擅自处分其应继份给他人造成损害的，应由该擅自处分的共同继承人承担赔偿责任。

第二节　遗产债务的清偿

一、遗产债务的概念和范围

（一）遗产的债务

遗产债务，是指被继承人生前所欠依法应由其个人偿还的债务，即被继承人生前以个人名义欠下的，完全用于被继承人个人的需要，或其他依法应当由其个人承担法律责任的债务。公民死亡后，其遗产有可能是积极财产，也有可能是消极财产，按照继承法的规定，继承人如果继承遗产，就应当清偿被继承人遗留的债务，清偿被继承人的债务以遗产的实际价值为限，超过遗产实际价值的部分，继承人可不付清偿责任。

所谓 **“完全用于被继承人个人的需要所欠的债务”**，是指与家庭共同生活无关的，只是用于满足被继承人个人某种特殊需要而欠下的债务。所谓 **“其他依法应当由其个人承担清偿责任的债务”**，主要包括：(1）被继承人生前应当缴纳的税款。(2）被继承人生前应当履行的合同之债。(3）被继承人生前因侵权而应当承担的损害赔偿责任。(4）被继承人生前获得的不当得利。(5）被继承人生前所负的无因管理之债。(6）其他应由被继承人承担的债务。

（二）遗产债务的范围

在继承开始时，被继承人的遗产往往是与其家人的财产混同在一起的，特别是城镇的个体经营者、农村的家庭联产承包经营者，家庭成员的财产大多为共同共有，因此，被继承人死亡后，首先应当将被继承人的遗产从家庭共有财产中分离出来，之后再由继承人继承。《继承法》第26条规定：夫妻在婚姻关系存续期间所得的共同所有的财产，除有约定的以外，如果分割遗产，应当先将共同所有的财产的一半分出为配偶所有，其余的为被继承人的遗产。遗产在家庭共有财产之中的，遗产分割时，应当先分出他人的财产。

1. 在确定遗产范围时，应当注意的两个问题是:

第一，在夫妻一方死亡时，应当将其遗产从夫妻共同共有的财产中分离出来。在实际生活中，大多数夫妻的财产为共同共有财产，《婚姻法》第17条规定：夫妻在婚姻关系存续期间所得的下列财产，归夫妻共同所有：(1) 工资、奖金；(2) 生产、经营的收益；(3) 知识产权的收益；(4) 继承或遗赠所得的财产，但本法第十八条第三项规定的除外；(5) 其他应当归共同所有的财产。夫妻对共同所有的财产，有平等的处理权。按照婚姻法和继承法的规定，上述财产属于夫妻共同共有财产，在夫妻一方死亡时，应先将其中的一半份额划分出来归生存的一方所有，剩余的一半才能作为死者的遗产进行处理。《婚姻法》第18条规定：有下列情形之一的，为夫妻一方的财产：(1) 一方的婚前财产；(2) 一方因身体受到伤害获得的医疗费、残疾人生活补助费等费用；(3) 遗嘱和赠与合同中确定只归夫和妻一方的财产；(4) 一方专用的生活用品；(5) 其他应当归一方的财产。上述法律规定为夫妻一方特有的财产，在该财产所有人死亡后，可以直接作为遗产处理。《婚姻法》第19条规定：夫妻可以约定婚姻关系存在期间所得的财产以及婚前财产归各自所有、共同所有或部分各自所有、部分共同所有。约定应当采用书面形式。没有约定或约定不明确的，适用本法第十七条、第十八条的规定。夫妻对婚姻关系存在期间所得的财产以及婚前财产的约定，对双方具有约束力。夫妻对婚姻关系存在期间所得的财产约定归各自所有的，夫或妻一方对外所负的债务，第三人知道该约定的，以夫或妻一方的所有的财产清偿。婚姻法对夫妻约定财产归属的限制很少，但约定应采用书面的形式，如果夫妻对财产约定不明确，则应按照《婚姻法》第17条、第18条规定处理。夫妻对婚前、婚后财产有约定的，该约定财产的所有人死亡后，约定归个人所有的财产为死者的遗产。

第二，当一名家庭成员死亡时，应当将其遗产从家庭成员的共有财产中分离出来。家庭共同财产，是指家庭成员在家庭共同生活中以共同劳动、购置、继承、受赠和其他合法方式取得的财产。家庭共同财产属于全体家庭成员共同共有。在我国有不少家庭的财产，是由家庭成员的共同财产组成的，如父母与成年子女组成的家庭共有财产，兄弟姐妹间共同共有的财产，三代同堂的家庭成员共同共有的财产等，当其中一名家庭成员死亡时，就涉及家庭共有财产析产的问题，即需在家庭共有财产中确定死者的遗产范围。例如，当一名未成年人死亡时，其所遗留的生前受赠的财产、获得的奖金和报酬、继承的财产、个人的生活用品、因身体受到伤害而获得的医疗费、残疾人生活补助费等，都属于其遗产的范围。另外，在家庭共同财产中每个家庭成员所占的份额，应当根据家庭成员对家庭所作的贡献大小、出资的多少等因素确定。如果家庭成员间有财产约定，应按约定确定死者遗产的范围。当没有约定和约定不明确时，在家庭成员间确定死者的遗产份额，应当以死者生前对家庭的贡献和其所创造的财富的多少来确定。

2. 在确定遗产债务时，应当注意的三个问题是：

第一，应当将被继承人个人所欠的债务与家庭共同债务相区别。家庭共同债务，是指家庭成员作为债务人所应当承担的财产责任，包括：用于家庭成员共同生活需要所负的债务；为添置家庭共有财产所负担的债务；因家庭的经营活动而负担的债务。要强调的是，上述这些债务，无论是以家庭成员的名义欠下的债务，还是以被继承人个人的名义欠下的债务，都是家庭的共同债务。最高人民法院《关于贯彻执行民事政策法律若干问题的意见》第 49 条规定：因继承人能尽而不尽扶养义务所欠的债务，即使遗产不足清偿，继承人仍应负清偿责任。这一规定是指家庭共同债务应当用家庭共有财产偿还。最高人民法院《关于贯彻执行〈中华人民共和国民法通则〉若干问题的意见(试行)》第 42 条的规定：以公民个人的名义申请登记的个体工商户和个人承包的农村承包经营户，用家庭共有财产投资，或者收益的主要部分供家庭成员享用的，其债务应以家庭共有财产清偿。该司法解释的第 43 条规定：在夫妻关系存续期间，一方从事个体经营或者承包经营的，其收入为夫妻共有财产，债务亦应为夫妻共有财产债务。按照民法的规定，夫妻共同债务应由夫妻共同偿还，家庭共同债务应由家庭共同财产偿还，当家庭共同财产不足以清偿家庭共同债务时，应用家庭成员的个人财产偿还，其中属于应由被继承人个人负担的部分，应作为其遗产债务。

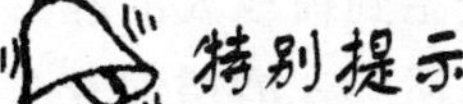

《婚姻法》第19条规定：夫妻关系存续期间所得的财产约定各自所有，夫或妻一方对外所负的债务，第三人知道该约定的，以夫或妻一方所有的财产清偿。最高人民法院《关于适用〈中华人民共和国婚姻法〉若干问题的解释（一）》第18条规定：婚姻法第十九条所称‘第三人知道该约定的’，夫妻一方对此负有举证责任。最高人民法院《关于适用〈中华人民共和国婚姻法〉若干问题的解释（二）》第23条规定：债权人就一方婚前所负个人债务向债务人的配偶主张权利的，人民法院不予支持。但债权人能够证明所负债务用于婚后家庭共同生活的除外。该司法解释第24条规定：债权人就婚姻关系存续期间夫妻一方以个人名义所负债务主张权利的，应当按夫妻共同债务处理。但夫妻一方能够证明债权人与债务人明确约定为个人债务，或者能够证明属于婚姻法第十九条第三款规定情形的除外。随后在第26条又规定：夫或妻一方死亡的，生存一方应当对婚姻关系存续期间的共同债务承担连带清偿责任。

第二，应当将被继承人所欠的债务与安葬被继承人所欠的债务相区别。对于继承开始后，继承人为安葬被继承人所支付的债务，是否是被继承人的遗产债务的问题，我国继承法没有明确的规定。笔者认为，为死者办理丧事是死者近亲属的义务和责任，其所支出的殡葬费用应由死者的继承人或近亲属支付。理由是，因安葬被继承人所欠的债务，不应属于被继承人所欠的债务。从债设立的角度来讲，被继承人生前所欠的债务在被继承人死亡前已经成立，而被继承人的亲属为安葬被继承人所支出的殡葬费用，是在被继承人死亡之后支出的，因而，遗产首先应当清偿被继承人生前所欠的债务，如有剩余可以从遗产中支付殡葬费用，遗产不足部分再由死者的继承人或近亲属偿还。另外，我国国家机关、企事业单位的职工死亡时，其所在单位一般都承担被继承人的丧葬费用，只要不大办丧事，就不应存在因安葬被继承人形成债务的问题。在国外，一般也都是由继承人承担被继承人的殡葬费，如《德国民法典》第1968条规定：继承人承担被继承人的殡葬费用。

第三，应当将为继承遗产而支付的继承费用与遗产债务相区别。因继承遗产，如为遗产管理、遗产分割及执行遗嘱等支出的继承费用，不应作为遗产的债务，但可以从遗产中支付或扣除。理由是，如果将继承费用作为遗产的债务，继承人在清偿其他债务之前，先扣除继承的费用，那么就有可能侵犯到债权人的利益，因此，继承费用的扣除，应当是在清偿遗产债务之后。如果遗产在清偿债务后不足以扣除继承费用的，应当由继承人共同承担此项费用。对于继承费用，许多国家都有明确的规定，如《日本民法典》第 885 条规定：有关继承财产的费用，从该财产中支付。但是，因继承人过失而消费的费用，不在此限。

二、遗产债务的清偿原则

（一）遗产债务的清偿原则

继承人继承被继承人的遗产，应当清偿被继承人所欠的债务，继承人在清偿债务时，应当坚持如下原则。

1. 限定继承原则。**限定继承**是指继承人仅限于在一定范围内继承被继承人财产权利和义务的继承。在限定继承中，继承人继承被继承人的债务以遗产的实际价值为限，对被继承人生前所欠的债务超过遗产实际价值的部分，继承人可不负清偿责任。与限定继承相对应的是概括继承，所谓概括继承，是指继承人必须承受被继承人的全部财产权利和义务的继承。在概括继承中，如果被继承人的债务超过其财产和财产权利，继承人也要继承被继承人的遗产而不得拒绝，继承人须以自己的财产清偿被继承人生前所欠的债务。我国《继承法》第 33 条规定：继承遗产应当清偿被继承人依法应当缴纳的税款和债务，缴纳税款和清偿债务以他的遗产实际价值为限。超过遗产实际价值部分，继承人自愿偿还的不在此限。继承人放弃继承的，对被继承人依法应当缴纳的税款和债务可以不负偿还责任。

案例分析6—2

[案情] 甲在外地工作，平时很少回家，母亲由甲的弟、妹照顾，母亲去世后，其赶回来办丧事，事后甲主动提出放弃继承。但甲的弟、妹称，母亲生前游玩时欠了别人 600 元钱债务，应当由三个人平摊，即使甲不继承遗产也应当偿还 200 元的债务。

[分析] 甲的弟妹所持有观点是不被法律支持的，我国实行的是限定继承制度，作为继承人的甲既然已经放弃了继承遗产的权利，那么被继承人生前所欠的债务，其可不负清偿责任。如果甲的母亲死亡时遗留的财产只有 500 元，那么甲的弟、妹只需偿还 500 元的债务，不足部分他们也可不负清偿责任。

限定继承是现代各国继承立法的基本原则，当被继承人的债务超过其遗产时，继承人通过意思表示声明放弃继承，即可免除清偿被继承人债务的责任。即继承人承担清偿被继承人债务的责任范围，以其所接受的遗产实际价值为限。这里特别要注意两点：第一，如果被继承人留有遗嘱，将遗产中的一部分财产指定由某一继承人继承。但对其生前所欠的债务未提，在这种情况下，被继承人所欠的债务，应当首先由法定继承人偿还。如所欠债务不足偿还的，则法定继承人应当放弃继承，债务由遗嘱继承人在其实际取得的遗产范围内责任偿还。第二，如果被继承人在遗嘱中指定其生前所欠的债务由遗嘱继承人偿还，而所欠的债务又超过遗嘱继承人取得遗产的实际价值的，遗嘱继承人可以放弃遗嘱继承，被继承人所欠的债务由法定继承人在遗产的实际价值内负责偿还。

2. 保留“必留份”原则。《继承法》第 19 条规定：遗嘱应当对缺乏劳动能力又没有生活来源的继承人保留必要的遗产份额。最高人民法院《关于贯彻执行〈中华人民共和国继承法〉若干问题的意见》第 61 条规定：继承人中有缺乏劳动能力又没有生活来源的人，即使遗产不足清偿债务，也应为其保留适当遗产，然后再按继承法第三十三条和民事诉讼法第一百八十条的规定清偿债务。这一规定是我国继承法养老育幼原则的体现，无论法定继承还是遗嘱继承，在遗产处理时都应当遵循这一原则，必须为缺乏劳动能力又没有生活来源的继承人保留必要的遗产份额，以保障他们基本的生活需要。

3. 清偿债务优先于执行遗赠原则。《继承法》第 34 条规定：执行遗赠不得妨碍清偿遗赠人依法应当缴纳的税款和债务。在被继承人负债的情况下，必须在清偿债务后，才能执行遗赠。遗赠是被继承人以遗嘱的方式将其财产于死后赠与国家、集体或法定继承人之外的人的法律行为。为保障债权人的利益，防止被继承人利用遗赠逃避债务，继承法明确规定清偿债务优先于执行遗赠。

4. 连带责任原则。共同继承人对清偿被继承人的债务承担连带责任。由于继承人共同继承遗产是共同共有关系，所以共同继承人对遗产债务应当承担连带责任。承担连带责任意味着被继承人的债权人有权向共同继承人中的一人、或数人请求在遗产的实际价值内清偿债务，任何继承人不得拒绝。另外，在遗产分割后，各共同继承人仍然对被继承人的债权人负连带清偿责任。在继承人中的一人、或数人清偿了遗产债务后，其他共同继承人应按照各自继承的比例分担遗产债务。

各国继承立法对共同继承人如何承担遗产债务的规定有所不同，主要有三种立法例。

第一，按份责任原则。其含义为：各共同继承人应当根据自己应继份的比例，分摊被继承人的债务。应继份所占遗产比例大的多承担遗产债务；反之则少承担。此原则始于罗马法，为法国、日本所采纳。

第二，连带责任原则。其含义为：各共同继承人应当对全部遗产债务承担连带清偿责任，即共同继承人都有应债权人的要求清偿全部债务的义务，债权人对各共同继承人都享有要求清偿全部债务的请求权。这一原则的本义在于保障债权人的合法利益，防止因个别继承人无力清偿遗产债务而致使债权落空。德国、瑞士、奥地利等国的民法典采纳此原则。

第三，折中主义原则。其含义为：遗产分割前，债权人如果向共同继承人请求清偿的，共同继承人对遗产债务承担连带责任；但在遗产分割后，债权人才向共同继承人主张自己的遗产债权的，各共同继承人只对遗产债务承担按份责任，即以自己取得的应继份比例承担责任。此原则为荷兰、葡萄牙等国的民法所采纳。①

（二）遗产债务的清偿方法

1. 清偿遗产债务的具体方式。

（1）**总体清偿**的方式，即先将被继承人的债务从遗产中扣除，剩余的部分再由继承人继承。这种清偿方式的优点在于，有利于债权的及时受偿，防止遗产分割后因债务得不到清偿而引发纠纷。

（2）**分别清偿**的方式，即在遗产分割后，由各继承人按照其继承的比例，分别向债权人偿还债务。这种清偿的方式优点在于，各继承人的清偿责任明确，但对债权人的保护不利。

对于遗产债务的清偿问题各国的规定不一，有的国家在清偿债务前，继承人不得分割遗产，如《德国民法典》第 2046 条、第 2047 条规定：遗产首先用于清偿遗产债务。如果一项遗产债务尚未到期或者尚存在争议，则应当留存清偿所必需的数额。在清偿遗产债务后的剩余遗产，按各应继份的比例归属众继承人。但也有的国家，在遗产债务未清偿前，继承人也可以分割遗产，如《法国民法典》第 870 条规定：共同继承人各按其分得遗产的比例，分担清偿遗产的债务与负担。

2. 清偿遗产债务应当注意的问题。清偿遗产债务时，一般应当注意如下问题：

---

① 参见张海尚：《继承法实用解析》，304 页，北京，中国检察出版社，2002。

(1) 法定继承中的债务清偿。若法定继承人继承遗产，原则上应当按照各法定继承人实际继承遗产份额的比例承担被继承人的债务。但如果法定继承人中有缺乏劳动能力又没有生活来源的继承人，应考虑减少其承担债务的比例。

(2) 遗嘱继承中的债务清偿。如果被继承人在遗嘱中已经指定了各遗嘱继承人继承的份额和清偿债务的比例，就应当按照遗嘱的指定偿还被继承人的债务。如果被继承人在遗嘱中仅指定各遗嘱继承人继承遗产的份额而没有指定清偿债务的比例，则各遗嘱继承人应按继承遗产的比例偿还债务。

(3) 遗产分割后清偿被继承人债务时，应遵循以下原则：第一，由法定继承人首先清偿被继承人的债务，因为遗嘱继承优先法定继承，所以被继承人的债务应由法定继承人负责清偿，不足部分才由遗嘱继承人和受遗赠人清偿。第二，如果仅有遗嘱继承人和受遗赠人取得了遗产，应当由遗嘱继承人和受遗赠人按取得遗产的份额比例负责清偿。限定继承原则同样适用于遗嘱继承和遗赠。最高人民法院《关于贯彻执行〈中华人民共和国继承法〉若干问题的意见》第62条规定：遗产已被分割而未清偿债务时，如有法定继承又有遗嘱继承和遗赠的，首先由法定继承人用其所得遗产清偿债务；不足清偿时，剩余的债务由遗嘱继承人和受遗赠人按比例用所得遗产偿还；如果只有遗嘱继承和遗赠的，由遗嘱继承人和受遗赠人按比例用所得遗产偿还。

(4) 继承开始后，为了保护被继承人的债权人的合法权益，继承人或者其他遗产管理人应当及时通知债权人声明债权。如果被继承人的债权人在接到通告后的法定期限内不主张债权，按照《民法通则》有关时效的规定，则丧失了请求人民法院依法强制继承人向其履行清偿债务的权利。

此外，对于遗产债务的清偿时间问题，我国继承法未作规定，但根据民法的理论，清偿被继承人的债务，应当在查清被继承人所负的全部债务的基础上进行清偿，目的是为了避免在未通知到所有债权人的情况下就清偿债务，致使有的债权人得不到清偿，或得不到与其他债权人相同的受偿。因此，在继承开始后，应先查清被继承人所欠的全部债务，计算偿还各债权人的具体数额，在遗产不足清偿债务时，确定被继承人的债务与遗产的比例，使各债权人能够享有平等的受偿权。各国继承法对此一般都规定用公告的形式通知债权人申报债权，在法定的公告期满前，继承人不得向被继承人的任何债权人为债务清偿。如《德国民法典》第2014条规定：继承人有权在接受遗产后的最初3个月届满之前，拒绝清偿遗产债务；但是，在制作遗产清单之后，不得拒绝清偿遗产债务。《日本民法典》第927条、第928条规定：限定继承人于表示限定继承后5日以内，应对所有继承债权人及受遗赠人，公告已表示限定继承之事宜，并于一定期限内申报其请求的意旨。但是，其公告期间不得少于2个月。限定继承人于前条第一款的期间届满前，可以对继承债权人及受遗赠人拒绝清偿。

当被继承人的遗产不足清偿全部债务时，各债权人的受偿顺序就显得十分重要，尽管继承法对此没有明确的规定，但根据民法的规定，遗产债务的清偿顺序应当是：清偿优先债权为第一顺序，所谓**优先债权**是指债权人在遗产上设有担保物权的债权，享有优先债权的人为优先债权人，优先债权的效力不受遗产继承的影响，它应当先于普通债权受到清偿。优先债权人仅对特定物享有优先受偿的权利。当该特定物不足以清偿其债务时，不足部分按普通债权处理。清偿普通债权为第二顺序，在遗产不足清偿前一顺序的优先债权时，后一顺序的普通债权不再受偿。如果所设的担保物不能使优先受偿的债权获得清偿，未获得清偿的部分债权并入普通债权。如果遗产不能使全部普通债权受偿，根据公平原则，应由债权人按其债权数额所占的剩余遗产的比例受偿。执行遗赠为第三顺序，当优先债权和普通债权清偿完毕后，剩余的遗产才能交付遗赠，这是因为债权人的债权建立在被继承人生前，且一般都支付了对价，而受遗赠人接受遗赠应当是在被继承人死亡之后，且所受的遗赠是无偿的，因此，对债权人的保护应优先于受遗赠人。这一处理原则对保护债权人的利益、维护正常的社会秩序都具有十分重要的意义。

对遗产债务清偿不当应当如何处理的问题，继承法没有明确的规定。**遗产债务清偿不当**，是指继承人不按清偿顺序进行清偿，致使债权人的利益受到损害，主要有以下几种情形：

(1) 继承人明知被继承人有债务而不通知债权人申报债权，擅自对遗产进行分割和处理的；

(2) 继承人明知有优先债权存在的情况下，不按清偿顺序将遗产清偿给普通债权的；

(3) 继承人在遗产不足清偿债务时，不按各项债务的比例偿还债务，致使一部分债权人没有得到应当受偿的份额；

(4) 继承人在清偿债务前将遗产交付遗赠，致使债权人的权益受到损害。

当继承人因遗产债务清偿不当而损害了债权人利益时，债权人有权向人民法院提起请求继承人或不当受领人损害赔偿或返还不当受领的诉讼。

第三节 遗产的分割

一、遗产分割的原则

（一）先遗嘱继承后法定继承的原则

《继承法》第5条规定：继承开始后，按照法定继承办理；有遗嘱的，按照遗嘱继承或者遗赠办理；有遗赠扶养协议的，按照协议办理。《继承法》第27条规定：有下列情形之一的，遗产中的有关部分按照法定继承办理：(1) 遗嘱继承人放弃继承或者受遗赠人放弃受遗赠的；(2) 遗嘱继承人丧失继承权的；(3)遗嘱继承人、受遗赠人先于遗嘱人死亡的；(4) 遗嘱无效部分所涉及的遗产；(5) 遗嘱未处分的遗产。从上述两项规定可以看出，我国继承法实行的是“遗嘱在先原则”。要特别注意的是，最高人民法院《关于贯彻执行〈中华人民共和国继承法〉若干问题的意见》第6条规定：遗嘱继承人依遗嘱取得遗产后，仍有权依继承法第十三条的规定取得遗嘱未处分的遗产。

（二）保留胎儿的继承份额的原则

我国继承法对胎儿的合法权益给予了特别的保护，《继承法》规定：遗产分割时，应当保留胎儿的继承份额。胎儿出生时是死体的，保留的份额按照法定继承处理。最高人民法院《关于贯彻执行〈中华人民共和国继承法〉若干问题的意见》第45条规定：应当为胎儿保留的遗产份额没有保留的，应从继承人所继承的遗产中扣回。为胎儿保留的遗产份额，如胎儿出生后死亡的，由其继承人继承；如胎儿出生时就是死体的，由被继承人的继承人继承。世界各国的继承立法，对胎儿继承遗产的方式一般都有特别的规定，如《德国民法典》第2043条规定：倘若继承份额因期待一名共同继承人出生而不确定，则直至此种不确定消除为止，排除分割。《瑞士民法典》第605条规定：当须考虑胎儿的权利时，应将分割遗产推迟至其出生之时。

（三）互谅互让、协商分割的原则

继承开始后，继承人的继承期待权转为继承既得权，除遗嘱指定或共同继承人约定在一定期限内不分割遗产外，继承人可以随时请求分割遗产，任何人不得拒绝。这里，遗产的共同共有关系与民法上共同共有关系是不同的，对遗产的共同共有，是共同继承人暂时形成的共同共有关系，并不以维持共同生活或经营为目的，因而任何一个共同继承人都可随时提出分割遗产的请求，但民法中所称的

共同共有关系，在共同共有关系存续期间，共有人之一请求分割共有财产的，须经全体共有人同意。《继承法》第 15 条规定：继承人应当本着互谅互让、和睦团结的精神，协商处理继承的问题。遗产分割的时间、办法和份额，由继承人协商确定。协商不成的，可以由人民调解委员会调解或者向人民法院提起诉讼。按照继承法的规定，同一顺序的继承人继承遗产的份额，一般应当均等，继承人协商同意的，也可以不均等。对遗产分割的时间、分割的方法、分割的份额等都应当按照继承人协商一致的意见处理。这一原则，对于减少继承纠纷，维护家庭关系的稳定具有重要意义。

（四）注意发挥遗产实际效用的原则

分割遗产应当从有利于继承人的生产和生活需要出发，尽量做到物尽其用，将特定的遗产分配给有特殊需要的继承人。《继承法》第 29 条规定：遗产分割应当有利于生产和生活的需要，不损害遗产的效用。最高人民法院《关于贯彻执行〈中华人民共和国继承法〉若干问题的意见》第 58 条规定：人民法院在分割遗产中的房屋、生产资料和特定职业所需要的财产时，应依据有利于发挥其使用效益和继承人的实际需要，兼顾各继承人的利益进行处理。物尽其用是许多国家在处理遗产分割时遵循的原则，如《日本民法典》第 906 条规定：遗产的分割，应考虑属于遗产的物或权利的种类及性质、各继承人的年龄、职业、身心状态、生活状况及其他有关情事而进行。

二、遗产分割的时间和方法

（一）遗产分割的时间

1. 遗产分割的时间，必须是在继承开始之后。被继承人死亡的时间，即继承开始的时间，共同继承人只有在继承开始后，才可就遗产的分割进行协商。

2. 遗产分割的时间，既可由共同继承人协商确定，也可由继承人提起诉讼，由人民法院根据遗产的性质、状况及继承人对遗产需要等实际情况，依法确定遗产的分割时间。

特别提示

继承开始的时间与遗产分割的时间是不同的，在遗产分割之前，遗产为共同继承人共同共有，在一般情况下，各继承人可随时请求分割遗产，但在有些情况下，遗产的分割会受到一定的限制，主要包括：

(1) 遗嘱禁止分割。当被继承人以遗嘱的方式处分遗产，并在遗嘱中明确表示在一定期限内禁止分割遗产时，继承人不得随意进行分割。关于遗嘱禁止分割的时间，各国继承法一般都有明确的规定，如《日本民法典》第 908 条规定：被继承人可以以遗嘱指定或委托第三人确定分割方法，或以遗嘱禁止自继承开始时起不超过 5 年的期间内实行分割。而《德国民法典》第 2044 条规定：禁止遗产分割的期限为自继承开始时 30 年。

(2) 协议禁止分割。如果共同继承人经协商同意暂时不分割遗产并签订有协议，只要该协议不违反法律或公序良俗，各继承人就应当履行协议，继承人中的一人或数人不得在期限未满时请求分割遗产。

(3) 法院判决禁止分割。如果分割遗产将导致其价值严重受损或其他继承人的身份尚待确认，法院可判决遗产在一定期限内禁止分割。

各国继承法对遗产分割的时间，大多都有限制性的规定。除上述情形外，还包括遗产债务清偿前禁止分割，胎儿出生前禁止分割，等等。

（二）遗产分割的方法

遗产的分割方法，是指继承人取得遗产应继份的具体方法。如果被继承人已经在遗嘱中指定了具体的分割方法，应按照遗嘱的指定分割。被继承人没有遗嘱或遗嘱对遗产分割方法规定不明确的，应由共同继承人协商处理，或由有关单位调解，也可以直接向人民法院提起诉讼。《继承法》第 29 条规定：不宜分割的遗产，可以采取折价、适当补偿或者共有等方法处理。根据这一规定，在分割遗产时，应当针对继承人的需要和遗产的性质采取相应的处理方法。

1. 在被继承人留有遗嘱时，按照遗嘱中确定的分割方法分割遗产。遗产的分割方法，是受继承方式限制的，如果被继承人立有遗嘱，在分割遗产时，就应当按照遗嘱人的意愿分割遗产。

2. 在被继承人没有立遗嘱或遗嘱无效的情况下，根据遗产的性质和继承人的合理需要确定遗产的分割方法。主要有以下几种分割方法：(1) 实物分割。遗产一般都采用实物分割的方式进行分割。凡能进行实物分割的，应尽可能对可分物进行分割。(2) 变价分割。对于不宜分割的遗产，或共同继承人都不愿取得的遗产，可采取变卖折价的方式，在取得价金后，按照共同继承人各自应继份的比例进行分割。(3) 补偿分割。将遗产中不宜分割的实物折算成价金，由共同继承人中的一人取得实物，再由取得该遗产的继承人将超出自己应继份的部分，用价金或实物对其他继承人进行补偿。(4) 保留共有的分割。当共同继承人对不宜分割的遗产愿意保留共同共有状态的，各继承人共有的份额按其应继份的比例确定。保留共有分割后，继承人之间不再是遗产的共同共有关系，而是财产的按份共有关系。

特别提示

在遗产分割时，要特别注意有无债务的扣除问题。所谓债务的扣除，是指当继承人对被继承人负有债务时，遗产的分割，应将债务从其应继份中扣除。我们注意到，在各国的继承法上，还规定有特定赠与的冲算制度，所谓特定赠与的冲算，是指被继承人生前对继承人有赠与的，在遗产分割时，应从其应继份中扣除。冲算制度是基于共同继承人之间的利益平衡而设立的一项制度，但冲算的范围各国规定不一，大多数国家将冲算的范围定在对继承人的特定赠与上，如被继承人给予继承人结婚的费用、经营的费用、分家另过的费用等。有些国家还包括继承人培训的费用、普通教育外的教育费用等，甚至也有国家将遗赠也放在冲算之列。但被继承人在遗嘱中明确表示对特定赠与给予免除的除外。另外，应冲算的赠与份额超过其应继份的，无须退还。从家庭伦理上讲，冲算制度有利于维护家庭关系的和睦和稳定，体现法律的公平和风俗习惯。但我国继承法目前对此没有规定。

三、遗产分割的效力

（一）遗产分割的效力溯及继承开始之时

遗产分割的效力应溯及继承开始时，还是始于遗产分割时，在法学上有两种观点：一种观点是**溯及主义**，即遗产分割的效力溯及继承开始之时。另一种观点是**不溯及主义**，即遗产分割的效力不溯及既往。我国继承法目前对此没有作明确的规定，从立法精神上看，我国采取的是溯及主义，具体来讲，任何继承人非经共有继承人一致同意，不得就其应继份进行处分。对于这一问题，各国继承立法主要采取的是两种立法例：一是德国的移转主义，即遗产分割的效力不溯及既往，《德国民法典》第2042条规定：遗产分割适用普通共同共有财产分割的规定。理由是，遗产分割前，各继承人对遗产是共同共有关系，只有在遗产分割后，才开始享有其专属部分，才开始转移其各自的所有权。也就是说，以分割的效力为归属的转移。其效力不溯及既往。这一规定的优点是，遗产分割不影响遗产分割前个别继承人对遗产处分行为的效力，有利于交易安全。二是法国的宣告主义，即遗产分割的效力溯及继承开始时，《法国民法典》第883条规定：每一共同继承人均视为单独地并直接地承受其分配份的遗产，或单独地并直接地承受经拍卖而归属于自己的财产，并视为对遗产的其他财产从未享有所有权。理由是，遗产分割前，各共同继承人之间已认定其各自特定的部分，分割遗产只不过是对此的宣告，因此，遗产分割的效力溯及继承开始之时。采此立法的缺陷是，有可能会损害到第三人的利益，例如，甲在遗产分割前，为借款将属于自己应继份的房屋作了抵押，但遗产分割的结果，该房屋没有分割给甲，而分割给了乙，那么，在法律上，则视甲对房屋自始不具有任何的权利，其在房屋上设立的抵押权因遗产的分割而归于无效。对此，《日本民法典》第909条的规定是：遗产分割溯及于继承开始时发生效力，但不得侵害第三人的权利。

（二）生存配偶再婚时可对继承的遗产进行处分

配偶一方死亡时，生存配偶作为继承人，可依照法律的直接规定或者被继承人所立合法有效遗嘱的指定，取得其应继承的份额。在遗产分割后，生存配偶便享有了对所分得遗产的所有权，如果生存配偶再婚，其有权对取得的遗产进行处理，任何人不得干涉。《继承法》第30条规定：夫妻一方死亡后另一方再婚的，有权处分所继承的财产，任何人不得干涉。

（三）遗产分割后的瑕疵担保

按照民法的理论，各继承人在一定期限内，对其他继承人的遗产瑕疵负担保责任。也就是说，在遗产分割后，如因分得的遗产有瑕疵而使遗产的价值降低，受到损失的继承人可向其他继承人请求重新分割遗产或给予一定的补偿。瑕疵担保以各继承人分得的遗产实际价值为限。瑕疵担保的条件是：

（1）遗产的瑕疵必须在遗产分割前已经存在。如果是分得的遗产在将来有可能发生的瑕疵，不得请求其他继承人负担保责任。

（2）遗产的瑕疵必须不是由于分得该物或权利的继承人的过失造成的。如果遗产的瑕疵是由于继承人本人的过失造成的，不得请求其他继承人负担保责任。如在遗产分割或应当清偿债务时，债务人有清偿能力，而分得该债权的继承人，由于怠于行使权利，或依债务人的请求，允许其延期清偿，致使债务不能偿还的，其他继承人不负担保责任。

（3）遗产的瑕疵必须是继承人在分割时不知的。如果继承人在遗产分割时明知遗产有瑕疵而仍同意取得该遗产的，不得请求其他继承人负担保责任。

继承人之间承担的担保责任，主要有以下几种：

（1）对物的瑕疵的担保责任，是指遗产的标的物在遗产分割前已经发生数量不足或一部分灭失，或是已经存在将导致标的物的灭失或价值减少的瑕疵，由此，取得该遗产标的物的继承人，可以要求重新分割或按比例赔偿其所受到的损失。

（2）对权利瑕疵的担保责任，是指分配给某一继承人的权利全部或部分有欠缺，如被继承人在继承标的物上设有抵押，或分得的遗产不属于被继承人的遗产等，由此，其他继承人对分得该债权的继承人应负担保责任。

对于已到清偿期的或不定期限的债权，各继承人就遗产分割时债务人的支付能力承担担保责任。对于附有停止条件或尚未到期的债权，各共同继承人只就清偿期到来时或条件成就时债务人的支付能力负担保责任。继承人的担保责任，以各自所得的实际价值为限。各国法律对共同继承人之间的担保责任一般都有明确的规定，如《法国民法典》第 884 条规定：诸共同继承人仅就分割前的原因所引起的对财产的干扰、追夺，相互负担保责任。《日本民法典》第 911 条规定：各共同继承人，按其应继份，对其他共同继承人负与出卖人相同的担保责任。

四、无人继承遗产的处理

（一）无人继承的遗产

无人继承的遗产，是指公民死亡时，没有法定继承人又无遗嘱继承人、受遗赠人，或者其全部继承人都表示放弃继承，受遗赠人表示不接受遗赠，则死者的遗产即属于无人继承的遗产。主要有以下几种情形：

(1) 公民死亡后，没有法定继承人、遗嘱继承人或受遗赠人。

(2) 公民死亡时虽有法定继承人、遗嘱继承人或受遗赠人，但他们均表示放弃继承或者拒绝受遗赠。

(3) 公民死亡时虽有法定继承人、遗嘱继承人或受遗赠人，但他们均丧失了继承权。

(4) 公民死亡时没有法定继承人，其用遗嘱遗赠了部分遗产，未遗赠的遗产是无人继承的遗产。

特别提示

无人继承与继承人下落不明是两个完全不同的概念。当继承人下落不明时，遗产不能按无人继承处理。继承开始后，如无人主张继承，将会影响到遗产的归属、被继承人的债权人行使债权、受遗赠人接受遗赠，以及酌情分得遗产人分得遗产等问题，各国继承立法上都设有遗产无人继承制度，即由主管机关依公示催告继承人接受继承，这是对无人继承的遗产进行确认有无继承人的法律程序，也称寻找继承人的程序。在公示催告期限内，有人主张继承的，则遗产交由继承人继承。如期限届满，无人主张继承，或继承人的继承权不能被确认的，则遗产按无人继承的财产处理。

对于遗产是否有人继承的情况不明时，遗产应如何管理和处置的问题，《日本民法典》第951条、第952条规定，当继承人的有无不明时，由利害关系人或检察院向家庭法院申请建立遗产管理，利害关系人包括债权人、受遗赠人。法院查明无继承人时，即选任遗产管理人，并公告选任遗产管理人的事实。《德国民法典》第1960条、第1961条规定，在继承人承认继承之前，遗产法院在有必要时应对遗产作保全处分，并得为将来可能出现的继承人选任遗产保护人，在有利害关系人申请时，则应选任遗产管理人。在此，遗产管理人的主要职责是：(1) 编制遗产清单。(2) 为保存遗产而对遗产进行必要的处置。(3) 对被继承人的债权人、受遗赠人进行公告。(4) 清偿债务、交付遗赠。(5) 报告遗产情况。如果公告期内继承人出现并主张继承权，遗产管理人的管理权即行消灭，并将遗产移交给继承人。遗产管理人可视为是继承人的代理人，其管理行为的效力溯到行为实施之时并及于继承人。遗产管理人因管理失当给继承人造成损失的，应承担赔偿的责任。

（二）无人继承遗产的处理

对于如何处理无人继承的遗产，各国继承法都有明确的规定，一般都采用的是将无人继承的遗产收归国有的做法。这其中又分为两种观点，一种是主张由国家作为法定继承人继承遗产。如《德国民法典》第1936条规定：如在继承开始时既无被继承人的直系血亲属又无配偶的存在，被继承人在死亡时所属的邦(州)的国库为法定继承人；如被继承人属于数个邦（州）者，这些邦（州）的国库均享有此遗产的相等份额。被继承人不属于任何邦（州）的德国人者，由德国国库为法定继承人。另一种是主张国家有优先取得无人继承遗产的权利。如《法国民法典》第539条规定：无主财产，或者去世后无继承人的人的财产，或者继承人放弃继承的财产，归于公有财产。在英美法系国家也采此观点，如英国《遗产管理法》和《未立遗嘱遗产法》规定，没有任何人对遗产提出要求时，英国国家以先占权取得该项无人继承的财产。

在我国，由国家或集体所有制组织取得的无人继承又无人受遗赠的遗产，并不按遗产继承的程序进行，而是按照民法上无主财产的取得程序处理。在对无人继承遗产进行处理时，需要注意以下几个问题：

(1) 清偿死者的债务。无论国家还是集体所有制组织取得遗产，都必须在所取得的遗产实际价值范围内清偿死者生前所欠的债务。清偿债务后的剩余财产，才归国家或集体组织所有。

(2) 非继承人取得适当的遗产。如果有继承人之外的依靠被继承人扶养的缺乏劳动能力又没有生活来源的人，或者继承人之外的对被继承人扶养较多的人，应当酌情分给其适当的遗产。剩余部分才归国家或集体组织所有。最高人民法院《关于贯彻执行〈中华人民共和国继承法〉若干问题的意见》第 57 条规定：遗产因无人继承收归国家和集体组织所有时，按继承法第十四条规定可以分给遗产的人提出取得遗产的要求，人民法院应视情况适当分给遗产。

(3) 分别情况归国家或集体所有制组织所有。《继承法》第 32 条规定：无人继承又无人受遗赠的遗产，归国家所有；死者生前是集体所有制组织成员的，归所在集体所有制组织所有。根据这一规定，遗产应依照死者生前的身份，决定其归属。第一，凡死者生前是国家机关、全民所有制企业和事业单位职工的，或个体劳动者、无业城镇居民的，其遗留的无人继承又无人受遗赠的遗产，归国家所有。第二，如果死者生前属于农村或城镇集体所有制组织的成员，他所遗留的无人继承又无人受遗赠的遗产，应归生前所在的集体所有制组织所有。

第四节 继承法的适用

一、继承法的时间效力

继承法的效力，是指继承法从何时开始实施生效，以及继承法实施生效后对已经出现的有关继承事件与行为有无溯及既往的效力。

（一）继承法实施生效的时间

《中华人民共和国继承法》第 37 条规定：本法自 1985 年 10 月 1 日起施行。

（二）继承法的溯及效力

继承法的溯及效力，是指继承法施行生效后，对于已经发生的有关继承的事件和行为是否产生适用继承法的效力。《关于〈中华人民共和国继承法（草案）〉的说明》指出：为了保持家庭、财产的稳定，避免发生不必要的动荡，本法生效以前，遗产已经作了处理的，不再重新处理。本法生效以前未处理的，以及本法生效以后发生的继承关系，适用本法。

二、民族自治地方继承法的适用

我国是一个多民族的国家，在长期共同发展的过程中，各族人民在创造着中华民族灿烂文化的同时，也仍然保留着各民族不同的风俗习惯，我国宪法规定，各少数民族聚居的地方实行民族自治制度，即在国家统一的领导下，民族自治地方的人民代表大会有权依照当地民族的政治、经济和文化的特点，制定自治条例和单行条例。

依据宪法，《继承法》第35条规定：民族自治地方的人民代表大会可以根据本法的原则，结合当地民族财产继承的具体情况，制定变通或者补充的规定。自治区的规定，报全国人民代表大会常务委员会备案。自治州、自治县的规定,报省或者自治区的人民代表大会常务委员会批准后生效，并报全国人民代表大会常务委员会备案。这一规定表明民族自治地方在不能适用继承法时，可以制定变通或补充的规定，民族自治区、自治州、自治县的人民代表大会可以根据本地区的实际情况制定地方继承法规。这种继承法规只适用于本地区，对其他地区不具有法律效力。按照特别法优于普通法的原则，当地方继承法规与继承法的规定不一致时，地方继承法规应优于继承法的适用。地方继承法规没有规定的，则应适用继承法的规定。

民族自治地方适用继承法时应注意的问题：

第一，继承法规定的各项基本原则、基本内容适用于任何地方。各民族自治地方也必须遵守和执行。

第二，民族自治地方的人民代表大会可以在不违背继承法的基本原则和基本制度的情况下，结合本地区的具体风俗习惯和财产状况，制定变通或者补充的规定。

第三，制定变通或者补充规定的地方，必须严格遵守法定程序的规定。自治区的规定，报全国人民代表大会常务委员会备案。自治州、自治县的规定，报省或者自治区的人民代表大会常务委员会批准后生效，并报全国人民代表大会常务委员会备案。

本章小结

遗产的处理，是指继承开始后，遗产债务如何清偿、死者的遗产如何转移给生者所有的问题。

继承从被继承人死亡时开始。根据被继承人死亡时间的推定所适用的条件，被继承人死亡时间可有三种推定。继承开始时间具有重要的法律意义。

继承开始后继承人没有明确表示放弃继承的，视为接受继承；遗产未分割的，视为共同共有，共同共有人对共同财产享有共有的权利，承担共同的义务。继承开始后，知道被继承人死亡的继承人应当及时通知其他继承人和遗嘱执行人。存有遗产的人，应当妥善保管遗产，任何人不得侵吞或者争抢。

遗产债务，是指被继承人生前所欠依法应由其个人偿还的债务，即被继承人生前以个人名义欠下的，完全用于被继承人个人的需要或其他依法应当由其个人承担法律责任的债务。继承人在清偿债务时，应当坚持限定继承、保留“必留份”、清偿债务优先于执行遗赠、连带责任等原则。

遗产分割应该坚持先遗嘱继承后法定继承，保留胎儿继承份额，互谅互让、协商分割，发挥遗产实际效用等原则。遗产分割的时间必须在继承开始后。遗产的具体分割方法包括实物分割、变价分割、补偿分割、保留共有的分割。

无人继承遗产是指公民死亡时没有法定继承人，又无遗嘱继承人、受遗赠人，或者其全部继承人都表示放弃继承，受遗赠人都表示不接受遗赠，则死者的遗产即属于无人继承的遗产。在处理无人继承遗产时，需要注意处理清偿死者的债务、非继承人取得适当的遗产、分别情况归国家或集体所有制组织所有等问题。

《继承法》自 1985 年 10 月 1 日起施行。本法生效以前未处理的，以及本法生效以后发生的继承关系，适用本法。

思考题

1. 简述继承开始时间的法律意义。
2. 简述遗产分割的原则。
3. 试述被继承人死亡时间的推定。
4. 试述遗产债务的概念和范围。
5. 试述遗产债务的清偿原则。

第七章 涉外继承和涉我国香港、澳门、台湾地区的继承法律问题

学习目标

- 重点掌握涉外继承的概念、法律特征和涉外继承的法律适用。

第一节 涉外继承

一、涉外继承的概念和法律特征

（一）涉外继承的概念

涉外继承，是指具有涉外因素的继承法律关系。所谓**涉外因素**，是指在继承法律关系的构成要素或与继承遗产有关的法律事实中有涉及外国的法定因素。主要表现为：

（1）继承主体涉外。继承主体是继承法律关系的承担者，继承主体涉外是指继承法律关系的主体是外国人或无国籍人。被继承人虽然不是继承法律关系的主体，但如果被继承人是外国人或无国籍人，也被视为涉外继承。

（2）继承客体涉外。继承客体是继承法律关系主体承担的权利和义务所指向的对象，即遗产。继承客体涉外是指作为继承法律关系客体的遗产在国外。只要被继承人的遗产在国外，不论该遗产是动产或不动产，不论继承人或被继承人是否是本国国民，该继承都被视为涉外继承。

（3）继承的法律事实涉外。与继承有关的法律事实，是指能够引起继承法律关系的产生、变更或消灭的客观情况，继承的法律事实涉外是指法律事实发生在国外。如被继承人在国外死亡或被宣告死亡、被继承人在国外立遗嘱等，都属于涉外继承。

在继承法律关系中，只要出现上述一种情况，就应认定其为涉外继承，在司法实践中，涉外继承常常涉及有两个或两个以上的涉外继承因素，涉及多国的法律适用问题。

（二）涉外继承的法律特征

1. 涉外继承关系中至少有一个涉外因素如主体涉外、客体涉外、法律事实涉外等，也可能会是几个因素同时涉外。

2. 涉外继承关系主要是通过国际私法的冲突规范进行间接调整。通过冲突规范援引某个国家的国内法处理涉外继承问题。只有通过冲突规范来确定准据法，涉外继承才能得以解决。

3. 涉外继承关系的案件实行专属管辖。由于不同国家的继承立法在规定上差异较大，而适用哪一个国家的法律，将直接影响到涉外继承的处理后果，所以，各国为维护本国公民的利益和保护本国境内的财产利益，对涉外继承多实行专属管辖。一般是以被继承人的国籍、住所地或遗产所在地为依据，将被继承人本国法院、被继承人的住所地法院、遗产所在地法院确定为享有对涉外继承案件行使管辖权的法院。在我国，涉外继承案件也实行专属管辖，《民事诉讼法》规定，因不动产纠纷提起的诉讼，由不动产所在地人民法院管辖，因继承遗产纠纷提起的诉讼，由被继承人死亡时住所地或者主要遗产所在地人民法院管辖。

二、涉外继承的法律适用

由于各国的社会制度、民族传统、风俗习惯不同，因此世界上尚不存在一个各国都予以接受并直接适用的有关继承的国际公约。1961年的《有关遗嘱处分方式法律冲突公约》、1973年的《遗产国际管理公约》以及1988年的《死者遗产继承的准据法公约》等，都属于统一冲突规范或管辖权的公约，而不是统一的实体法公约。迄今为止，国际上缺乏直接统一适用的涉外继承法律关系的实体法，各国都是通过国际私法的冲突规范对涉外继承关系进行间接调整，即通过国际私法的冲突规范援引某个国家的法律处理涉外继承问题。

在涉外继承法律调整的问题上，应指明适用哪个国家法律的规范是冲突规范。所谓**冲突规范**，是指某涉外民事法律关系应当援引哪个国家法律的规范，这种规范具有指定适用何国法律的作用。冲突规范并非规定当事人具体权利义务的实体法律，因此，仅有冲突规范是不能处理涉外继承法律关系的，涉外继承案件的处理必须有被冲突规范指定适用的特定国家的法律，即准据法。涉外继承就是通过冲突规范来确定准据法，并依据准据法来处理涉外继承案件。

（一）涉外法定继承准据法的确定

关于涉外法定继承准据法如何确定，各国继承法的规定有所不同，一般采用两种方式。

1. 单一制。**单一制**是指在涉外法定继承中不区分动产与不动产，一律适用统一的准据法。在具体适用上，各国所采取的原则又有所不同，主要有三种主张：第一种主张是，涉外继承依据被继承人的本国法，即不论死者的遗产是动产或不动产，也不论遗产在哪个国家，均按照被继承人的本国继承法处理。第二种主张是，涉外继承依据被继承人的住所地法，即不论死者属于哪个国家的公民，也不论遗产中的动产或不动产分散在哪个国家，均按照死者生前的住所地国家的继承法处理。这里所称的住所地，并非被继承人的国籍所在地，而是死者生前的经常住所的所在地。第三种主张是，涉外继承依据遗产所在地法，即不论死者是哪个国家的公民，也不论死者的住所地在哪个国家，只要死者的遗产在某国，不分动产或不动产，均适用该国的继承法处理。单一制的优点是适用上比较方便易行，不论死者在几个国家留有遗产，也不论死者的遗产是动产或是不动产，它们都构成同一体，依据同一法律进行处理。但其缺陷是，在有些情况下，尤其是当被继承人的遗产不在本国或住所地时，法院的判决难以被执行和承认。

2. 分别制。**分别制**是指在涉外继承关系中，将死者的遗产分为动产或不动产，分别适用不同的准据法。对动产准据法的确定，一般适用于被继承人的属人法。所谓**属人法**，是指以被继承人的本国法和住所地法为准据法。对不动产准据法的确定，一般都适用“不动产依物的所在地法”，即不动产的继承适用财产所在地国的法律。我国在处理涉外继承关系时，采取的是分别制，即对被继承人的动产，适用被继承人住所在地法，对被继承人的不动产，适用不动产所在地法。分别制的优点是，根据遗产的不同性质适用不同的法律，有利于遗产特别是不动产遗产判决的执行。但其缺陷是，对被继承人遗产的继承可能要分别适用不同国家法律进行调整，使涉外继承案件在处理时变得极其复杂。因此，目前总体上讲，对涉外法定继承的准据法主要是趋向采取同一制。

（二）涉外遗嘱继承准据法的确定

“遗嘱在先”原则，是继承立法的通例，各国对遗嘱继承优先法定继承适用都予以确认。但涉外遗嘱继承的准据法确定，如怎样确认遗嘱的形式要件和遗嘱的实质要件，在规定上有所不同，其区别主要表现在以下两个方面：

1. 遗嘱方式的准据法。对于遗嘱方式的准据法又有两种不同的主张，一种是区别制，即将动产遗嘱和不动产遗嘱区分，分别适用准据法。一般的做法是不动产遗嘱适用物之所在地法，动产遗嘱适用遗嘱人属人法或遗嘱行为地法。另一种是遗嘱方式统一适用立遗嘱人属人法或立遗嘱地法。

2. 遗嘱实质要件及效力的准据法。通常适用以下冲突规范，以确定遗嘱实质要件及效力的准据法。

（1）遗嘱人本国法。有的国家认为，遗嘱的效力与遗嘱人本国法律有密切的关系，因此，遗嘱的要件和效力应适用遗嘱人本国法。如依遗嘱人本国法的规定，遗嘱人有遗嘱能力的，确定其所立的遗嘱有效，反之，遗嘱人所设立的遗嘱无效。如果有人因结婚或加入取得另一国家国籍，致使其立遗嘱时的国籍和死亡时的国籍不一致时，一般采用立遗嘱时所属国家的法律为准据法。但也有的国家规定允许选择是适用立遗嘱时的本国法，还是死亡时的本国法。

（2）遗嘱人住所地法。有的国家认为，遗产继承与被继承人的住所地密切相关，因此，判断遗嘱的效力以及对遗嘱的解释，应以遗嘱人立遗嘱时的住所地法或死亡时的住所地法为标准。

(3) 动产适用遗嘱人住所地法，不动产适用物之所在地法。这种立法依遗嘱所涉及的财产性质，区分为动产和不动产，以确定适用某国的继承法。从我国《继承法》第 36 条的规定可以看出，我国采取的是这一立法规则。

(三) 涉外继承准据法适用上的限制

在涉外继承中，当一个国家根据其本国法中的冲突规范而适用外国法时，常因该准据法的适用不利于本国的继承人或遗产所在地国家而受到种种的限制。这种限制主要表现在以下四个方面。

1. 采用反致制度。

2. 援用公共秩序保留制度。

3. 实行“优先继承权”和“先扣权”。

4. 有些国家对涉外继承关系适用外国法规定了严格的先决条件。

(四) 我国涉外继承准据法的确定

涉外继承准据法的确定，直接关系到对我国公民在国外财产的保护，以及对在我国的外国人财产的保护问题，因此采用何种法律规则是至关重要的。

《继承法》第 36 条规定：中国公民继承在中华人民共和国境外的遗产或者继承在中华人民共和国境内的外国人的遗产，动产适用被继承人住所地法律,不动产适用不动产所在地法律。外国人继承在中华人民共和国境内的遗产或者继承在中华人民共和国境外的中国公民的遗产，动产适用被继承人住所地法律，不动产适用不动产所在地法律。中华人民共和国与外国订有条约、协定的，按照条约、协定办理。《民法通则》第 149 条规定：遗产的法定继承，动产适用被继承人死亡时住所地法律，不动产适用不动产所在地法律。据此，我国涉外继承准据法的确定规则如下。

1. 动产适用被继承人住所地法。从这一规定可以看出，我国涉外继承立法采取了区分动产和不动产的规则，并规定动产适用被继承人住所地的属人法。由于一个人有可能在不同国家设有多处住所，而各国立法对住所地的解释又有所不同，这就给确定涉外继承的准据法和法院的管辖权带来很大的困难，按照我国法律的规定，被继承人死亡时的住所地，为法律所称的住所地。《民法通则》第 15 条规定：公民以他的户籍所在地的居住地为住所，经常居住地与住所不一致的，经常居住地视为住所。最高人民法院《关于贯彻执行〈中华人民共和国民法通则〉若干问题的意见(试行)》第 9 条规定：公民离开住所地最后连续居住 1 年以上的地方，为经常居住地。但住医院治病的除外。公民由其户籍所在地迁出后至迁入另一地之前，无经常居住地的，仍以其原户籍所在地为住所。

2. 不动产适用物之所在地法。由于各国对不动产的定义和规定都存在较大的差异，因此，给准据法的确定也带来很大的困难，我国法律适用的“不动产适用物之所在地法”的规定，不仅符合国际惯例，便于不动产所在国法院的承认和执行，而且也最大限度地保护了我国公民在海外的合法权益。

3. 中国与外国有条约、协定的，按照条约、协定办理。国与国之间为更好地处理涉外继承的问题，往往会订立双边或多边的条约、协定，凡我国与外国签订的条约、协定，与我国涉外继承准据法的规定有冲突的，应遵循“国际条约优先”的原则，优先适用条约、协定。

4. 涉外无人继承遗产的处理，适用我国法律。由于涉外无人继承遗产的处理直接影响到国家对无人继承遗产的权益，因此，各国都尽量作出有利于本国的规定。最高人民法院《关于贯彻执行〈中华人民共和国民法通则〉若干问题的意见(试行)》第191条规定:在我国境内死亡的外国人，遗留在我国境内的财产如果无人继承又无人受遗赠的，依照我国法律处理，两国缔结或者参加的国际条约另有规定的除外。根据这一规定，除我国缔结或者参加的国际条约另有规定外，外国人遗留在我国境内的无人继承又无人受遗赠的财产，不动产归国家所有，动产适用被继承人住所地法。

第二节　涉我国香港、澳门、台湾地区的继承法律问题

香港、澳门、台湾地区是我们伟大祖国的一部分，继承关系的构成要素或法律事实涉及我国香港、澳门、台湾地区的本不属于涉外继承法律关系。但是，由于我国香港、澳门、台湾地区有着与内地不同的继承法律制度，在继承的规定上必然与我国内地的继承法律规范发生冲突。因此，在处理涉及我国香港、澳门、台湾地区继承法律的问题时，就涉及了区际法律冲突的问题。由于我国目前还没有形成关于区际法律冲突的制度，在有特别规定之前，区际法律冲突是比照国际法律冲突的处理原则解决继承问题的，即在司法实践中，须比照涉外继承案件进行处理。

本章小结

涉外继承，是指具有涉外因素的继承法律关系。主要表现为继承主体涉外、继承客体涉外和继承的法律事实涉外。涉外继承具有涉外继承关系中至少有一个涉外因素、涉外继承关系主要是通过国际私法的冲突规范进行间接调整、涉外继承关系的案件实行专属管辖等法律特征。

涉外继承通过冲突规范来确定准据法，并依据准据法来处理涉外继承案件。

我国涉外继承准据法的确定规则是：动产适用被继承人住所地法；不动产适用物之所在地法；中国与外国有条约、协定的，按照条约、协定办理；涉外无人继承遗产的处理，适用我国法律。

思考题

简述涉外继承的法律特征。

参考文献

1. 刘素萍主编．继承法．北京：中国人民大学出版社，1988

2. 郭明瑞，房绍坤，关涛．继承法研究．北京：中国人民大学出版社，2003

3. 郭明瑞，房绍坤编著．继承法．北京：法律出版社，1996

4. 张玉敏主编．继承法教程.北京：中国政法大学出版社，1998

5. 钱建军主编．财产继承 246 问．北京：人民法院出版社，2000

6. 张海尚编著．继承法实用解析．北京：中国检察出版社，2002

7. 杨振山主编．民商法实务研究(继承卷). 太原：山西经济出版社，1993

8. 李萍主编．继承法新释与例解．北京：同心出版社，2000

9. 高言，刘玉苓主编．继承法理解适用与案例评析．北京：人民法院出版社，1996

“21世纪远程教育精品教材”书目

公共基础课

《毛泽东思想概论》
《数据库基础教程》
《政治经济学》

财经管理类

《行政领导学》
《公共管理法律基础》
《公共政策导论》（第二版）
《西方政治制度》
《人力资源开发与管理》（第二版）
《税收管理》
《基础会计学》（第二版）
《财务会计学》
《财务管理学》
《审计学》
《证券投资学》
《金融市场学导论》
《计算机会计理论与实务》
《公共关系学》
《西方经济学》
《物流管理》
《国际贸易理论与政策》
《国际税收》（第二版）
《税收筹划教程》
《国际投资》
《成本会计》（第二版）
《财政学》
《质量管理学》

法学类

《法理学》（第二版）
《宪法学》（第二版）
《民法学》（第二版）
《刑法学》
《经济法》（第二版）
《合同法》
《企业和公司法》
《国际法》（第二版）
《海商法》
《税法》
《民事诉讼法》
《刑事诉讼法》
《劳动法和社会保障法》（第二版）
《中国法制史》
《知识产权法》
《行政法与行政诉讼法》（第二版）
《司法制度概论》
《票据法》
《继承法》（第二版）
《法律文书写作》（第二版）
《竞争法》
《保险法》（第二版）
《破产法学》
《金融法》

汉语言文学类

《古代汉语》
《现代汉语》

《文学概论》
《语言学概念》
《中国文学理论史简编》
《中国古代文学史（一）》
《中国古代文学史（二）》
《中国古代文学史（三）》
《中国古代文学作品选读（一）》
《中国古代文学作品选读（二）》
《新时期文学思潮》
《唐诗宋词研究》
《中国现当代文学》
《中国现当代文学作品导读》
《中国民间文学概论》
《美学概论》
《文艺心理学》
《影视文学教程》
《外国文学作品导读》
《西方文论概要》
《外国文学史（欧美部分）》
《电视剧批评与欣赏》
《应用写作》
《汉字与文化》

图书在版编目（CIP）数据

继承法（第二版）/孙若军编著.
北京：中国人民大学出版社，2008
21世纪远程教育精品教材·法学系列
ISBN 978-7-300-05966-2

Ⅰ.继…
Ⅱ.孙…
Ⅲ.继承法-中国-远距离教育-教材
Ⅳ.D923.5

中国版本图书馆CIP数据核字（2008）第005751号

21世纪远程教育精品教材·法学系列
继承法（第二版）
孙若军　编著

出版发行	中国人民大学出版社		
社　　址	北京中关村大街31号	**邮政编码**	100080
电　　话	010-62511242（总编室）		010-62511398（质管部）
	010-82501766（邮购部）		010-62514148（门市部）
	010-62515195（发行公司）		010-62515275（盗版举报）
网　　址	http://www.crup.com.cn		
	http://www.ttrnet.com（人大教研网）		
经　　销	新华书店		
印　　刷	北京鑫霸印务有限公司	**版　　次**	2004年10月第1版
规　　格	170 mm×228 mm　16开本		2008年1月第2版
印　　张	15	**印　　次**	2014年1月第4次印刷
字　　数	260 000	**定　　价**	28.00元